Traumreisen mit dem Schiff

Claus Schweitzer

Traumreisen mit dem Schiff

84 Kreuzfahrt- und Flussschiffe

für Trendsetter, Nostalgikerinnen, Weltenbummler,
Familien mit Kindern, Sport- und Wellnessfans,
Entdeckerinnen und Naturliebhaber

AT Verlag

AT Verlag, Aarau und München
Umschlagbild: Prinsendam © Holland America Line
Fotos: Mit freundlicher Genehmigung von den vorgestellten Reedereien zur Verfügung gestellt.
Bildaufbereitung: Vogt-Schild Druck, Derendingen
Druck und Bindearbeiten: AZ Druck und Datentechnik, Kempten
Printed in Germany

ISBN 978-3-03800-720-3

www.at-verlag.ch

Inhalt

Prinsendam © Holland America

Editorial: Welche Schiffe und welche Reiseziele sind die richtigen für Sie?

Mein Schiff © Tui Cruises

Die neue Liebe der eher erdverbundenen Schweizer und Deutschen zum Meer drückt sich in den Ergebnissen der Markforschung aus: Jeder und jede Dritte würde heute von allen Ferienvarianten am liebsten eine Kreuzfahrt machen.

Seereisen sind Weg und Ziel zugleich – man ist unterwegs und doch in vertrauter Umgebung, an einem Sehnsuchtsort, weit weg von der Wirklichkeit daheim. Zugleich geniesst man Wind, Weite und grosse Gefühle – zu einem Preis-Leistungs-Verhältnis, das fast immer besser ist als in Hotels vergleichbarer Kategorie.

Die bis vor kurzem noch hohe Hemmschwelle, eine Kreuzfahrt zu buchen, ist auch bei jüngeren Menschen massiv gesunken. Die einstigen Klischees, dass Schiffsreisen steif, altmodisch, langweilig und teuer seien, haben mit der Realität längst nichts mehr zu tun. Wer einmal Ferien auf dem Wasser verbracht und den hohen Erlebniswert für sich entdeckt hat, wird in der Regel ein treuer Kunde von Kreuzfahrten. Der Boom auf dem Meer hält schon einige Zeit ungebrochen an, trotz einzelner Unglücksfälle wie desjenigen der »Costa Concordia« und durch alle Krisen hindurch. »Die Kreuzfahrt hat keine Kunden, die Kreuzfahrt hat Fans«, so bringt ein deutscher Schifffahrtsunternehmer die wachsende Faszination auf den Punkt.

Die Qualitäts-Reedereien peilen vermehrt urbane Trendsetter an und richten ihre neuen Schiffe darauf aus. Neben puristisch elegantem Design und legerem Lebensgefühl spielen grosszügige Rückzugsnischen auf den Aussendecks und aussergewöhnliche Routen eine Hauptrolle. Die für den Massenmarkt stilbildenden Vergnügungsdampfer hingegen docken mit ausgeklügelten Spa-Welten, angesagtem Entertainment und Starkoch-Ablegern an den Zeitgeist an.

Dieser lustvoll kritische und gründlich recherchierte Führer verschafft einen fundierten Überblick im Ozean der Reiseangebote – und beantwortet jeder Leserin und jedem Leser die Frage: Welche Schiffe und welche Reiseziele sind die richtigen für mich? Ich habe Ihnen die Suche

Silver Explorer ©Silversea Cruises

abgenommen, bin an Bord von über hundert Schiffen auf allen Kontinenten gewesen und präsentiere Ihnen hier 65 Highlights unter den Ozeankreuzern, die vollkommen unabhängig getestet und bewertet wurden. Wunderbare Klassiker der Seefahrt sind dabei, aber auch aufregend modern gestylte Senkrechtstarter, genial günstige Hochseegiganten, einzigartige Grosssegler und Expeditionsschiffe.

Zur einfachen Orientierung sind die Schiffe sechs Typen zugeordnet: für Trendsetter, Nostalgiker, Weltenbummler, Familien mit Kindern, Sport- & Wellnessfans, Entdecker & Naturliebhaber. Weil die Grenzen dieser Kategorisierung fliessend verlaufen und viele Schiffe so vielfältig sind wie die Bedürfnisse ihrer Passagiere, wird bei den Schiffsporträts – wo sinnvoll – auf weitere Zielgruppen hingewiesen. Jedes Schiff wurde mit einem einheitlichen Bewertungssystem anhand von zehn Kriterien kritisch durchleuchtet. Ob das Schiff mit seiner besonderen Atmosphäre, seinen Kabinen, seinem Service, seiner Gastronomie, seinem Freizeit- und Unterhaltungsangebot oder mit seinen Routen punktet oder auch mit einem ausgezeichneten Preis-Leistungs-Verhältnis überrascht, ist mit dem Sechs-Sterne-Schema (von ★ für schwach bis ★★★★★★ für einmalig) in den Schiffsporträts rasch ersichtlich.

Europa © Hapag-Lloyd

Ausserdem im Buch: Ein ausführlicher Ratgeberteil mit praktischen Tipps, um beim Auswählen Ihrer Reise und an Bord Ihres Schiffs Nerven und Kasse zu schonen.
Die Preise fast aller Kreuz- und Flussfahrten variieren je nach Jahreszeit, Buchungszeitpunkt und Route beträchtlich. So kann eine siebentägige Seereise auf demselben Luxusliner einmal rund 4000 Euro pro Person in der Standardkabine kosten, ein andermal nur 1800 Euro. Insbesondere auf den Überfahrten zwischen verschiedenen Kontinenten tauchen die Preise – auch bei den meisten Nobelreedereien. Wegen dieser stark schwankenden Preise haben wir im vorliegenden Führer auf präzise Tarifangaben verzichtet und weisen – um Ihnen eine unverbindliche Preisvorstellung zu geben – lediglich auf die durchschnittlichen Einstiegspreise pro Tag und Person hin.
Sie haben schon gepackt? Dann: »Leinen los« für Ihre persönliche Traumreise auf dem Wasser!

Claus Schweitzer

Das Zahlenverhältnis zählt: Kreuzfahrtenprofis achten bei der Beurteilung eines Schiffes vor allem auf zwei aussagekräftige Qualitätsindikatoren: das **Passagier-Platz-Verhältnis** und das **Passagier-Crew-Verhältnis**. Beide Werte finden Sie gleich am Anfang jedes Schiffsporträts. Beim Passagier-Platz-Verhältnis gilt: Je höher die Bruttoraumzahl (BRZ) pro Passagier, desto mehr Raum für alle an Bord – diesbezügliche Rekordmarken erzielen die »Europa 2« mit 77,5 und die beiden Schwesterschiffe »Silver Shadow« und »Silver Whisper« mit 72,8. Beim Zahlverhältnis von Crew und Passagieren ist es umgekehrt: Je näher die Zahl bei 1 liegt, desto mehr Personal umsorgt die Seereisenden. Das Maximum erzielen derzeit die »SeaDream« und die »Sea Cloud« mit jeweils einem Crew-Mitglied auf 1,1 Passagiere.

Hanseatic © Hapag-Lloyd

Ratgeber: Was die Broschüren nicht immer verraten

Wichtige Informationen für Schiffsreisende, um Nerven und Kasse zu schonen

Alleinreisende

Immer mehr Menschen begeben sich allein auf Reisen. Doch Singles müssen auf Kreuzfahrten oft happige Zuschläge bezahlen – zur Hochsaison bis zu hundert Prozent, weil es auf den wenigsten Schiffen Einzelkabinen gibt. Einzelne Reedereien kommen Alleinreisenden entgegen und bieten eine gewisse (beschränkte) Anzahl Kabinen zur Alleinbenutzung mit tieferen Single-Zuschlägen an – meist nach der Devise: Je früher gebucht, desto kleiner der Zuschlag. Eine besondere Infrastruktur für Alleinreisende hat die »Norwegian Epic« geschaffen: Auf diesem Schiff gibt es 128 kleine, aber raffiniert gestylte Single-Studios, die ohne Einzel-Zuschlag buchbar sind. Jede dieser Innenkabinen verfügt über rund neun Quadratmeter Wohnfläche mit Doppelbett und separatem Bad. Clever: Für Singles, die mit einer befreundeten Person zusammen reisen, aber nicht die Kabine teilen wollen, sind viele dieser Studios mit Verbindungstür zu haben. Des Weiteren haben die Studio-Passagiere exklusiven Zugang zur Studio-Lounge, um sich mit anderen Reisenden zu treffen oder bei einem Cocktail zu entspannen.

Dresscodes

Was zieht man an, was zieht man an, was zieht man an? Die Kleiderordnung ist die grösste Sorge der Kreuzfahrtneulinge. Die meisten Schiffe führen die Tradition des täglich wechselnden »Dresscode« in gelockerter Form fort und verkünden auf dem jeweiligen Tagesprogramm den »Kleidungsvorschlag« für den Abend. Der Mix reicht von »casual« (leger) über »smart casual« (sportlich elegant) und »informal« (elegant, mit Jackett) bis »formal« (Abendgarderobe). Obschon »Abendgarderobe« streng genommen »Smoking bzw. Abendkleid« bedeutet, tun es ein dunkler Anzug mit dezenter Krawatte und ein schönes Kleid ebenfalls. Und wer die festliche Garderobe unbedingt zuhause lassen will, geht am formellen

© AIDA Cruises

Gala-Abend einfach in eines der Spezialitätenrestaurants oder bestellt den Room-Service. Einzelne Reedereien (Norwegian Cruise Line, AIDA Kreuzfahrten) verzichten heute ganz auf Dresscodes. Auf den Grossseglern der Windstar Cruises lautet die einzige Kleidungsvorschrift: »Don't wear shorts in the dining rooms.«

Expeditionsreisen

Expeditionsschiffe wie die »Hanseatic«, die »Bremen« oder die »Silver Explorer« kommen fast überall hin. Dank ihrer Robustheit und kleinen Grösse (unter 200 Passagiere) können sie auch extreme Seewege befahren, so etwa in die Arktis und die Antarktis, den Amazonas und den Orinoco hinauf. Während weniger eisfreier Wochen im Sommer unternehmen diese

© Hapag-Lloyd

Schiffe manchmal auch die legendäre Nordwestpassage rund um Kanada von Grönland bis Alaska. Zodiac-Boote (motorisierte, wendige Schlauchboote) sorgen für hautnahe Naturerlebnisse, hochqualifizierte Fachreferenten und ortskundige Expeditionsleiter eröffnen auf jeder Reise neue Horizonte. Die Passagiere sind mehr erlebnis- als genussorientiert, das Unterhaltungsangebot an Bord ist sehr beschränkt.

Flussreisen

Eine Flusskreuzfahrt verhilft selbst unverbesserlichen Workaholics und Hektikern zur absoluten Entschleunigung. Die sich gemächlich vorbeischiebenden Landschaftsszenerien entlang den Flussufern – sei es auf Rhein, Donau, Rhone oder auf Nil, Mekong, Amazonas – ist Balsam für die Seele zivilisationsgeschädigter Stadtmenschen. Natürlich: Das Durchschnittsalter der Passagiere ist deutlich höher als bei Kreuzfahrten, weshalb Flussschiffe auch als »Mumientransporter« bespöttelt werden, doch wer diese Ferienformel einmal erlebt hat, wird meist ein treuer Kunde von Flussreisen.

© TUI Flussgenuss

Frühbucherrabatte und Last-Minute-Angebote

Wie die Airlines belohnen die Reedereien lieber die Frühbucher als die Kurzentschlossenen mit entsprechenden Rabatten. Trotzdem finden sich auf den Websites der meisten Reedereien bei schwacher Buchung gewisser Reiserouten teilweise massive Preisnachlässe. Bei AIDA-Kreuzfahrten gibt es drei Preisstufen mit unterschiedlichen Buchungsbedingungen: Bei »Just Aida«, der günstigsten, bestimmen überraschungsfreudige Passagiere lediglich über Dauer und Kabinentyp sowie Fern- oder Nahrevier. Spätestens zwei Wochen vor Abreise erfahren sie dann die Details ihrer Kreuzfahrt. Auf manchen AIDA-Routen bilden diese preisbewussten Kurzentschlossenen bereits die grösste Gruppe.

Getränkepakete

Wie im Ferienhotel sind die Getränke an Bord von Kreuzfahrtschiffen meist nicht im Reisepreis inbegriffen. Die kumulierten Getränkeausgaben machen denn auch – obschon nicht teurer als in vergleichbaren Bars oder Restaurants an Land – einen erheblichen Anteil der Nebenkosten aus. Kommt hinzu, dass die US-Reedereien auf die Getränkepreise automatisch noch 15 Prozent Servicegebühr aufschlagen. Die Folge für manche Passagiere: viel Kopfrechnen statt entspannter Urlaubsfreude.
Einige Reedereien bieten zu den Tischzeiten allerdings auch kostenlose Getränke an. Auf den AIDA-Schiffen beispielsweise sind in den Buffet-Restaurants während der Mahlzeiten Softdrinks, Wasser Bier, Wein und Tischweine gratis. Bei grossen Reedereien wie Royal Caribbean International und Norwegian Cruise Line sind Eiswasser, Eistee und amerikanische Lemonade sowie Kaffee und Tee im Buffet-Restaurant rund um die Uhr inklusive, und auch im Hauptrestaurant sind diese Getränke gratis. TUI Cruises offeriert ihren Passagieren auf den beiden »Mein

Schiff«-Kreuzern sämtliche Getränke und Spirituosen, mit Ausnahme einiger Premium-Alkoholika. Dasselbe gilt für die Luxusschiffe von Silversea Cruises, Regent Seven Seas Cruises, Seabourn, SeaDream Yacht Club und Crystal Cruises.
Vieltrinker, die an Bord grosser Schiffe vor bösen Nebenkosten-Überraschungen gewappnet sein möchten, fahren mit einem »Getränkepaket« oft besser: Zu einem fixen Preis pro Kreuzfahrttag sind damit bestimmte Getränke inklusive – je nachdem, ob man etwa ein Softdrink-Getränkepaket für die Kinder, ein Bier-, Wein- oder auch ein All-inclusive-Paket gewählt hat, in dem sämtliche Cocktails und Spirituosen enthalten sind.
Meist müssen diese Getränkepakete für die ganze Kreuzfahrt und für alle Passagiere einer Kabine gebucht werden. Damit wollen die Reedereien verhindern, dass ein Passagier die Flatrate bezahlt und dann den Rest der Familie mit Freigetränken versorgt. Eine weitere Vorsichtsmassnahme vieler Grossschiffe: Bei der Anreise und beim Wieder-Einchecken nach Landgängen wird jede Tasche durchleuchtet, damit der Passagier nicht etwa eine Flasche Wein oder Wodka auf das Schiff schmuggelt. »We will keep this bottle for you, Sir!«, heisst es dann freundlich, aber bestimmt. Am Ende der Reise erhält der Passagier also die Flasche zurück, bis dahin soll er aber zum Bordpreis konsumieren.

Jahreszeit

Die ideale Jahreszeit für eine Kreuzfahrt hängt vom Reiseziel ab. Viele Schiffe fahren so, wie die Zugvögel fliegen – in den Sommermonaten im Mittelmeer, in der Ost- und Nordsee, im Winterhalbjahr auf den Kanaren, in Südostasien, im Indischen Ozean, in der Südsee und der Karibik.

© Celebrity Cruises

Kabinenwahl

Vor der Wahl der Kabine sollte man sich zwei wichtige Fragen stellen: »Worauf lege ich Wert?« und »Was will ich ausgeben?« Wer Geld sparen will und die Kabine nur zum Schlafen, Duschen und Umziehen nutzt, bucht eine Innenkabine – hier lebt man aber im Kunstlicht. Für jene, die viel Zeit in ihrer Kabine verbringen möchten, ist die Grösse entscheidend: Kabinen mit über 22 Quadratmeter gelten als geräumig.
Manche Luxusschiffe (z.B. »Seabourn Odyssey«, »Regent Seven Seas Voyager« oder »MS Europa«) verfügen ausschliesslich über Aussenkabinen mit privatem Balkon. Je höher gelegen, desto höher auch der Preis, selbst wenn Grundriss und Ausstattung identisch sind. Auskunft über die Lage der Kabinen gibt der Decksplan, der in jeder Schiffsbroschüre und auf den Websites der Anbieter zu finden ist.
Auf neuen Schiffen profitieren die Passagiere vom technischen Fortschritt der Geräuschdämmung. Dennoch empfiehlt es sich, Kabinen zu meiden, die nahe bei Treppenhäusern, Liften, Maschinenraum, Showlounge und Nachtclub liegen. Wer Seekrankheit befürchtet, bucht das tiefste Deck in der Schiffsmitte; Richtung Heck und Bug schaukelt es eher.
Eine Frage plagt sowohl Erstkreuzfahrer als auch routinierte Seereisende: Soll man im Zweifelsfall die schlechteste Kabine auf dem besten Kreuzfahrtschiff

oder die beste Kabine auf dem schlechtesten Schiff wählen? Matias Moldenhauer, Cruise-Profi und Geschäftsführer von Vista Travel in Hamburg: »Der Gegenwert einer einfachen Kabine auf einem exklusiven Schiff ist mit Sicherheit höher, weil die Bord-Infrastruktur, die Gastronomie, der Service und auch das Niveau der Passagiere in der Regel um Klassen besser ist.«

© TUI Cruises

Kinder auf Kreuzfahrt

Viele Reedereien, insbesondere AIDA Cruises, TUI Cruises, Norwegian Cruise Line, Disney Cruise Line, Royal Caribbean International und Carnival Cruise Lines sowie die beiden italienischen Platzhirsche Costa Crociere und MSC Crociere, setzen stark auf Familien und unterhalten die kleinen Passagiere mit eigenen Sport- und Spassprogrammen, mit Spiel- und Bastelgruppen, eigenen Pool- und Restaurantbereichen sowie einem Heer von professionellen Kinderbetreuern – nicht zuletzt, um auch ruhebedürftigere Reisende nicht zu verprellen. Sogar spezielle Ausflugsprogramme für Kinder und eine individuelle Betreuung während der Landausflüge der Eltern werden angeboten.
AIDA Cruises beispielsweise sortiert die jungen Seefahrer in fünf Gruppen von »Seepferdchen« (3 bis 6 Jahre) über »Delphine« (7 bis 9) und »Sharks« (10 bis 12) bis zu »Orkas« (12 bis 13) und »Teens« (14-17 Jahre). Bei Norwegian Cruise Line geht es schon ab 2 Jahren mit den »Junior Sailors« los, dann wird in »First Mates« (6 bis 9 Jahre), »Navigators« (10 bis 12) und »Teens« (13 bis 17) unterteilt. Norwegian verfügt zudem über ein ausgeklügeltes Konzept an Verbindungstüren (elterliche Aussenkabinen können mit günstigeren Innenkabinen kombiniert werden). Bei der familienfreundlichen MSC Crociere, die ihr Unterhaltungs- und Betreuungsangebot für Kinder und Jugendliche kontinuierlich ausbaut, reisen bis zu zwei Kinder unter 18 Jahren grundsätzlich gratis in der Kabine der Erwachsenen mit, bei Costa Crociere und anderen Reedereien gilt dies auf manchen Reisen zu Hauptferienzeiten.
Luxus-, Expeditions- und Segelschiffe sind für Kinder weniger geeignet. Ausnahmen sind die Schiffe von Hapag-Lloyd. So bietet das Expeditionsschiff »Hanseatic« hin und wieder Familienexpeditionsfahrten an: Jugendliche zwischen 10 und 17 Jahren werden auf diesen neuen »Reisen für junge Entdecker« von speziellen Jugend-Referenten betreut und können vieles selbst ausprobieren und erforschen, zum Beispiel auf der Brücke, auf Zodiac-Ausflügen oder beim Mikroskopieren. So lernen sie altersgerecht, was auch ihre Eltern auf der Expedition erfahren. Die Luxusschiffe »Europa« und »Europa 2« setzen mit ihrem Drei-Generationen-Konzept auch auf Kinder und betreuen und unterhalten den Nachwuchs bestens. Unter 12-Jährige reisen hier in der Kabine der Erwachsenen kostenlos mit.
Wichtig bei der Planung: Routen mit langer Anreise sind für kleinere Kinder weniger geeignet.

Krankheit

Jedes Hochseeschiff verfügt über ein Hospital mit Arzt und Krankenschwester. In schwerwiegenden Notfällen fährt das Schiff vorzeitig an Land oder bestellt einen Helikopter.
Zu Seekrankheit siehe separaten Eintrag.

Landausflüge

Liegt das Schiff im Hafen, kann man sich entweder einem der vom Schiff organisierten Landausflüge anschliessen, auf eigene Faust losziehen oder auf dem Schiff bleiben und das Bordleben geniessen. Organisierte Landausflüge (»shore excursions«) sind bequem, sicher und meist informativ, jedoch nur für diejenigen ein Genuss, die Reisegruppen und Busfahrten nicht scheuen. Ausserdem sind sie auf fast allen Schiffen, insbesondere den amerikanischen, mit erheblichen Kosten verbunden. Es lohnt sich, vor der Buchung genau abzuwägen, ob man für eine Stadt- oder Inselrundfahrt 70 US-Dollar bezahlen will, wenn öffentliche Rundfahrtbusse für 20 Dollar dasselbe bieten. Oder einen Ausflug in ein berühmtes Museum für 80 Dollar zu buchen, wenn Eintrittskarte und Taxifahrt ab Hafen nur 30 Dollar kosten. Davon ausgenommen sind Spezialarrangements in Kultureinrichtungen zu exklusiven Zeiten, an denen kein »normaler« Tourist Einlass findet und man beispielsweise die Hermitage in St. Petersburg oder die Uffizien in Florenz ohne die üblichen Menschenmassen erleben kann. Auch der Zugang zu normalerweise verschlossenen Weingütern inklusive Degustation rarer Weinspezialitäten kann dem Weinliebhaber 300 Dollar im Gruppenausflug wert sein. Allerdings bietet ausser Hapag-Lloyd, Silversea Cruises und Seabourn kaum eine Reederei solche Sonderveranstaltungen.

© Hapag-Lloyd

Bei individuellen Landgängen lässt sich also ma sparen, ohne dass man auf etwas verzichten müsste. Im Gegenteil: Das ständige Warten auf die anderen Gruppenteilnehmer fällt weg.

Nebenkosten

Wichtig beim Wälzen von Prospekten und Studieren von Websites: Lesen Sie unbedingt genau nach, was im Preis der Kreuzfahrt alles enthalten ist. Leistungen, die nicht explizit inbegriffen sind, werden sich auf der Endabrechnung wiederfinden. Grundsätzlich inbegriffen sind die Kabine, sämtliche Mahlzeiten sowie das Show- und Freizeitprogramm an Bord.

- Nebenkosten-Verursacher Nummer 1: **An- und Rückreise**. Bei manchen Reedereien sind Hin- und Rückflug (respektive Busfahrt) im Kreuzfahrtpreis inbegriffen, bei anderen nicht.
- Nebenkosten-Verursacher Nummer 2: **Getränke**. Diese sind meistens nicht inbegriffen – auch wenn in den Hochglanzbroschüren oft von »all-inclusive« die Rede ist. Einige Anbieter offerieren die nichtalkoholischen Getränke während der Mahlzeiten, andere rund um die Uhr (inklusive Minibar in der Kabine), wieder andere schliessen zusätzlich den Tischwein mit ein. Auf den Luxusschiffen von Silversea Cruises, Regent Seven Seas Cruises, Seabourn, SeaDream Yacht Club und neuerdings auch Crystal Cruises werden selbst Champagner und sämtliche Spirituosen gratis und à discrétion ausgeschenkt. (Siehe auch Stichwort »Getränkepakete«.)
- Der Besuch der **Spezialitätenrestaurants** an Bord ist auf fast allen Schiffen mit einer kleinen »Extra charge« (typischerweise zwischen 15 und 25 US-Dollar, in wenigen Fällen bis 50 US-Dollar pro Person) verbunden.
- Der Eintritt in den **Fitnessclub** sowie die Teilnahme an Aerobic- und Gymnastiklektionen ist meistens kostenlos, manchmal wird jedoch bei Yoga-, Pilates- oder Spinning-Lektionen ein kleiner Betrag erhoben.

- Von den Airlines haben einige Reedereien gelernt, dass Passagiere bereitwillig Treibstoffzuschläge zahlen, nicht zu reden von Annullierungskostenversicherungen, »Government taxes« und Hafentaxen. Die Beträge sind, sofern sie dem Passagier verrechnet werden, nicht hoch, doch sie können sich summieren.

Hinter der Discount-Politik mancher Anbieter steckt das Kalkül, die günstigen Kabinenpreise durch die individuellen Ausgaben der Passagiere an Bord wettzumachen. Möglichkeiten dazu gibt es genug: Auf grösseren Schiffen locken weitläufige Shopping-Arkaden mit Geschäften vom Supermarkt bis zum Edeljuwelier sowie zahlreiche Bars, Wellnesstempel, Spielkasinos, ja sogar Kunstgalerien und Auktionen. Insbesonders Spa-Behandlungen gehen rasch ins Geld: Auf amerikanischen Schiffen wird eine Minute mit rund 2 Dollar verrechnet, plus 15 Prozent »gratuity« (Trinkgeld). Auch beim E-Mail-Check an Bord ist Vorsicht geboten: 50 Cents bis 1 Dollar pro Minute für den Internetzugang ist üblich, etwas günstiger wird es beim Kauf von ein- oder mehrstündigen Internet-Einheiten (gleicher Preis für fixe Internetstationen oder Empfang über eigenen Laptop). Vermehrt bieten die Schifffahrtslinien auch fixe Internet-Flatrates für die gesamte Dauer der Kreuzfahrt an. Stattliche Extrakosten können schliesslich durch die Trinkgelder und Landausflüge entstehen (siehe entsprechende Einträge).

Dennoch: Eine Kreuzfahrt ist in der Regel nicht teurer als ein vergleichbarer Landurlaub.

Preispolitik der Reedereien

Die Cruise-Szene erfindet immer neue Wege, um ihre schwimmenden Hotels möglichst zu 100 Prozent auszulasten. Ihr wichtigstes Instrument: Preispolitik. Manche Reedereien verzichten bereits auf detaillierte Preislisten und nennen in ihren Katalogen nur Orientierungspreise. Auf Anfrage verraten sie die aktuellen Konditionen. Die Buchungscomputer registrieren, wie sich die Nachfrage entwickelt. Bei Differenzen zwischen geplanter und tatsächlicher Auslastung verändert der Computer die Tagespreise für alle Kategorien von Kabinen. Reisebüros kombinieren wiederum vertrauliche Nettopreise mit Anreise per Flugzeug oder Bahn zu Pauschalangeboten.

Resortschiffe

»Ein jedes unserer Schiffe muss für die Jungen einen Flirt, für die Gesetzteren einen zweiten Honigmond und für die Älteren eine Verjüngungskur bereit haben.« Diese Maxime eines Kapitäns aus den Zwanzigerjahren wird auf den schwimmenden Städten von Royal Caribbean International, Carnival Cruise Lines, Princess Cruises, Costa Crociere, MSC Crociere und weiteren Mega-Reedereien mit grosser Konsequenz umgesetzt. All diesen Giganten der Meere gemeinsam ist die Resortphilosophie: das Schiff als Destination für sich, mit einer überwältigenden Bord-Infrastruktur sowie Aktivitäten und Entertainment während 24 Stunden. Die Atmosphäre ist leger, das Preisniveau gemässigt: Je nach Schiff, Saison und Kabinentyp liegt der durchschnittliche Tagespreis pro Passagier zwischen 100 und 300 Euro. Auf der anderen Seite gehört aber das Schlangestehen bei über 3000 Mitreisenden dazu, auch an Land: Wenn beispielsweise sechs Vergnügungsdampfer vor St. Thomas liegen und Tausende von Tagestouristen das Städtchen Charlotte Amalie überschwemmen, wird der Karibiktraum zum Alptraum. Zudem: Je grösser ein Schiff, desto unpersönlicher der Service – Resortschiffe sind ein Massenprodukt. Auf dem Reiseprogramm stehen meist einwöchige Fahrten im Turnus mit identischem Abfahrts- und Ankunftshafen in der Karibik oder vor Alaska. An Bord bestätigt sich das Klischee der nicht zu übersehenden und noch weniger zu überhörenden Amerikaner. Da hat sich der Europäer an gewisse Sonderlichkeiten zu gewöhnen. Dem inflationären »How are you?« ist noch leicht mit einem kurzen »fan-tas-tic!« bei-

© Royal Caribbean International

© MSC Crociere

zukommen. Schwieriger mag für den einen oder die andere zu goutieren sein, dass ein auf 19 Grad heruntergekühlter Dining room als Gütezeichen gilt, man bei konsequenter Umgehung des Fitnessraums als uncool gilt oder gar kauzig wirkt, wer seinen Tag individuell bestimmt, statt sich Gruppenausflügen anzuschliessen.

»Schiff im Schiff«-Konzept

Seereisende, die sich etwas Exklusives leisten und ein prickelndes First-Class-Gefühl erleben wollen, ohne auf das vielfältige Angebot eines grossen Ozeankreuzers zu verzichten, finden auf den beiden Schwesterschiffen »MSC Fantasia« und »MSC Splendida« sowie auf vier Schiffen von Norwegian Cruise Line (»Norwegian Jewel«, »Norwegian Pearl«, »Norwegian Jade«, »Norwegian Gem«) luxuriöse, für Normalpassagiere nicht zugängliche Bereiche mit besonderem Verwöhnservice. Dieses Konzept ist eine Weiterentwicklung der Klassentrennung der alten Ozeanliner, wie sie heute sonst nur noch auf den Cunard-Schiffen »Queen Mary 2«, »Queen Victoria« und »Queen Elizabeth« zu erleben ist.

Im sogenannten »MSC Yacht Club« stehen den VIP-Passagieren 99 schick gestylte Balkonkabinen mit Butler-Service, ein separater Concierge, eine besonders aussichtsreiche Panorama-Lounge und ein eigener Poolbereich zur Verfügung. Auch sämtliche Drinks, Hausweine und Häppchen den ganzen Tag über sind im Preis inbegriffen, ebenso ein garantierter Tisch im Gourmetrestaurant zu jeder gewünschten Zeit und ein reservierter Top-Platz im Bordtheater.

Der Spezialbereich »The Haven« bei Norwegian Cruise Line umfasst einen Suitentrakt mit sogenannten »Courtyard Villas« und »Garden Villas«, die sich um einen asiatisch anmutenden Innenhof mit eigenem Schwimmbad, Whirlpool und Fitnessraum gruppieren. Ein Butler und Concierge stehen rund um

die Uhr zur Verfügung. Verlässt man den »goldenen Käfig«, haben edle Ambiance und reichlich Privatsphäre für jeden Passagier ein Ende, und man steht im Handumdrehen mitten im quirligen Kreuzfahrtenleben mit drei- bis viertausend anderen Passagieren. Es ist, als wohne man in einer Hoteloase inmitten der City und könne jederzeit am Geschehen »downtown« teilhaben.
VIP zu sein ist nicht zwangsläufig unerschwinglich: Verglichen mit den klassischen kleineren Luxusschiffen sind »MSC Yacht Club« und »The Haven« auf den Riesenschiffen nämlich durchaus bezahlbar.

Seekrankheit

Werden Passagiere blass und klagen über kalte Schweissausbrüche, Kopfschmerzen und Übelkeit, raten die meisten Schiffsärzte als Erstes zu frischer Luft. Freie Sicht auf den Horizont und die Wellen hilft, die Bewegungen des Schiffs besser mitzuvollziehen. Im Grunde ist die Seekrankheit ein Anpassungsproblem. Schaukelt das Schiff, liefern die Sinnesorgane widersprüchliche Informationen an das Gehirn. Das Gleichgewichtsorgan im Innenohr meldet andauernd Bewegungswechsel, die Augen und auch die restliche Körperwahrnehmung signalisieren jedoch keine Veränderung. Der Konflikt der Sinneswahrnehmungen führt zunächst zu Müdigkeit, später zu Schwindel und oft zu Erbrechen. Eine kurvige Autofahrt oder ein turbulenter Flug können die gleiche Wirkung haben. Man spricht dann von Reisekrankheit, im Fachjargon Kinetose genannt.
Es gibt viele alte Hausmittel gegen Seekrankheit wie etwa Ingwer, rohe Karotten oder Salzbretzeln. Besser fährt man nach Ansicht der Fachleute mit einem der zahlreichen Medikamente gegen Reisekrankheit; besonders häufig empfohlen wird Stugeron, dessen Wirkstoff Cinnarizin die Durchblutung des Gleichgewichtsorgans fördert. Jeder Schiffsarzt kann auch eine Spritze gegen Seekrankheit verabreichen, deren Wirkung rund drei Tage anhält.
Ein kleiner Trost für alle, die mit Seekrankheit zu kämpfen haben: Sobald das Schiff weniger schaukelt oder im Hafen anlegt, ist alles verflogen.

Segelkreuzfahrt

Bei den Segelkreuzfahrtschiffen muss zwischen den beiden Kategorien »Motorschiff mit Segel« und »Segelschiff mit Motor« unterschieden werden. In die erste Kategorie fallen die luxuriöse »Wind Surf«, die »Wind Star« und die »Club Med 2«, in die zweite Kategorie »Sea Cloud«, »Royal Clipper« und »Star Clipper«. Obschon die Reedereien der Segelkreuzfahrtschiffe ihre Touren zu einem köstlich unkalkulierbaren Segelabenteuer verklären, sind diese Schiffe

© Cunard Line

kein blosser Spielball von Wind und Wellen. Schliesslich müssen sie bestimmte Routen einhalten. Motto: Was der Wind nicht schafft, macht die Maschine.

Sicherheit von Kreuzfahrtschiffen

© Hapag Lloyd

Die tragischen Havarien der »Costa Concordia« vor der toskanischen Insel Giglio im Januar 2012 und der Untergang der »Sea Diamond« vor Santorin 2007 werfen Fragen zur Sicherheit von Kreuzfahrten auf. Im Fall der »Concordia« hat der tollkühne italienische Kapitän eine Route zu nahe der Küste gewählt, die absolut unsicher ist. Bei solchem menschlichem Fehlverhalten helfen die besten Sicherheitsvorkehrungen nichts. Zudem kam es bei der »Concordia« zu einer ungewöhnlichen Verkettung von Umständen bis hin zur chaotisch verlaufenen Evakuierung. In aller Regel herrscht auf Kreuzfahrtschiffen jedoch ein extrem hoher Sicherheitsstandard, und die Crew-Mitglieder werden regelmässig geschult, innerhalb von Augenblicken auf den Ernst- und Notfall umzuschalten. Insgesamt sind über die letzten Jahrzehnte verhältnismässig wenig Menschen auf Seereisen zu Schaden gekommen, sodass Kreuzfahrten prinzipiell als sehr sicher einzustufen sind. Das Gefährlichste daran ist die Autofahrt oder der Flug zum Schiff.
Die Sicherheit in der Seefahrt wird durch die UNO-Behörde International Maritime Organisation (IMO) geregelt. Sie legt fest, welche Mindestvoraussetzungen Schiffe hinsichtlich Bauweise, Ausrüstung, Betrieb und Sicherheit erfüllen müssen. Zusätzlich gibt es strenge nationale Bestimmungen wie zum Beispiel den in den USA unter der Obama-Administration eingeführten Cruise Vessel Security and Safety Act: Jedes Gepäckstück, das an Bord kommt, wird durchleuchtet, Passagiere müssen beim Einsteigen wie am Flughafen einen Metalldetektor passieren. Internationale Reedereien versehen den Bordausweis mit einem beim Check-in aufgenommenen Digitalfoto. Geführte Schiffsbesichtigungen – etwa für Passagiere anderer Schiffe im selben Hafen – gibt es nur in Ausnahmefällen und nach 24-stündiger Voranmeldung. Zu den offensichtlichen Sicherheitsvorkehrungen zählen auch das Vorhandensein von genügend Rettungsbooten und die obligatorische Seenotübung für alle Passagiere innerhalb der ersten 24 Stunden an Bord (auf den meisten Schiffen wird der Ernstfall noch vor der Abfahrt geprobt). Ebenso wichtig: Brandschutzmassnahmen wie Feuerwände, Brandmeldeanlagen, Sprinklersysteme.
Ein Ärgernis für die Kreuzfahrtenwelt bleibt, dass die Routen von Europa zum Indischen Ozean unausweichlich durch den Golf von Aden führen, also durch jene Meerenge, wo die somalischen Piraten ihr Unwesen treiben. Dort wurden in den vergangenen Jahren immer wieder Kreuzfahrtschiffe angegriffen und mussten mit Vollgas flüchten.

© Cunard Line

Transatlantikpassage

Ein »Crossing« ist für Neulinge wie eine Expedition auf einen neuen Kontinent. Nirgends lernt man die hohe Kunst des Nichtstuns besser als auf der Transatlantikpassage. Nirgendwo sonst als auf der sieben- bis neuntägigen Überfahrt von der Alten in die Neue Welt (oder umgekehrt) kann man das Wesen einer Schiffsreise besser begreifen: an Deck stehen, den Horizont betrachten, die Welt an sich vorüberziehen lassen. Eine Reise zum Ich – erholsamer als jeder Wellnessurlaub. Mit der grandiosen »Queen Mary 2« ist es der Kreuzfahrtklassiker schlechthin. Wem das zu langweilig klingt: Das Freizeitangebot an Bord schlägt jedes terrestrische Resort, und auf keinem anderen Schiff begegnet sich ein derart vielfältiges Publikum quer durch alle Altersklassen und Milieus.

Trinkgelder

»Tips« werden auf den meisten Schiffen erwartet und sind vor allem auf US-Schiffen als fester Lohnbestandteil der Crew einkalkuliert. Am letzten Abend werden dafür diskret Umschläge in der Kabine bereitgelegt. Die Trinkgeldempfehlung der Reederei zu unterbieten, gilt als Affront. Manche amerikanischen Reedereien und auch Costa setzen das sogenannt freiwillige Trinkgeld automatisch auf die Endabrechnung

© Norwegian Cruise Line

(zwischen 5 und 15 US-Dollar pro Tag und Passagier). Ist man mit diesem Vorgang und der Summe nicht einverstanden, muss man an der Rezeption vorsprechen und eine Stornierung veranlassen.
Auf fast allen Luxusschiffen und -jachten (ausser denjenigen von Cunard) sind sämtliche Trinkgelder im Kreuzfahrtpreis enthalten.

Wellness auf dem Wasser

So mancher schwimmende Spa-Bereich übertrifft selbst die Wellness-Flaggschiffe an Land – man relaxt und regeneriert nach allen Regeln der Kunst, während draussen die Welt an einem vorbeizieht. Die besten Schiff-Spas mit attraktiven Sauna- und Relaxzonen sowie qualitativ hochstehenden Body- und Beauty-Treatments sind:

- AIDAluna (und die Schwesterschiffe AIDAbella sowie AIDAdiva)

© Cunard Line

- AIDAmar (und die Schwesterschiffe AIDAblu sowie AIDAsol)
- Costa Favolosa (und das Schwesterschiff Costa Fascinosa)
- Crystal Serenity (und das Schwesterschiff Crystal Symphony)
- Celebrity Equinox (und die Schwesterschiffe Celebrity Solstice, Celebrity Equinox, Celebrity Eclipse, Celebrity Silhouette, Celebrity Reflection)
- Mein Schiff 1 (und das Schwesterschiff Mein Schiff 2)
- MSC Fantasia (und die Schwesterschiffe MSC Splendida sowie MSC Divina)
- Queen Mary 2
- Seabourn Sojourn (und die Schwesterschiffe Seabourn Quest sowie Seabourn Odyssey)
- Silver Spirit

Weiterführende unabhängige Informationen

Wahre Wundertüten für fortgeschrittene Seefahrer sind folgende (unabhängige) Websites und Kreuzfahrt-Blogs:
www.cruisetricks.de
www.seereisenmagazin.de
www.seereisenportal.de
www.cruisediva.blogspot.com
www.cruisemates.com
www.cybercruises.com
www.cruise-community.com
www.cruisecritic.com

Pride of America © Norwegian Cruise Line

Reisekompass: Die attraktivsten Kreuzfahrtziele zur richtigen Saison

- **Die wichtigsten Fahrtgebiete**
- **Besonders schiffsgeeignete Destinationen**
- **Die faszinierendsten Hafeneinfahrten**

Bremen © Hapag-Lloyd

Die wichtigsten Fahrtgebiete

Weltweit laufen Kreuzfahrtschiffe rund zweitausend Destinationen an: Kaum ein Traumziel am Meer, das nicht regelmässig von einem Ozeankreuzer besucht wird. Hier finden Sie einen Wegweiser zu den wichtigsten Fahrtgebieten, jeweils mit Hinweis zur idealen Reisezeit. Die Routen-Schwerpunkte der einzelnen Schiffe sind in den jeweiligen Schiffsporträts vermerkt.

© Hapag-Lloyd

© MSC Crociere

Alaska und Westkanada

Grenzenlose Wälder, zerklüftete Küsten, tiefe Fjorde mit imposanten Wasserfällen, eisige Gletscher – die ursprünglichen Landschaften zwischen Vancouver und Anchorage bilden die faszinierende Kulisse für eine Schifffahrt in eine Wildnis, die diesen Namen noch verdient. Wale haben hier ihr Sommerrevier, Seehunde und Robben treiben auf Eisschollen vorbei, und der Weisskopfseeadler zieht seine Kreise am Himmel. An Land sind Braun- und Schwarzbären zuhause, und man hat gute Chancen, einen Bär in seiner natürlichen Umgebung zu sichten. Einmalig: die Fahrt durch die »Inside Passage« (Seeweg zwischen dem Festland von Alaska bzw. British Columbia und den unmittelbar vorgelagerten Inseln). Ausgangshäfen sind Seattle und Vancouver, vereinzelt auch San Francisco, von wo aus einwöchige Turnusfahrten bis Skagway und längere Seereisen bis Whittier oder Seward bei Anchorage führen.
Beste Reisezeit: Mai bis September

Arabische Halbinsel

Dubai und die benachbarten Emirate und Länder am Arabischen Golf haben sich innerhalb der letzten Jahre zu einem beliebten Kreuzfahrtziel entwickelt. Sandwüsten, weite Strände mit glasklarem Wasser und grüne Oasen wechseln sich mit den architektonischen Wahrzeichen und Shoppingparadiesen von Dubai, Abu Dhabi, Doha, Bahrain, Fujairah und Muscat ab. Der Basishafen Dubai liegt sechs Flugstunden vom europäischen Winter entfernt – ideal für komplikationslose Ferien in der Wärme der nahen Ferne. Zwischen Mai und Oktober wird es allerdings auch Sonnenanbetern zu heiss.
Beste Reisezeit: November bis April

Australien und Neuseeland

»Down Under« ist eine eigene Welt und so facettenreich und faszinierend, dass viele Europäer den langen Weg um die halbe Erde auf sich nehmen. Australien und Neuseeland, so heisst es, sind wie ein

© Celebrity Cruises

Bumerang: Man kommt immer wieder zurück. Eine ideale Reisezeit für ganz Australien gibt es nicht. Da sich das Land von den Breitengraden der Tropen bis zu den gemässigten Klimazonen erstreckt, herrschen immer irgendwo Optimalbedingungen und anderswo muss man Kompromisse schliessen. In Neuseeland sind die dortigen Sommermonate (Dezember bis März) die beste Reisezeit – aber auch in den Frühlings- und Herbstmonaten lässt sich das Land gut bereisen.
Beste Reisezeit Australien: Stark regionenabhängig; Ost- und Südküste: Oktober bis April
Beste Reisezeit Neuseeland: November bis April

Grossbritannien

Für Liebhaber dramatischer Felsenküsten und archaischer Natur sind die Britischen Inseln ein wunderbares Reiseziel fern des Massentourismus, mit reizvollen Abstechern nach London und Edinburgh, nach Irland (Dublin) und zu den Hebriden, Shetlands oder Orkneys. Den Regenwolken wird man auch im Hochsommer nicht entkommen, doch fasziniert das Spiel der Farben und des Lichts bei raschen Wetterwechseln.
Beste Reisezeit: Mai bis September

Hawaii

Der »Aloha State« der Vereinigten Staaten, 3682 Kilometer (respektive vier Flugstunden) von der amerikanischen Westküste entfernt, besteht aus 137 Inseln inmitten des Pazifischen Ozeans. Für Inselhüpfen auf Hawaii ist die »Pride of America« von Norwegian Cruise Line ein ideales Schiff – sogar über Nacht kann man von Bord gehen und zwischendurch das Leben an Land geniessen.
Beste Reisezeit: Ganzjährig

Kanarische Inseln

Wenn uns Mitteleuropäern Nebel und Nieselregen die Seele verdunkeln, versprechen die Kanaren

© Celebrity Cruises

© Plantours

schnelle Erlösung: Palmen, Meer und wohlige Wärme, dazu lohnende Entdeckungen im Inneren der sonnenverwöhnten, sehr unterschiedlichen Inseln La Palma, La Gomera, El Hierro, Gran Canaria, Teneriffa, Lanzarote und Fuerteventura.
Beste Reisezeit: Ganzjährig

Karibik

Man kennt das: Freunde kommen aus den Ferien zurück – braungebrannt und vollbepackt mit Bildern, die alle nach Photoshop-Bearbeitung aussehen. »Nein, alles echt!«, ist dann die Antwort auf die ungläubigen Fragen der Daheimgebliebenen. »Wir waren in der Karibik!« Wer hübsche Häfen, Buchten und Strände sucht und sich auf seiner Reise durch die karibische Inselwelt gerne von Abstechern jenseits des offiziellen Fahrplans überraschen lässt, wird kleinere Schiffe bevorzugen. Wichtigste Ausgangshäfen in den USA sind Miami und Fort Lauderdale.
Beste Reisezeit: Ganzjährig

© Sea Cloud Cruises

Mexikanische Riviera/Kalifornien

Kilometerlange Sandstrände mit türkisfarbenem Wasser, wildromantische Buchten mit bergigem Hinterland, Touristenhochburgen wie Acapulco, schicke Badeorte wie Cabo San Lucas und verschlafene

Fischerdörfer wechseln sich an Mexikos Pazifikküste ab. Das Fahrgebiet wird von den Reedereien oft mit Kalifornien kombiniert – mit Etappenhalten in San Diego, Los Angeles und San Francisco.
Beste Reisezeit: Ganzjährig

Nordland

Siehe »Norwegische Fjorde« im Kapitel »Besonders schiffsgeeignete Destinationen«, Seite 35.

Östliches Mittelmeer

Für den Genuss des östlichen Mittelmeers ist eine Passion für die Antike nicht wirklich unerlässlich. Es reicht auch, wenn einer mit Begeisterung den Küsten und Inseln der Ägäis und der kroatischen Adria entlangschippert, Sonnenbrand zu überleben versteht,

© Compagnie du Ponant

© Celebrity Cruises

lieber ins Kristall idyllischer Buchten eintaucht als ins Chlor öffentlicher Badeanstalten oder einfach guten Gewissens mal nichts tun will. Aber irgendwie hilft sie doch, die Liebe zum Altertum: Wer auf östlichen Mittelmeerrouten zwischen Venedig und Beirut unterwegs ist, erlebt ein ganzes Kaleidoskop von Kulturen, die den alten Kontinent geprägt haben, mit möglichen Etappen in Dubrovnik, Istanbul und Athen, aber auch Stationen wie Korfu, Kreta, Mykonos, Santorini, Rhodos, Bodrum, Antalya, Izmir und Zypern.
Beste Reisezeit: April bis Oktober

Ostsee

Die Ostsee, auch Baltisches Meer genannt, umfasst die Länder Deutschland, Polen, Litauen, Lettland, Estland, Russland, Finnland, Schweden und Dänemark. Schiffsreisende schätzen es, innert weniger Tage mehrere attraktive Metropolen ansteuern zu können (Stockholm, Helsinki, Kopenhagen, Riga, Tallin, Danzig, St. Petersburg) und zwischendurch auch Ferieninseln wie Rügen, Bornholm oder Gotland zu erleben.
Beste Reisezeit: Mai bis September

Panamakanal

82 Kilometer trennen Atlantik- und Pazifikküste bei der Landenge von Panama in Mittelamerika. Schleuse um Schleuse überwinden die Schiffe auf diesem technisch, wirtschaftlich, politisch und geschichtlich bedeutenden Wasserweg durch üppigen Regenwald. Zwar dauert die Fahrt durch den 1920 eröffneten Panamakanal nur einen einzigen Tag, doch die Erinnerung daran wirkt noch lange nach. Ungezählte Schiffe fahren das ganze Jahr von Florida durch den Panamakanal an die mexikanische Riviera und an die US-Westküste – und umgekehrt.
Beste Reisezeit: Ganzjährig

Rotes Meer/Suezkanal

Das Meer in Form eines Ypsilons, eingebettet in spektakuläre Wüstenlandschaften wie ein riesiger See inmitten der arabischen Länder, eignet sich für Kultur wie Entspannung suchende Kreuzfahrer gleichermassen. Prachtvolle Sandstrände und Tauchreviere sind entlang des 2350 Kilometer langen und maximal 350 Kilometer breiten Meeresarms ebenso zu finden wie märchenhafte Sightseeing-Schätze, die zum Unesco-Weltkulturerbe gehören. Die Kreuzfahrten sind fast immer verbunden mit einer Durchfahrt des Suezkanals. Der 163 Kilometer lange Kanal, der im Mittelmeer bei der ägyptischen Hafenstadt Port Said beginnt und im Roten Meer bei der Stadt Suez endet, ist eine eminent wichtige Abkürzung auf dem Schiffsweg zwischen Europa und Asien, da die Schiffe ansonsten Afrika umfahren müssten. Der Mythos des Suezkanals ist jedoch ungleich grösser als das Landschaftserlebnis für die Passagiere: Er führt während 11 bis 16 Stunden durch wenig abwechslungsreiches Wüstengebiet – in der Mitte unterbrochen vom Bittersee, der als Wartezone genutzt wird, in der sich die jeweils nur in einer Richtung fahrenden Schiffskonvois kreuzen können.

Beste Reisezeit: Oktober bis April

© Plantours

Schwarzes Meer

Die Öffnung der ehemaligen Ostblockländer hat zu einem Boom der Kreuzfahrten ins Schwarze Meer geführt, das an türkischen, bulgarischen, rumänischen, ukrainischen und russischen Ufern liegt. Die Reiserouten beginnen oft in Istanbul und führen nach Varna, Odessa, Jalta und in das russische Ferienparadies Sotschi, wo auch die Winterolympiade 2014 stattfindet.

Beste Reisezeit: Mai bis September

Südamerika

Eine Kreuzfahrt nach Südamerika ist ein Fest für die Sinne und bietet sowohl kontrastreiche Landschaften (Wasserfälle von Iguaçu, Halbinsel Valés) wie einmalige Stadterlebnisse (Rio de Janeiro, Montevideo,

© Plantours

Buenos Aires). Hinweise für die Gebiete Amazonas und Antarktis siehe »Besonders schiffsgeeignete Destinationen«, Seite 32.
Beste Reisezeit: Mai bis Oktober

Transatlantikpassage

Im mythisch verklärten goldenen Zeitalter der Atlantikschifffahrt stand das Ziel (die Verheissung einer neuen, besseren Welt), nicht der Weg im Vordergrund der Oceanliner. Zudem verkörperten die Paläste des Meeres um die Jahrhundertwende den Triumph über Naturgewalten. Heute ist bei einem »Crossing« der Weg das Ziel – und der Kreuzfahrer sucht auf hoher See dasselbe wie an Land, unterwegs sein und gleichzeitig wie zu Hause – aber bitte mit Meerblick. Auf der sieben- bis neuntägigen Überfahrt von der Alten in die Neue Welt (oder umgekehrt), idealerweise auf der »Queen Mary 2«, kann man während sieben bis neun Tagen das Nirgendwo durchmessen und sich dabei vom Angebot einer Kleinstadt umwehen lassen. Für jene Kreuzfahrer-Spezies jedoch, die ein Schiff als schwimmenden Bus ansieht, der jeden Morgen pünktlich um sieben anlegt, um wiederum eine Bustour, nun aber an Land, zu absolvieren, ist eine Transatlantikpassage die schiere Hölle.
Beste Reisezeit: April bis Dezember

Westliches Mittelmeer

Zwischen Gibraltar und Malta wird das Aroma des Lebens intensiver: Der Wein ist schwerer, das Eis süsser, der Duft von Jasmin und Zitronen betörender. Die sonnendurchglühten, an Kunstschätzen oftmals überreichen Regionen des westlichen Mittelmeers erfüllen ihre Besucher immer noch und immer wieder mit diesem Gefühl, an einem ganz besonderen Ort zu sein. Highlights: Amalfitana, Capri, Golf von Neapel, Korsika mit Bonifacio, Sardinien, Sizilien, ligurische Küste mit Portofino, Côte d'Azur mit Nizza, Marseille und St-Tropez, Barcelona, Malaga, Mallorca, Ibiza, Menorca und viele Destinationen mehr.
Beste Reisezeit: April bis Oktober

© Cunard Line

© Seabourn

Besonders schiffsgeeignete Destinationen

Manche Orte lassen sich besser vom Wasser als vom Land aus erkunden. Für die folgenden zehn Traumziele ist eine Schiffsreise ideal.

© Hapag-Lloyd

Amazonas

Der wasserreichste Fluss der Erde ist auf brasilianischem Gebiet meist mehrere Kilometer breit, sodass er auch von kleineren Kreuzfahrtschiffen mit geringem Tiefgang befahren werden kann. Der Amazonas entwässert den grössten zusammenhängenden tropischen Regenwald und bietet unzähligen Tier- und Pflanzenarten eine Lebensgrundlage – etwa dem rosafarbenen Flussdelfin, dem exotischen Totenkopfäffchen oder der Riesenseerose, die einen Durchmesser von bis zu drei Metern erreicht. Bei der Dschungelstadt Manaus, die zu Zeiten des Kautschuk-Booms wohlhabend geworden war (Opernhaus!), präsentiert sich der Amazonas zweifarbig: Hier fliesst der dunkle Rio Negro mit dem lehmig gelben Rio Solimoes zusammen. Eine Schiffsreise in dieses geheimnisvolle Naturparadies ist ein Fest der Sinne, sowohl für die Augen als auch für die Ohren. Zu schaffen macht manchen aber die feuchte Hitze.
Beste Reisezeit: Juni bis Dezember

Antarktis

Auf dem sechsten Kontinent ist der Weg das Ziel: Der Weg führt in zwei bis drei Wochen von Ushuaia im Süden Argentiniens über die Falklandinseln und Südgeorgien auf die antarktische Halbinsel und von dort über die Drake Passage aufs argentinische Festland zurück. Es ist ein Weg, der einen gewissen Pioniergeist der Passagiere erfordert, denn das Südpolarmeer ist oft aufgewühlt, zudem können einen die bissigen Winde kalt erwischen. Hier steht die Idee der Expedition im Mittelpunkt. An Bord der von Experten verschiedener Wissensgebiete begleiteten Schiffe (etwa »Hanseatic«, »Fram«, »Le Boreal« oder »Silver Explorer«) geht es oft unkonventionell, in jedem Fall aber ungezwungen zu – ganz gleich, ob man im Zodiac-Schlauchboot auf Pinguin-Erkundungstour geht oder ob man von Deck aus nach Pelzrobben und Buckelwalen Ausschau hält. Hat man dann endlich einen Wal im Blickfeld, bleibt einem schier das Herz stehen, und das tagelange Warten und Schlottern inmitten der gewaltigen Eismassen ist vergessen.
Beste Reisezeit: November bis März

Arktis/Grönland

Je weiter man im Inselgewirr der kanadischen Arktis und den Eisbergen Grönlands entlang vorankommt, desto besser versteht man, was die legendären Entdecker wie Roald Amundsen und Sir John Franklin antrieb: dahin vorzudringen, wo kein Weg hinführt, wo kein Hafen und keine Menschen warten. Die Euphorie an Bord, wenn das Schiff durch die ersten weissen Schollen fährt, und wenn Schlauchboote die Passagiere an die geschlossene Eisfläche bringen, ist

© Compagnie du Ponant

unbeschreiblich. Und die Stimmung schnappt vollends über, wenn der Kapitän einen weissen Bären vor weissen Bergen auf weissem Eis sichtet und das Schiff stoppt. Eisbären aufzuspüren ist mühselig, umso grösser sind die Glücksmomente, wenn das Riesentier dicht vor einem vorbeitrabt. In der Arktis wird man selbst zum Entdecker – begleitet von Biologen, Geologen und Ethnologen, die einem die draussen vorbeiziehende mystische Eiswelt erklären.
Beste Reisezeit: Juni bis August

Französisch-Polynesien

Der östlichste Teil des Südpazifiks, mit verheissungsvollen Inseln wie Bora Bora, Tahaa, Huahine, Moorea, Cook Islands, Rarotonga und Fiji, lässt sich auf ein- bis zweiwöchigen Routen ab Papeete (der Hauptstadt Tahitis) erkunden, am stilvollsten mit dem legeren Luxusschiff »Paul Gauguin«, das speziell für die

© Orion Expedition Cruises

Südsee konzipiert wurde. Vor dem Schiffsreisenden breitet sich eine unwirklich scheinende Szenerie mit türkisfarbenen Lagunen, grünen Bergen und schneeweissen Stränden aus. Regenzeit ist in den besonders heissen Monaten zwischen November und April – mit rund 75 Prozent der jährlichen Niederschlagsmenge.
Beste Reisezeit: Mai bis Oktober

Galapagos-Inseln

Keine andere Inselgruppe der Erde ist so gut vor unkontrollierter Zuwanderung, systematischer Überfischung oder der zerstörerischen Invasion fremder Arten geschützt wie der Archipel tausend Kilometer westlich des ecuadorianischen Festlands. Auf keinem anderen Flecken des Planeten ist der Grad an erhaltener Biodiversität auch nur annähernd so hoch wie hier. 95 Prozent der Pflanzen und Tiere, die in den Anfangstagen der Evolution auf Galapagos lebten, existieren dort noch immer – auf Hawaii sind es bestenfalls noch 15 Prozent. Erloschene Vulkane bilden vielerorts die Landschaftskulisse für Riesenschildkröten, Leguane, Pelikane, Albatrosse, Flamingos und Darwinfinken, welche die vierzehn Hauptinseln in grosser Zahl bevölkern. Die für Galapagos zugelassenen Expeditionsschiffe – etwa die »Celebrity Xpedition« oder die »National Geographic Islander« – müssen hohe Anforderungen in punkto Naturschutz erfüllen und ihre Passagiere über die regionalen Ver-

© Celebrity Cruises

haltensregeln aufklären. So haben Tiere beispielsweise immer Vorrang vor dem Menschen, und es darf nichts an Land zurückgelassen oder von dort mitgenommen werden.
Beste Reisezeit: Ganzjährig

Halong Bay/Vietnam

In Südostasien kennen viele Kreuzfahrer vor allem ein Ziel: Halong Bay. Die »Bucht des untertauchenden Drachen«, Unesco-Weltnaturerbe, ist eine der berühmtesten Landschaftsidyllen überhaupt: ein smaragdgrünes Meer, Hunderte von Inseln und Inselchen mit pittoresk bescheidenen Behausungen zu Füssen von dschungelüberwucherten Kalkfelsformationen. Auf wundersame Weise von touristischer Infrastruktur und Luxushotels verschont geblieben, lässt sich diese Traumdestination am bequemsten auf dem Wasserweg erfahren. Oft werden auf derselben Route auch Ho-Chi-Minh-Stadt (ehemals Saigon), die Kaiserstadt Chan May (Überlandausflug) und die kilometerlangen Strände von Da Nang angelaufen – Letztere mit möglichem Ausflug in die Altstadt von Hoi An, die zum Unesco-Weltkulturerbe gehört.
Beste Reisezeit: Ganzjährig

© Star Clippes

Kimberleys

Die Kimberley-Region im Nordwesten Australiens fasziniert mit einer wild zerklüfteten Küste, schroffen Bergmassiven, tiefen Canyons, tropischen Regenwäldern und unendlich weiten Savannen. Ihrer riesigen Ausdehnung (400 000 Quadratkilometer) und weitgehenden Unerschlossenheit verdanken die Kimberleys den Ruf, eines der letzten wahren Wildnisgebiete der Erde zu sein. In den schwülheissen Monaten von November bis März stehen oft ganze Landstriche unter Wasser, die Flüsse wie Fitzroy und Ord River schwellen auf ein Vielfaches ihrer sonstigen Breite an und machen das Gebiet weitgehend unpassierbar. Von Juni bis September ist es hingegen staubtrocken – doch für Autos bleiben die Kimberleys auch dann schwer zugänglich. Die ideale Reiseform in der menschenleeren Wildnis ist ein kompaktes Schiff wie die »True North« (mit bordeigenem Helikopter für Ausflüge) und die »Orion«, beide mit legerem »Aussie«-Flair und ortkundigen Reiseleitern.
Beste Reisezeit: April bis Oktober

Kleine Antillen

Die Inselkette in der östlichen Karibik erstreckt sich von den Jungferninseln im Norden bis zur venezolanischen Küste. Im Gegensatz zu den Inseln der Grossen Antillen (Kuba, Puerto Rico, Jamaika usw.) sind die Inseln der Kleinen Antillen teilweise winzig klein. Zu den Schönsten gehören Anguilla,

© Celebrity Cruises

Antigua, Barbados, Bonaire, British Virgin Islands, Curaçao, Grenada, Grenadinen, Martinique, Nevis, Saint Barthélemy, St. Lucia, Trinidad und Tobago. Das weitgehende Fehlen von kulturellen Sehenswürdigkeiten wird durch täglich wechselnde Traumstrände, feinste Tauchreviere und hübsche Städtchen wie Gustavia oder Charlotte Amalie wettgemacht.
Beste Reisezeit: Ganzjährig

Norwegische Fjorde

In den Sommermonaten sind die wildromantischen Küsten Norwegens ein Kreuzfahrt-Dauerbrenner. Kein Wunder: Vom Schiff aus die schroffen Uferhänge, Wasserfälle und die tiefblaue See der Fjordlandschaften zu erleben, einmal die archaische Inselwelt der Lofoten zu erkunden und im Licht der Mitternachtssonne das Nordkap zu umrunden, zählt zu den Sehnsuchtszielen vieler Naturliebhaber. Highlights jeder Nordlandtour sind der zum Unesco-Weltnaturerbe gehörende Geirangerfjord bei Ålesund und das putzige Städtchen Bergen. Wer noch weiter hinauf will: 700 Kilometer nordwestlich des Nordkaps beginnt Spitzbergen, der nördlichste von Menschen bewohnte Flecken Erde.
Beste Reisezeit: Mai bis September

Seychellen

Die Seychellen sind für viele Mitteleuropäer der Inbegriff einer paradiesischen Feriendestination. Die Inselgruppe östlich von Tansania besteht aus rund 115 steil aus dem Indischen Ozean herausragenden Hügeln, die mehrheitlich unbewohnt und mit tiefgrünem Dschungel bewachsen sind. Einige der Inseln verfügen über die wohl schönsten Strände der Welt, umrahmt von bizarren Felsen, die jeden Abend im letzten Sonnenlicht zu glühen scheinen. Eine traumhaftere Tropen kulisse ist kaum zu finden, und kompakte Schiffe haben das Privileg, täglich zwei, drei verschiedene kleine Buchten anzulaufen, an denen die Mega-Dampfer nur vorbeifahren können.
Beste Reisezeit: Oktober bis März

© Bastian Schweitzer

© Royal Caribbean International

Hamburg

Die faszinierendsten Hafeneinfahrten

Beim Einlaufen in manche Kreuzfahrthäfen gibt es ausser Ölraffinerien und Containerkräne nicht viel zu sehen. Aber dann gibt es wiederum diese einmaligen Hafeneinfahrten, für die man gerne im Morgengrauen aufsteht, um sich rechtzeitig an der Reling einzufinden. Unsere Wahl der zwölf spektakulärsten Häfen der Welt:

Istanbul

Kapstadt

Lissabon

New York

© Hapag-Lloyd

Rio de Janeiro

© Celebrity Cruises

St. Petersburg

© TUI Cruises

Valetta/Malta

© Cunard Line

San Francisco

© Royal Caribbean International

Stockholm

© Crystal Cruises

Sydney

© P&O Cruises

Venedig

Mein Schiff 1 © TUI Cruises

Seabourn Spirit © Seabourn

Kreuzfahrten-Check:
Die besten Schiffe für jeden Typ

- **Die stilbildenden Wellenreiter für Trendsetter**
- **Die charmantesten Cruiseliner für Nostalgiker**
- **Die individuellsten Hochseekreuzer für Weltenbummler**
- **Die unkompliziertesten Ozeanriesen für Familien mit Kindern**
- **Die entspannendsten Vergnügungsdampfer für Sport- & Wellnessfans**
- **Die reizvollsten Expeditions- und Segelschiffe für Entdecker & Naturliebhaber**
- **Die Kreuzfahrtschiffe nach Gesamtpunktzahl**

Celebrity Equinox © Celebrity Cruises

Die stilbildenden Wellenreiter für Trendsetter

Seabourn Sojourn

Besonders geeignet für: Trendsetter
Auch attraktiv für: Weltenbummler, Sport- & Wellnessfans

Gesamtwertung: **52**/60

Reederei: Seabourn
Baujahr: 2010
Tonnage: 32 000 BRZ
Länge: 198 m, Breite: 26 m
Passagierdecks: 9
Kabinen: 225
Passagiere: 450
Passagier-Platz-Verhältnis: 71,1
Crew: 330
Passagier-Crew-Verhältnis: 1,4
Bordsprache: Englisch
Schwesterschiffe: Seabourn Odyssey, Seabourn Quest
Infos: www.seabourn.com

Ambiente ★★★★★★
Nachdem das Unternehmen in den neunziger Jahren mit den kleineren Nobeljachten »Seabourn Legend«, »Pride« und »Spirit« (siehe Seite 148) unter betuchten Hochseereisenden gesetzteren Alters zur Kultmarke avanciert war, reagierte es bei der Konzeption der sogenannten Odyssey-Klasse konsequent auf Lifestyle-Trends und die Bedürfnisse eines anspruchsvollen jüngeren Publikums – so sehr, dass man von einer Neudefinition der Reederei sprechen kann. Im Gegensatz zu den Neubaureihen etlicher anderer Schifffahrtsgesellschaften, die sich mehr evolutionär denn revolutionär entwickeln, leistete man sich bei Seabourn den Luxus, die »Sojourn« (und ihre baugleichen Schwestern »Odyssey« und »Quest«) von Grund auf neu zu planen. An Bord ist der erste Eindruck: Wow! Alles wirkt luftig, hell und unaufgeregt stylish. Die raffiniert schlichte Innenarchitektur in erdigen Farbtönen verströmt die Coolness eines Miles-Davis-Songs. Konfektionsmöbel und seelenloses Standarddekor gibt es hier nicht; fast jedes Einrichtungsstück und viele originelle Details wurden eigens für Seabourn angefertigt. Ausnahmslos alle Kabinen blicken durch bodentiefe Fensterfronten aufs Meer, die meisten verfügen über eine private Teakholz-Veranda und erinnern eher an edle Suiten in einem Designhotel als auf einem Schiff. Dasselbe kom-

fortable Raumgefühl findet sich auf den Aussendecks und in den Aufenthaltsbereichen, mit vielen intimen Nischen und Rückzugsorten. Nur das zentrale Pooldeck mit vergleichsweise kleinem Pool und arg kurzem Joggingpfad scheint etwas zu eng geraten. Neuland wurde bei der Gestaltung des überwiegend in Weiss gehaltenen, ungewöhnlich hohen Hauptrestaurants betreten, in dem Ästheten in optischen und haptischen Hochgenüssen schwelgen können.

Kabinen ★★★★★★
225 luxuriöse, moderne Aussenkabinen (27 bis 110 m^2), davon 199 Kabinen mit geräumiger Teakholz-Veranda. Alle Kabinen mit luxuriösem Bad, erlesenen Pflegeprodukten, ägyptischer Baumwollwäsche, kuscheligen Daunendecken, begehbarem Kleiderschrank und modernem Infotainment-System mit freiem Zugang zu zahlreichen Kino- und Dokumentarfilmen. Die Minibar wird täglich kostenlos mit den Lieblingsgetränken des Passagiers bestückt.

Essen & Trinken ★★★★★★
4 Restaurants, 6 Bars und Lounges. Fulminant gestaltetes Hauptrestaurant mit freier Tisch- und Zeitwahl und ausgezeichneter Marktküche; kleines Gourmetrestaurant (fixes Tapas-Menü), einfacheres Live-Cooking-Restaurant »The Colonnade« (landestypische Spezialitäten) mit Terrasse, »Patio

Grill« am Pool für den leichten Lunch an frischer Luft und romantische Abende unter den Sternen. Die gewünschte formelle Garderobe an wenigen Abenden bezieht sich nur auf das Hauptrestaurant (eine Seltenheit auf See). Kostenloser 24-Stunden-Room-Service für alle, die in der Suite speisen möchten. Alle Softdrinks, Tischweine, Champagner und Spirituosen sind bei Seabourn im Reisepreis enthalten.

Service ★★★★★★

Die hochmotivierten, bestens geschulten Servicemitarbeitenden (vor allem aus Deutschen, Österreichern, Italienern und Kroaten bestehend) vermitteln jedem Passagier das Gefühl, mindestens so wichtig zu sein, wie er sich selbst nimmt.

Wellness & Sportangebot ★★★★☆☆

2 kleine Freibäder, 6 Whirlpools, Sauna, Dampfbad, grosses Spa mit klassischen und fernöstlichen Body- und Beautybehandlungen, Thalassotherapie, Fitnessraum mit Personal Trainer, Kinesis-Wand, Gymnastik-, Yoga- und Pilates-Lektionen. Marina-Plattform auf Meereshöhe für verschiedene Wassersportarten: Kajak, Wasserski, Windsurfen, Schnorcheln – alles kostenlos. 9-Loch-Putting-Green.

Unterhaltung ★★★☆☆☆

Theater mit kleinen Shows, Konzerten, Varieté-Veranstaltungen und Kinovorführungen. Vorträge, Kurse und Seminare. Live-Musik, Nachtclub, Casino.

Extras ★★★☆☆☆

– Ausklappbare Marina-Plattform, von der aus man baden, surfen oder Wasserski fahren kann.
– Reichhaltige Bibliothek mit Kaffeebar in der zentralen »Square«-Lobby-Lounge.
– Wasch- und Bügelzimmer zur kostenlosen Benutzung.
– Die Käseauswahl in den Restaurants toppt so manches Gourmetlokal an Land. Kulinarisch ist die »Seabourn Sojourn« ohnehin über jeden Zweifel erhaben.
– Liebevoll inszenierte Strandpartys mit Hummer vom Grill (auf Karibikrouten).
– Morgens zwischen 8 und 10 Uhr kommt meist ein Vertreter des örtlichen Tourismusbüros für detaillierte Auskünfte aufs Schiff. Ideal für alle, die auf eigene Faust an Land möchten.

Routen ★★★★★★

Die drei »Seabourn«-Schwestern sind von Frühling bis Herbst vorwiegend im Mittelmeer und im Winter mehrheitlich in der Karibik unterwegs. Zwischendurch stehen Weltreisen auf dem Reiseprogramm. Es werden oftmals kleinere Häfen angelaufen, was für aussergewöhnliche Routen sorgt.

Landausflüge ★★★★★★

Anspruchsvolles Angebot von organisierten Landprogrammen. Auf Wunsch organisiert der Reise-Concierge massgeschneiderte Ausflüge.

Preis-Leistungs-Verhältnis ★★★★★★

Passagiertag ab ca. 300 Euro (inkl. Trinkgelder und Getränke)

Wenn doch nur ... die extremen Preisdifferenzen je nach Zeitpunkt der Buchung nicht wären. Ausserdem ärgerlich: Wegen der vielen Stützpfeiler inmitten der Sitzreihen des Theaters sieht man von zahlreichen Plätzen schlecht auf die Bühne.

Europa 2

Besonders geeignet für: Trendsetter
Auch attraktiv für: Familien mit Kindern, Sport- & Wellnessfans

Gesamtwertung: (**52**/60)*

Reederei: Hapag-Lloyd Kreuzfahrten
Baujahr: 2013
Tonnage: 40 000 BRZ
Länge: 225 m, Breite: 27 m
Passagierdecks: 11
Kabinen: 251
Passagiere: 516
Passagier-Platz-Verhältnis: 77,5
Crew: 370
Passagier-Crew-Verhältnis: 1,4
Bordsprache: Deutsch
Infos: www.hlkf.de

*Noch nicht getestet, da erst ab Mai 2013 in Betrieb. Provisorische Bewertung aufgrund bisheriger Erfahrungen mit der »Europa« und Hapag-Lloyd Kreuzfahrten.

Ambiente (★★★★★★)

Mit der »Europa 2« geht die Hamburger Reederei Hapag-Lloyd neue Wege und möchte mit dem smarten neuen Schiff vor allem jene Menschen für Kreuzfahrten begeistern, die sich bisher noch nicht mit dieser Reiseform befasst haben. Wie die »Europa« wird auch die »Europa 2« im Luxussegment positioniert, sie soll aber Lifestyle-orientierter, architektonisch moderner und in der Atmosphäre legerer sein als ihre ältere Schwester. Konkret heisst das:

Der Dresscode ist informell, es gibt keinen Kapitänsempfang, kein Galadinner und keine feste Sitzordnung. Unterhaltungsangebot und Routenkonzept sind auf die Bedürfnisse von kosmopolitischen Berufstätigen und anspruchsvollen Familien abgestimmt. Diese schätzen insbesondere, dass die »Europa 2« im weltweiten Vergleich das insgesamt grösste Platzangebot je Passagier an Bord eines Kreuzfahrtschiffs hat.

Kabinen (★★★★★★)
251 Aussenkabinen in sieben Kategorien (28 bis 99 m^2). Die Suiten der höchsten Kategorien mit eigenem Whirlpool mit Meerblick, die 16 Spa-Suiten mit Whirlpoolwanne und Regendusche mit Dampfsauna. Sämtliche Kabinen haben einen mindestens 7 m^2 grossen Balkon und ein Infotainment-System mit kostenlosem Zugang zu über 100 Kino- und Dokumentarfilmen. 7 Familien-Appartements mit zwei getrennten Bereichen, die durch eine Zwischentür und den gemeinsamen Balkon verbunden sind.

Essen & Trinken (★★★★★★)
8 Restaurants, 6 Bars und Lounges. Hauptrestaurant »Weltmeere« ohne feste Tischzeiten und Sitzordnung, mit vielen Zweiertischen. Vier Spezialitätenrestaurants mit mediterraner, französischer und asiatischer Küche sowie eine Sushi-Bar und das »Yacht Club«-Restaurant mit internationaler Küche und grossem Aussenbereich. Im »Grande Reserve« kommen vor allem Weinliebhaber auf ihre Kosten: Tagsüber steht das Lokal für Weindegustationen zur Verfügung, abends wird ein »umgekehrtes« Menü (mit Essensbegleitung zu Weinthemen) geboten. Alle Restaurants sind im Reisepreis eingeschlossen (ohne Getränke). Für besondere Anlässe können Passagiere das »Speisezimmer« – einen Private Dining Room – buchen. In der bordeigenen Miele-Kochschule verraten Profis ihre Geheimnisse und Tricks.

Expertenvorträge und Lesungen. 3D-Kino. Openair-Veranstaltungen am Pooldeck.

Extras (★★★★☆☆)
– Zwölf motorisierte Zodiac-Schlauchboote bringen die Passagiere zu einsamen Lagunen und Stränden.
– Auf Kinder und Jugendliche von 2 bis 15 Jahren warten drei separate, altersgerecht gestaltete und betreute Bereiche. Wichtig für Familien: Kinder bis einschliesslich elf Jahre reisen kostenlos in der Kabine der Eltern oder Grosseltern mit. Und: Auf allen Familienreisen werden passende Landausflüge für Kinder,

Service (★★★★★★)
Die Hamburger Reederei würde ihrem Anspruch an die Serviceperfektion untreu, wollte sie die neue »Europa 2« ohne die verlässlich hohen Standards der »Europa« auf die Reise schicken. Um dies zu gewährleisten, besteht rund die Hälfte der neuen Crew-Mitglieder aus ehemaligen Mitarbeitern der »Europa«.

Wellness & Sportangebot (★★★★★☆)
Spa mit breitem Angebot ausgesprochen professionell durchgeführter Body- und Beautybehandlungen. Grosszügige Saunalandschaft, Whirlpool. Freibad. Fitnessraum mit Personal Trainer, täglich kostenlose Gymnastik-, Yoga- und Pilates-Lektionen, Joggingpfad, zwei Golfsimulatoren mit Golf Pro. Sport-Hosts organisieren Sportprogramme an Land, etwa Fahrradtouren oder Nordic-Walking-Kurse.

Unterhaltung (★★★★☆☆)
Theater mit exklusiv produzierten Bühnenshows und Musikrevues. Jazzclub für Livemusik, Comedy,

Teens oder die ganze Familie angeboten.

– Miele-Kochschule: Kochkurse mit »Europa 2«-Küchenchefs und internationalen Gastköchen.

– Gut sortierte Bibliothek.

– Hohe Umweltstandards: erstes Kreuzfahrtschiff mit Katalysatoren (Stickoxid-Reduktion um fast 95 %), maximale Optimierung der Wasseraufbereitung, erhöhter Einsatz von schwefelarmem Marinediesel usw.

Routen (★★★★☆☆)
Die Reisen sind kürzer als bei der klassischen »Europa«, sie starten und enden an einfach zu erreichenden Häfen. Die flexibel kombinierbaren Touren führen fürs Erste ins westliche und östliche Mittelmeer sowie zur Arabischen Halbinsel und nach Südostasien. Im ersten Jahr steuert das neue Schiff insgesamt 123 Häfen an. Dank seiner kompakten Grösse und einem geringen Tiefgang sind auch kleine, eher selten besuchte Häfen wie Bonifacio, Portofino und Kotor (Montenegro) im Programm.

Landausflüge (★★★★★★)
Auch an Land gilt das Credo, den Passagieren ein Maximum an Individualität und Flexibilität zu bieten, etwa mit Ausflügen in Kleinstgruppen statt Massenveranstaltungen. Auf Wunsch organisiert der Reise-Concierge massgeschneiderte Landgänge mit Mietwagen- und/oder Chauffeur-Service.

Preis-Leistungs-Verhältnis (★★★★★☆)
Passagiertag ab ca. 500 Euro (inkl. Trinkgelder, exklusive Getränke)

Wenn doch nur ... die Einstiegspreise etwas günstiger wären. Bei 500 Euro pro Tag und Person ist die »Europa 2« nichts fürs normale Reisebudget.

Silver Spirit

Besonders geeignet für: Trendsetter
Auch attraktiv für: Sport- & Wellnessfans

Gesamtwertung: **51**/60

Reederei: Silversea Cruises
Baujahr: 2009
Tonnage: 36 000 BRZ
Länge: 199 m, Breite: 26 m
Passagierdecks: 8
Kabinen: 270
Passagiere: 540
Passagier-Platz-Verhältnis: 66,7
Crew: 376
Passagier-Crew-Verhältnis: 1,4
Bordsprache: Englisch
Infos: www.silversea.com, www.silversea.com

Ambiente ★★★★★★
Luxuriös, aber leger. Gemütlich, aber stilvoll. Zuvorkommend, aber nie aufdringlich. Der schwierige Balanceakt gelingt der »Silver Spirit« souverän. Die Weiterentwicklung der etwas kleineren,

neun Jahre älteren Silversea-Schiffe »Silver Shadow« (siehe Seite 99) und »Silver Whisper« ist gelungen: mit traumhaften Badezimmern in allen 270 Aussenkabinen, raffiniert hinter Wandspiegeln versteckten Fernsehern, einladenden Open-Air-Lounges auf den hinteren Aussendecks und gutem Infotainment mit täglichen Sprachkursen und Vorträgen. Im »All inclusive«-Reisetarif sind auch alle Trinkgelder und Getränke einschliesslich Champagner, ausgewählte Weine und Spirituosen inbegriffen. Was in den fünf Restaurants aufgetischt wird, übertrifft normales Kreuzfahrtniveau aufs Schönste. Wie die anderen Luxuskreuzer der italienischen

Nobelreederei besticht die »Silver Spirit« durch seine gute Grösse: gross genug für eine Vielfalt an Möglichkeiten, klein genug für den persönlichen Topservice. Nichts ist hektisch oder überhitzt – der Passagier steht im Mittelpunkt und nicht im Weg.

Kabinen ★★★★★★
270 zeitlos elegante Aussenkabinen und Suiten (29 bis 132 m^2), die meisten mit privater Veranda. Alle Kabinen mit geräumigem Marmorbad, edlen Pflegeprodukten, begehbarem Kleiderschrank, Bettwäsche aus ägyptischer Baumwolle und einer Auswahl von acht verschiedenen Kissen (»pillow menu«). Die Minibar wird nach persönlichen Vorlieben gefüllt.

Essen & Trinken ★★★★★★
5 Restaurants, 4 Bars und Lounges. Massgebend bei der Konzeption der fünf Restaurants war der Gedanke, die Passagiere so wenig wie möglich einzuschränken. Es gibt weder festgelegte Essenszeiten noch fest zugewiesene Tische. Das Pooldeck wird abends zum Grill-Restaurant. Wer will, kann sich das Dinner in seiner Kabine servieren lassen – ohne Aufpreis, rund um die Uhr. Ebenfalls im Reisepreis enthalten: Softdrinks, Tischweine, Champagner und Spirituosen.

Service ★★★★★★
Die gut geschulte Crew versteht sich auf die Kunst, den Passagier mit gelassener Souveränität zu empfangen, mit fürsorglicher Professionalität zu bedienen und überall mit Namen oder zumindest einem offenen Lächeln zu begrüssen.

Wellness & Sportangebot ★★★★★☆
Freibad, 2 Whirlpools. Spa mit zahlreichen professionell durchgeführten Body- und Beautybehandlungen. Medical Spa mit Schlankheits- und Verjüngungsprogrammen, Botox-Treatments und Zähne-Bleaching. Dampfbad, Fitnessraum. Täglich kostenlose Gymnastik-, Yoga- und Pilates-Lektionen. Joggingpfad.

Unterhaltung ★★★★☆☆
Ausgewogenes Unterhaltungsangebot (Shows, Konzerte, Comedy, aktuelle Filme). Jazzclub. Sprach- und Tanzkurse. Vorträge, die weit über die Hintergründe der jeweiligen Reiseroute hinausgehen. Küchen- und Brückenbesichtigungen. Casino.

Extras ★★☆☆☆☆
- 95 Prozent der Kabinen verfügen über eine geräumige private Veranda.
- Schicke Cigar-Lounge.
- Gut sortierte Bibliothek.

Routen ★★★★★☆
Die »Silver Spirit« hat den Vorteil, als vergleichsweise kleines Schiff Ziele anlaufen zu können, die für die Kreuzfahrtriesen nicht zugänglich sind. Im Sommer tourt sie mehrheitlich im Mittelmeer (mit Abstecher ins Schwarze Meer), im Winter in Karibik, Südsee, Mittel- und Südamerika.

Landausflüge ★★★★★☆
Für manche Passagiere ist die »Silver Spirit« selbst das Reiseziel – sie verlassen das Schiff während der ganzen Reise kaum einmal und finden auf den Decks genügend Rückzugsorte, um die Langsamkeit zu geniessen und die hohe Kunst des Nichtstuns zu kultivieren. Die meisten Mitreisenden aber wollen täglich all die Ziele, die auf dem Weg liegen, kennenlernen und nutzen das breit gefächerte, gut durchdachte und zuverlässig organisierte Angebot an Halbtages- und Ganztagesausflügen, die nur einen Nachteil haben: Sie sind meist ziemlich überteuert.

Preis-Leistungs-Verhältnis
★★★★★★
Passagiertag ab ca. 340 Euro (inkl. Trinkgelder und Getränke)

Wenn doch nur ... die Telefonkosten nicht so astronomisch hoch wären. Wenn man das Bordnetz nutzt – und das muss man auf See auch mit dem Handy – kostet eine Minute rund 10 Dollar.

Celebrity Equinox

Besonders geeignet für: Trendsetter
Auch attraktiv für: Sport- & Wellnessfans

Gesamtwertung: **46**/60

Reederei: Celebrity Cruises
Baujahr: 2009
Tonnage: 122 000 BRZ
Länge: 315 m, Breite: 37 m
Passagierdecks: 14
Kabinen: 1426
Passagiere: 2852
Passagier-Platz-Verhältnis: 42,8
Crew: 1250
Passagier-Crew-Verhältnis: 2,3
Bordsprache: Englisch
Schwesterschiffe: Celebrity Eclipse, Celebrity Reflection, Celebrity Silhouette, Celebrity Solstice

Infos: www.celebritycruises.com, www.celebritycruises.de

Ambiente ★★★★★☆
Innovative Schiffe wie dieses lassen die Klassiker alt aussehen. Zu den Besonderheiten der »Celebrity Equinox« und deren vier fast baugleichen Schwestern der sogenannten Solstice-Klasse zählt der »Lawn Club« ganz zuoberst – eine 2000 Quadratmeter grosse Fläche aus echtem Rasen zum Barfusslaufen, Picknicken und Krocketspielen. Überhaupt finden sich trotz 2850 Mitreisenden überraschend viele ruhige Nischen und versteckte Plätze auf den Aussendecks. Auf Wasserrutschen, Kletterwände, Eis-Shows und ähnliche Spielereien wird bewusst verzichtet, weil die Reederei eher auf kinderlose Erholungssuchende und weniger auf Action und Rummel setzt. Die stilvolle Entschleunigung steht im Mittelpunkt. Weitere Markenzeichen: das elegante, fast schon avantgardistische Design, die energieeffiziente Bauweise mit geschickt in die Aussendekoration integrierten Sonnenkollektoren, luftige Kabinen (fast alle mit Meerblick und Balkon), sehenswerte Shows im Broadway-Stil, der vielleicht beste schwimmende Weinkeller der Welt, ein anspruchsvolles (und dabei nicht überteuertes) Spa, eine Bibliothek mit Tausenden von Büchern und eine Show-Glasbläserei. Nur die Routen in der Karibik und im Mittelmeer scheinen austauschbar.

Kabinen ★★★★★☆

1426 komfortable, modern gestylte und hochwertig ausgestattete Kabinen (16 bis 120 m²), davon 1286 Aussenkabinen (1216 mit Balkon). Eine Besonderheit sind die »AquaClass«-Kabinen mit vielen Vorteilen für Wellnessliebhaber und direktem Zugang zum Ruheraum im »AquaSpa« (in den »AquaClass«-Kabinen mittschiffs sind allerdings Sonneneinstrahlung und freier Blick durch das darüberliegende weit hinausragende Pooldeck eingeschränkt). Zahlreiche Kabinen auf dem Schiff verfügen über Verbindungstüren – auch die Kabinenbalkone können miteinander verbunden werden. In allen Kabinen: ausgeklügelter Stauraum, gut konzipierte Bäder.

Essen & Trinken ★★★★★☆

9 Restaurants, 15 Bars und Lounges. Im zweigeschossigen Hauptrestaurant mit raumhohen Fensterfronten wird abends in zwei Schichten serviert, doch statt des fest zugeteilten Platzes kann der Gast auch in drei (zuzahlungspflichtigen) Spezialitätenrestaurants oder im Buffetlokal »Oceanview Café and Grill« (ohne Aufpreis) speisen. Das auf gesunde Spa-Küche spezialisierte Restaurant »Blu« ist exklusiv den Passagieren der AquaClass-Kabinen zugänglich. Café, Crêperie

und Fast-Food-Restaurant. Kostenloser 24-Stunden-Room-Service.

Service ★★★★☆☆
Motiviert, professionell und jederzeit ansprechbar. Hier und da nervt jedoch das überzogene Trinkgeldritual.

Wellness & Sportangebot ★★★★★★
2 Freibäder, Hallenbad, 6 Whirlpools. Grosszügig angelegtes »AquaSpa« mit klassischen und fernöstlichen Body- und Beautybehandlungen, Sauna und Dampfbad, Spa-Café mit frischen Frucht- und Gemüsesäften. Gymnastik- und Entspannungslektionen. Riesiger Fitnessraum, Kinesis-Geräte. Basketball- und Volleyballfeld, Paddle-Tennis, Krocket, Golfsimulator, Joggingpfad.

Unterhaltung ★★★★★★
Grosses Theater mit abwechslungsreichem Showprogramm, Akrobaten-Performances und angesagten Entertainment-Truppen. Kleines Theater für Comedy-Darbietungen, Koch-Shows, Kinofilme und Vorträge. Nachtclub, Jazzclub, Casino.

Extras ★★★★☆☆
– 2000 Quadratmeter echter Rasen im »Lawn Club« auf dem obersten Deck.
– Show-Glasbläserei.
– Frühere Ein- und Ausschiffung für Passagiere der oberen Kabinenkategorien.
– Gut sortierte zweistöckige Bibliothek.
– Professionelle Kinder- und Jugendbetreuung.
– »iLounge« mit Computerkursen und Apple Store.
– Weinbar mit drei Dutzend Weinen im Offenausschank.
– Nachmittags lockt – wie auf allen Schiffen von Celebrity Cruises – das »Café al Bacio« mit herrlichem Cappuccino, italienischen Schokoladespezialitäten und frischen Kuchen.

Routen ★★★☆☆☆
Vorwiegend grosse Häfen im Mittelmeer, in Nordeuropa und in der Karibik.

Landausflüge ★★☆☆☆
Breites, etwas banales Angebot an organisierten Ausflügen.

Preis-Leistungs-Verhältnis ★★★★★★
Passagiertag ab ca. 90 Euro (exklusive Trinkgelder und Getränke)

Wenn doch nur ... die dreitausend anderen Passagiere und die entsprechenden logistischen Konsequenzen nicht wären. Dennoch wird das Credo der Reederei, »Klasse trotz Masse« zu bieten, in vielerlei Hinsicht erfüllt.

Le Boreal

Besonders geeignet für: Trendsetter
Auch attraktiv für: Weltenbummler, Entdecker & Naturliebhaber

Gesamtwertung: **44**/60

Reederei: Compagnie du Ponant
Baujahr: 2010
Tonnage: 10 700 BRZ
Länge: 142 m, Breite: 18 m
Passagierdecks: 6
Kabinen: 132
Passagiere: 224
Passagier-Platz-Verhältnis: 47,8
Crew: 139
Passagier-Crew-Verhältnis: 1,6
Bordsprache: Französisch und Englisch
Schwesterschiffe: L'Austral, Le Soléal
Infos: www.ponant.com

Ambiente ★★★★★★
Die französische Luxusreederei Compagnie du Ponant zählt zu den aufstrebenden Newcomern in der Kreuzfahrtenbranche. Die »Le Boreal« und deren Schwesterjachten »L'Austral« und »Le Soléal« bieten lässige Eleganz für designverliebte Individualisten, die gerne dort vor Anker gehen, wo die meisten anderen Vergnügungsdampfer ihrer schieren Grösse wegen keinen Zugang haben. 224 Passagiere und 139 Crew-Mitglieder fahren mit, und das mit bestem Gewissen: Den drei Schiffen wurde durch das Qualitätslabel »Clean Ship« eine verhältnismässig umweltbewusste Bauweise und Bewirtschaftung attestiert. Das Dekor an Bord in Grau-, Sand- und Brauntönen (mit roten Farbtupfern) präsentiert sich im schnörkellosen urbanen Chic. Die Kabinen haben alle die Standards eines modernen Fünfsterne-Boutiquehotels, fast alle verfügen über eine breite Glasfront zum eigenen Balkon. Es gibt einen gläsernen Wasserfall von Swarovski im Atrium und ein gut gebuchtes Spa. Zum exklusiven Flair trägt die Besonderheit bei, dass die Ponant-Jachten oftmals über Nacht an den schönsten Liegeplätzen bleiben, was grosse Schiffe schon deshalb vermeiden, um sich die hohen Hafengebühren zu ersparen. Die Abendunterhaltung ist sehr bescheiden, was aber kaum jemanden an Bord stört, da den meisten Ponant-

Passagieren schöne Sonnenuntergänge und die Nähe zu Wind und Wellen wichtiger sind als Shows und Animation. Der Kleidungsstil ist ungezwungen leger, nur am Kapitänsabend wird Gala-Tenü vorgeschlagen, doch kaum einer der mehrheitlich französischen Passagiere hält sich daran.

Kabinen ★★★★★☆
132 innovativ konzipierte, hochwertig ausgestattete Aussenkabinen (19 bis 45 m^2), davon 125 mit Balkon. Alle Kabinen mit DVD-/CD-Player, iPod-Docking-Station und viel Stauraum.

Essen & Trinken ★★★★☆☆
2 Restaurants, 3 Bars und Lounges. Hauptrestaurant mit mediterraner Küche (freie Tisch- und Zeitwahl), Buffetrestaurant mit Terrasse. Alle Getränke während der Mahlzeiten (einschliesslich Tischweine) sind im Reisepreis inbegriffen. Ebenfalls kostenlos: der 24-Stunden-Room-Service. Im Hauptrestaurant sitzt man genau auf Höhe der Wasserlinie, was speziell bei bewegter See ein schönes Schauspiel bietet.

Service ★★★★★☆
Der 139-köpfigen Crew, zur Hälfte französische und zur Hälfte asiatische Frauen und Männer, gelingt es trotz kleinen Nachlässigkeiten souverän, gute Laune zu verbreiten und die Passagiere mit einer Leichtigkeit des Seins zu umgeben.

Mittelmeer und in Nordeuropa, im Winter geht es in die weite Welt hinaus und bis in die Antarktis. Allerdings hat »Le Boral« die niedrigste Eisklasse, weshalb manche Ziele nicht angelaufen werden können, wenn dort zu viel Eis ist.

Landausflüge ★★★★★☆
Von River-Rafting bis zum Klosterbesuch: breit gefächertes Angebot organisierter Landprogramme. Die Zodiac-Ausflüge (auf expeditionsartigen Routen) sind im Reisepreis inbegriffen.

Wellness & Sportangebot ★★☆☆☆☆
Kleines Freibad, Fitnessraum mit Kinesis-Wand, Dampfbad, Spa mit diversen Body- und Beautybehandlungen. Im Aussenbereich kein Sport möglich.

Unterhaltung ★★☆☆☆☆
Show-Lounge mit Konzerten, Comedy-Darbietungen und (nicht mehr ganz neuen) Kinofilmen. Landeskundliche Vorträge. Kleine Bibliothek.

Extras ★★★☆☆☆
– Die Bäder haben eine mit Schiebetür verschliessbare Glasfront zur Kabine, sodass man beim Duschen aufs Meer blicken kann. Bad und WC sind räumlich getrennt.
– Zwölf Zodiac-Schlauchboote für Naturerlebnisse an aussergewöhnlichen Destinationen.
– Die Brücke ist den Passagieren jederzeit frei zugänglich (ausser in den Häfen).
– Ein Kind (bis 12 Jahre) fährt in der Kabine der Erwachsenen gratis mit.

Routen ★★★★★★
Gemäss dem Schiffs-Credo »Small is beautiful« werden häufig kleine Häfen und Buchten angesteuert. In den Sommermonaten vor allem im

Preis-Leistungs-Verhältnis ★★★★★★
Passagiertag ab ca. 300 Euro (inklusive Trinkgelder und Getränke zu den Mahlzeiten)

Wenn doch nur ... vermehrt Shuttlebusse für individuelle Landgänger zur Verfügung stünden, um bequem von teilweise ungünstig gelegenen Anlegestellen zur Innenstadt zu gelangen.

Norwegian Breakaway

Besonders geeignet für: Trendsetter
Auch attraktiv für: Familien mit Kindern, Sport- & Wellnessfans

Gesamtwertung: (**44**/60)*

Reederei: Norwegian Cruise Line
Baujahr: 2013
Tonnage: 114 017 BRZ
Länge: 324 m, Breite: 40 m
Passagierdecks: 14
Kabinen: 2000
Passagiere: 4000
Passagier-Platz-Verhältnis: 28,5
Crew: 1595
Passagier-Crew-Verhältnis: 2,5
Bordsprache: Englisch
Schwesterschiff: Norwegian Getaway (2014)
Infos: www.breakaway.ncl.com

*Noch nicht getestet, da erst ab Mai 2013 in Betrieb. Provisorische Bewertung aufgrund bisheriger Erfahrungen mit vergleichbaren Schiffen von Norwegian Cruise Line.

Ambiente (★★★★★☆)
Die Reederei Norwegian Cruise Line setzt auf zeitgemässen Lifestyle und ist mit ihren neuen Flaggschiffen auf dem besten Weg zu einer erfolgreichen Höherpositionierung. Die supermoderne, im April 2013 auf Jungfernfahrt gehende »Norwegian Breakaway« eignet sich sowohl für unterhaltungshungrige junge Menschen und kommunikationsfreudige Familien als auch für anspruchsvolle Reisende mit ästhetischen Ansprüchen. Der neue Vergnügungsdampfer setzt auf ein deutlich puristischeres Design als die älteren Norwegian-Schiffe und ist das aktuellste Beispiel des »All-exclusive«-Trends nach Vorbild der alten Transatlantik-Liner mit ihrer Dreiklassengesellschaft: Passagiere, die mehr bezahlen, erhalten nicht nur die bessere Kabine, sondern auch mehr Privatsphäre und mehr Service in exklusiv zugänglichen Bereichen. So oder so kommt an Bord der »Breakaway« keine Langeweile auf: Angesichts des immensen Freizeit- und Entertainment-Angebots, der siebzehn Restaurants sowie der zwölf Bars und Lounges herrscht die Qual der Wahl. Das über drei Decks offene Atrium beeindruckt mit einem imposanten LED-Kronleuchter mit wechselnden Lichteffekten. Ein neuartiges Promenadendeck – so die An-

kündigung der Reederei – soll die Nähe zum Meer auf überraschende Weise in das Borderlebnis integrieren. Hinzu kommen ein Aqua-Park mit fünf Wasserrutschen sowie ein riesiger Sportkomplex mit Minigolfanlage und Hochseilgarten.

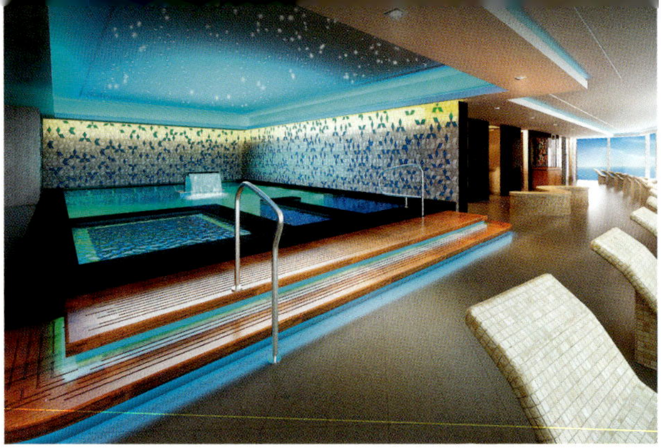

Kabinen (★★★★★☆)
2000 sehr modern gestylte Kabinen (14 bis 95 m^2), davon rund drei Viertel Aussenkabinen (mehrheitlich mit Balkon). Der Exklusivbereich »The Haven« umfasst einen Suitentrakt mit separater Relaxzone auf dem obersten Deck. Die innen gelegenen »Studios« (9 m^2), die ohne den sonst üblichen Singlezuschlag verkauft werden, sind explizit für Alleinreisende konzipiert – wem es in diesen Mini-Unterkünften zu eng wird, weicht auf die zugehörige Studio-Lounge aus.

Essen & Trinken (★★★★★☆)
17 Restaurants, 12 Bars und Lounges. Zu den 17 Dining-Optionen mit breit gefächertem kulinarischem Angebot zählen neben dem Hauptrestaurant »The Manhattan Room«, das mit einer Tanzfläche inmitten des Saals überrascht (Live-Musik), die für NCL typische »Churrascaria« (brasilianisches Steakhouse), italienische, chinesische, japanische (Show-Cooking) Spezialitäten sowie ein Seafood-Lokal mit Sushi-Bar (teilweise zuschlagspflichtig). Jeder Passagier isst, wann er will und wo er will – sofern ein Tisch im gewünschten Restaurant frei ist. Praktisch: Die aktuelle Verfügbarkeit und Wartezeit der Restaurantplätze wird auf zahlreichen Monitoren auf allen Decks angezeigt. Im Reisepreis inbegriffen sind Wasser, Eistee, Kaffee und Tee zu den Hauptmahlzeiten.

Service (★★★★☆☆)
Die Norwegian-Crews sind seit Jahren bestens motiviert und überdurchschnittlich gut geschult.

Wellness & Sportangebot (★★★★★★)
4 Freibäder, 6 Whirlpools, Hydrotherapiepool, Aqua Park mit fünf Wasserrutschen (darunter zwei Free-Fall-Rutschen), separater Kids Aqua Park, Fitnessraum, Dampfbad, grosses Spa mit klassischen und fernöstlichen Body- und Beautybehandlungen, Akupunktur, Botox-Behandlungen und Zahn-Bleaching. Aerobic- und Entspannungslektionen. Golfabschlagplatz, Joggingpfad, Basketball-, Volleyball-, Tennisplatz, Bungee-Trampolin, Kletterwand, Kletterkäfig »Spider Web«, Minigolfanlage, Hochseilgarten.

Unterhaltung (★★★★★★)
Grosses Theater mit fantastischen Shows im Las-Vegas-Stil (Blue Man Group, Imitatorenshow »Legends in Concert« usw.). Diverse Show-Lounges für Comedy-Darbietungen und Konzerte (z. B. Pianoduelle von »Howl at the Moon«). Kino unter freiem Himmel. Workshops und Kurse. Nachtclub, Teen-Disco, Casino.

Extras (★★★★☆☆)
– Kinder und Jugendliche sind allerbestens betreut und unterhalten – vom Pyjamafrühstück bis zur Kids Dance Party, so dass es manchmal schwer fällt, die Familie zusammenzuhalten.
– »Schiff im Schiff«-Bereich »The Haven« mit Rückzugsoasen und besonderem Verwöhnservice.
– Über hundert »Studios«, deren Design und Preis speziell auf Alleinreisende zugeschnitten sind.
– Kabinen der unterschiedlichsten Kategorien können durch Verbindungstüren flexibel miteinander verbunden werden.
– Grösster Hochseilgarten auf See, mit 40 Kletterelementen in unterschiedlichen Schwierigkeitsstufen.
– Das Schiff eignet sich gut für Rollstuhlfahrer und Gehbehinderte.
– Exklusive Bereiche nur für Erwachsene.

Routen (★★☆☆☆☆)
Die »Norwegian Breakaway« kreuzt ganzjährig auf sieben- bis zwölftägigen Turnusfahrten von Manhattan aus zu den Bermudas, auf die Bahamas und in die Karibik.

Landausflüge (★☆☆☆☆☆)
Die vom Schiff angebotenen Landausflüge sind Massenveranstaltungen.

Preis-Leistungs-Verhältnis (★★★★★★)
Passagiertag ab ca. 90 Euro (exklusive Trinkgelder und Getränke)

Wenn doch nur ... die ständigen Durchsagen nicht wären. Der Bordlautsprecher erwischt einen auch in der Abgeschiedenheit seines eigenen Balkons: »It's Bingo time!« Schliesslich sind vornehmlich Amerikaner an Bord.

Norwegian Epic

Besonders geeignet für: Sport- & Wellnessfans
Auch attraktiv für: Familien mit Kindern

Gesamtwertung: **44**/60

Reederei: Norwegian Cruise Line
Baujahr: 2010
Tonnage: 155 873 BRZ
Länge: 329 m, Breite: 40 m
Passagierdecks: 15
Kabinen: 2100
Passagiere: 4100
Passagier-Platz-Verhältnis: 38,0
Crew: 1730
Passagier-Crew-Verhältnis: 2,4
Bordsprache: Englisch
Infos: www.epic.ncl.com

Ambiente ★★★★☆
Neben Premieren in Serie, etwa mit der ersten echten »Ice Bar« auf See, den wellenförmigen Wänden der Kabinen und den in den Wohn-/Schlafraum integrierten Nasszellen (analog vielen Designhotels an Land), sorgt die innovative Norwegian Cruise Line mit jedem neuen Schiff für Diskussionsstoff. Zu neuen Ufern brach die »Epic« auch mit ihrem Konzept für Alleinreisende auf. 128 fensterlose »Studios« wurden speziell für eine Einzelbelegung ohne den üblichen Aufschlag gestaltet. Als Ausgleich für die recht beengten neun Quadratmeter – jeweils mit Doppelbett und individuellem Stimmungslicht – verfügen sie über eine eigene Lounge, die den Singles vorbehalten ist. Allen 4100 Passagieren zugänglich (solange es Platz hat) ist das Abend-Entertainment mit der weltberühmten Blue Man Group und den »Legends in Concert« (hochprofessionelle Live-Imitatoren von Elvis, Madonna, Neil Diamond usw.), ausserdem locken akrobatische Einlagen an der »Cirque Dreams & Dinner«-Show und namhafte Musiker im Fat Cats Jazz & Blues Club, das grösste Spa (2880 m^2), ein Abenteuerspielplatz und ein sieben Meter hoher Kletterkäfig.

Kabinen ★★★★☆
2114 sehr modern gestylte Kabinen (12 bis 47 m^2) in 38 Preiskategorien, davon 1436 Aussenkabinen (alle mit Balkon). Die innen gelegenen »Studios« (9 m^2) – ohne Singlezuschlag, dafür mit eigener Lounge – sind bei Alleinreisenden sehr beliebt. Die Exklusivzone »The Haven« umfasst einen Suitentrakt mit separater In-

frastruktur und ist auf zwei privaten Decks im oberen (vorderen) Bereich des Schiffs angelegt.

Essen & Trinken ★★★★★☆
20 Restaurants, 20 Bars und Lounges. Breit gefächertes kulinarisches Angebot in 20 Restaurants mit mexikanischen, brasilianischen, japanischen, asiatischen, italienischen, französischen oder amerikanischen Spezialitäten (teilweise kostenpflichtig). Jeder Passagier isst, wann er will und wo er will, sofern ein Tisch im gewünschten Restaurant frei ist. Praktisch: Die aktuelle Verfügbarkeit und Wartezeit der Restaurantplätze wird auf zahlreichen Monitoren auf allen Decks angezeigt. Im Reisepreis inbegriffen sind Wasser, Eistee, Kaffee und Tee zu den Hauptmahlzeiten.

Service ★★★★☆☆
Ausgesprochen freundlich und hilfsbereit.

Wellness & Sportangebot ★★★★★★
4 Freibäder, 6 Whirlpools, Hydrotherapiepool, Kinder-Wasserpark mit 60-Meter-Rutsche, Fitnessraum, Dampfbad. Grosses Spa mit klassischen und fernöstlichen Body- und Beautybehandlungen, Akupunktur, Botox-Behandlungen und Zahn-Bleaching. Aerobic- und Entspannungslektionen. Bungee-Trampolin, Golfabschlagplatz, Joggingpfad, Basketball-, Volleyball-, Tennisplatz, Bowlingbahnen, Kletterwand mit verschiedenen Schwierigkeitsgraden, Abenteuerspielplatz mit Seilen, Kletterkäfig (Spider Web).

Unterhaltung ★★★★★★
»Epic Theater« mit 681 Plätzen und fantastischen Shows (Blue Man Group, Legends in Concert). »Headliners Comedy Club« mit Comedy-Darbietungen und Konzerten. »Cirque Dreams & Dinner« mit zirkusartigen Shows mit Dinner. Kino unter freiem Himmel. Workshops und Kurse. Nightclub (teilweise auf dem Pooldeck), Teen-Disco, Jazzclub, Casino.

Extras ★★★★☆☆
– Kinder und Jugendliche sind allerbestens betreut und unterhalten.

– »Schiff im Schiff«-Bereich »The Haven« mit Rückzugsoasen und besonderem Verwöhnservice.
– 128 »Studios«, deren Design und Preis speziell auf Alleinreisende zugeschnitten sind.
– Kabinen der unterschiedlichsten Kategorien können durch Verbindungstüren flexibel miteinander verbunden werden.
– Der Pizza-Lieferservice ist rund um die Uhr verfügbar und liefert an fast alle Plätze an Bord.
– Der Poolbereich verwandelt sich abends in einen Beach-Club mit DJ-Sounds, Tanzfläche und Ibiza-Stimmung.
– Wer der Hitze der Nacht entgehen möchte, schlüpft in einen der an Bord zur Verfügung gestellten Kunstpelzmäntel, um in der »Ice Bar« bei minus acht Grad Wodka zu trinken; im Eintrittspreis von 20 US-Dollar sind zwei Drinks inbegriffen.

Routen ★★☆☆☆☆
Im Sommer im Mittelmeer, im Winter in der Karibik. Eigentliches Reiseziel ist für die meisten Passagiere das Schiff selbst.

Landausflüge ★☆☆☆☆☆
Die vom Schiff angebotenen Landausflüge sind kaum zu empfehlende Massenveranstaltungen.

Preis-Leistungs-Verhältnis ★★★★★★
Passagiertag ab ca. 75 Euro (exklusive Trinkgelder und Getränke)

Wenn doch nur ... die »Norwegian Epic« nicht darauf ausgelegt wäre, dass man an Bord mehr Geld liegen lässt als man für die Kreuzfahrt bezahlt hat. Ausserdem: Die Kabinen haben trotz innovativem Design – Dusche links der Kabinentür, WC rechts der Kabinentür, Waschbecken vor dem Bett – ihre Tücken. Steht eine Person am Waschbecken, ist kein Durchkommen mehr. Am meisten Kritik ernten die abgerundeten Betten: Die Füsse von Passagieren über 1,80 Meter Körpergrösse hängen über den Bettrand hinaus.

Queen Mary 2 © Cunard Line

Die charmantesten Cruiseliner für Nostalgiker

Queen Mary 2

Besonders geeignet für: Nostalgiker
Auch attraktiv für: Familien mit Kindern, Sport- & Wellnessfans

Gesamtwertung: **52**/60

Reederei: Cunard Line
Baujahr: 2004
Tonnage: 151 400 BRZ
Länge: 345 m, Breite: 41 m
Passagierdecks: 12
Kabinen: 1310
Passagiere: 2620
Passagier-Platz-Verhältnis: 57,8
Crew: 1254
Passagier-Crew-Verhältnis: 2,1
Bordsprache: Englisch
Infos: www.cunard.com

Ambiente ★★★★★★
Man stelle sich die »Titanic« (ohne Untergang) im Jahr 2013 vor – dann hat man die heutige Königin der Meere vor Augen. Eine Transatlantikpassage an Bord der »Queen Mary 2« ist für viele Seereisende das Mass aller Dinge. Und für Neulinge wie eine Expedition auf einem anderen Kontinent. Das Schiff ist alles, das Meer fast nichts. Jeder Tag hält neue Entdeckungen an Bord bereit, und da die siebentägige Reise von der Alten in die Neue Welt (oder umgekehrt) die klassische Route der Auswanderer ist, kommt man sich ein bisschen bedeutender vor als der normale Kreuzfahrttourist und übersteht auch Atlantikstürme mit Pioniergeist. Nach dem Auslaufen bewegen sich die rund 3000 Passagiere noch unsicher und orientierungslos in den langen Korridoren. Verstohlen musternde Blicke fahnden nach Anhaltspunkten für einen allgemein gültigen Kleiderkodex. Am zweiten, dritten Seetag sind die meisten nicht wiederzuerkennen. Der Gang hat sich verändert, das Tempo, die Körpersprache, das Zeitgefühl. Man promeniert über die Decks mit dem sichtbaren Selbstbewusstsein, sich Müssiggang leisten und ihn geniessen zu können. Auf keinem anderen Schiff begegnet sich ein derart vielfältiges Publikum quer durch alle

Altersklassen und Milieus. Keines kann mehr Prominenz an Bord begrüssen und keines bietet dieselbe Angebotsfülle in dieser Selbstverständlichkeit und Qualität. Die Mischung aus maritimer Tradition und Hightech, aus klassischem Pomp und Luxus des dritten Jahrtausends trifft den Nerv der Zeit. Zudem ist die »Queen Mary« eines der wenigen Schiffe, zu denen es keine Alternative gibt: Wer nostalgisch inszenierten Glamour wirklich sehen, fühlen und zelebrieren will, kommt nicht um sie herum. Da ist es nur naheliegend, dass kein anderes Schiff so stark polarisiert: Die »QM2« erzeugt absolute Begeisterung – oder totale Ablehnung.

Kabinen ★★★★☆
1310 sehr unterschiedlich ausgestattete Kabinen in 25 Unterkunftskategorien (18 bis 209 m^2), davon 1017 Aussenkabinen, mehrheitlich mit privatem Balkon. Wichtig: Auf der Transatlantikroute (Southampton–New York) sollten Sie eine »Portside«-Kabine buchen (linke Schiffseite in Fahrtrichtung, Kabinen mit gerader Nummer), in umgekehrter Richtung eine »Starbord«-Kabine (ungerade Nummer). So sind Sie immer auf der Sonnenseite.

Essen & Trinken ★★★★☆
9 Restaurants, 12 Bars und Lounges. Der Zutritt zu manchen Restaurants ist abhängig von der gebuchten Unterkunftskategorie. Der Grossteil der Passagiere speist im Restaurant »Britannia« (1347 Plätze), das sich über drei Decks erstreckt und zwei Essenszeiten um 18 und 20.30 Uhr umfasst. Der »Princess Grill« (178 Plätze) ist den Bewohnern der Juniorsuiten vorbehalten, die neidvoll in den »Queen's Grill« (200 Plätze) blicken, wo kulinarische Sternstunden exklusiv für Suitengäste geboten werden. Die teilweise zuzahlungspflichtigen Spezialitätenrestaurants (von mexikanisch bis asiatisch), das Gourmetlokal »Todd English« und das »Golden Lion Pub« sind für alle Passagiere zugänglich. Die jeweilige »Kleiderempfehlung« (formell, informell oder leger) ist zwingend und gilt während des ganzen Abends ab 18 Uhr auf dem ganzen Schiff (ausser dem Bereich des »King's Court«-Buffetrestaurants). Normalerweise finden zwei formelle Abende pro Woche statt, auf Transatlantikpassagen drei.

Service ★★★★☆☆
Routiniert freundlich, hier und da sind jedoch die Kosteneinsparungen von Cunard zu spüren.

Wellness & Sportangebot ★★★★★★
4 Freibäder, 1 Hallenbad, 8 Whirlpools, Sauna, Dampfbad. Grosses Spa mit zahlreichen Body- und Beautybehandlungen. Fitnessraum, Gymnastik- und Entspannungslektionen. Golfsimulator, Paddle-Tennis, Joggingpfad (Rundstrecke 600 m), Basketballfeld.

Unterhaltung ★★★★★★
»Royal Court Theater« mit 1100 Sitzplätzen (Broadway-Inszenierungen, abwechslungsreiches Showprogramm, Konzerte), »Lecture Hall« mit 500 Sitzplätzen (Kinofilme, Vorträge renommierter Persönlichkeiten), Planetarium, zahlreiche Workshops und Kurse, Computer-Schulungszentrum, Bridge- und Tanzunterricht, Kunstauktionen, Nachtclub, Tanz-Events im grössten Ballsaal auf See. Casino.

Extras ★★★★★★
– Der Ozeanliner hält als einziges Schiff die Tradition der Transatlantikpassage wach.
– Professionell betreuter, kostenlos zugänglicher Kinder- und Jugendclub; beide Bereiche sind, mit Unterbrechung zur

Mittagszeit, bis Mitternacht geöffnet.
– Die Vielfalt an Bord ist kaum zu übertreffen – selbst nach einer siebentägigen Atlantiküberfahrt gibt es immer wieder neue Räumlichkeiten zu entdecken.
– Waschmaschinen und Trockner sowie Bügelvorrichtungen stehen zur Selbstbedienung kostenfrei zur Verfügung.
– Die Bibliothek gilt als grösste schwimmende Büchersammlung. In die Bibliothek ist eine Buchhandlung integriert.
– Täglich stilvolles britisches Teatime-Zeremoniell.
– Grosszügige Raumhöhen: Zwei Decks auf der »QM2« entsprechen in der Höhe drei Decks auf den meisten anderen Kreuzfahrtschiffen.
– Das umlaufende Teakholz-Promenadendeck auf Deck 7 bietet viel Platz für Jogger, Flaneure und Deckchair-Geniesser.

Routen ★★★★★☆
Von Mai bis Dezember fährt die »QM2« zwei Dutzend Mal die siebentägige Transatlantikpassage (meist zwischen Southampton und New York) sowie auf einwöchigen Kreuzfahrten in Nordeuropa, Neuengland und Kanada, im Winter geht es auf Weltreise.

Landausflüge ★★★☆☆☆
Vielfältige, gut organisierte, etwas überteuerte Landprogramme (sofern nicht auf Überfahrt).

Preis-Leistungs-Verhältnis ★★★★★★
Passagiertag ab ca. 150 Euro (exklusive Trinkgelder und Getränke)

Wenn doch nur … die Nebenkosten der Seereise nicht so rasch zu einem happigen Posten würden: Sogenannt »freiwillige« Trinkgelder (11–13 US-Dollar pro Person und Tag) werden automatisch dem Bordkonto belastet. Ausserdem wird neben sämtlichen Getränken in den Restaurants (ausgenommen Softdrinks im Self-Service-Bereich) und der zusätzlichen »Bar and Wine Charge« von 15 Prozent auf alkoholische Getränke vieles extra berechnet – etwa der Zugang zur Sauna für 35 Dollar.

Queen Elizabeth

Besonders geeignet für: Nostalgiker
Auch attraktiv für: Weltenbummler

Gesamtwertung: **48**/60

Reederei: Cunard Line
Baujahr: 2010
Tonnage: 90 900 BRZ
Länge: 294 m, Breite: 32 m
Passagierdecks: 12
Kabinen: 1046
Passagiere: 2068
Passagier-Platz-Verhältnis: 43,9
Crew: 1003
Passagier-Crew-Verhältnis: 2,1
Bordsprache: Englisch
Infos: www.cunard.com

Ambiente ★★★★★★
Mehr Tradition geht nicht, denkt man beim ersten Eintauchen in die nostalgische Welt der neuen »Queen Elizabeth«: das Streichquartett in der dreistöckigen Empfangslobby. Der Fünfuhrtee. Die Krocketspieler auf dem Game-Deck. Der Grandhotel-Glamour im Hauptrestaurant Britannia. Die auf dem ganzen Schiff zwingenden Dresscodes ab 18 Uhr (sogar am Tag gilt: »No Jeans«). Das plüschige Theater mit privaten Logen wie im Londoner Westend. Die abendlichen Bälle. Die zwei Passagierklassen – mit exklusiven Bereichen für die »Princess«- und »Queens Grill«-Gäste, etwa das Courtyard-Freiluftrestaurant und der separate Aussenbereich auf dem obersten Deck. Das im Oktober 2010 getaufte Schiff tritt ein

grosses Erbe an, denn die »Queen Elizabeth« (gebaut 1938) und die »Queen Elizabeth 2« (gebaut 1969) brachen Rekorde, schrieben Geschichte und eroberten mit ihren Transatlanikpassagen die Herzen von ungezählten Hochseereisenden. Mit der dritten Generation der »QE« will die Reederei Cunard an den Mythos der Atlantik-Liner anknüpfen, was sich in den Art-déco-Interieurs und den Memorabilia aus den Pionierzeiten maritimen Reisens manifestiert, nicht aber im Fahrplan: Sie überlässt die »Crossings« ihrer grossen Schwester »Queen Mary 2« (siehe Seite 66) und befährt wie ungezählte andere Kreuzfahrtschiffe die Weltmeere. Dass die Retro-Queen kein schwimmendes Altersheim ist, wie man vor der Reise vielleicht insgeheim befürchtet hat, sondern einen Nerv der Zeit trifft, fällt bei näherem Hinsehen auf. Man braucht sich bloss in die beliebte Midship-Bar auf Deck 3 zu setzen: Sie ist von Leben und Heiterkeit erfüllt, viele Sprachen schwirren durch die Luft, und von den maximal 2068 Passagieren an Bord flanieren so manche vielköpfige Familien und urbane Trendsetter vorbei. Sie alle spielen auf der »QE« ein wenig reales Theater, geniessen die aus Tradition gewachsene Schiffskultur und brauchen dabei nicht auf WiFi, Sushi, Self-Service-Waschsalon, Yoga und Hotstone-Massagen zu verzichten.

Kabinen ★★★★★☆
1034 sehr unterschiedlich ausgestattete Kabinen in 32 Kategorien (14 bis 198 m^2), davon 892 Aussenkabinen, mehrheitlich mit privatem Balkon.

Essen & Trinken ★★★★★☆
9 Restaurants, 8 Bars und Lounges. Hauptrestaurant »Britannia« mit 878 Plätzen und zwei Essenszeiten. Zwei exklusiv den beiden »Grill«-Klassen vorbehaltene Restaurants mit jeweils freier Tisch- und Zeitwahl. Die teilweise zuzahlungspflichtigen Spezialitätenrestaurants (von mexikanisch bis asiatisch), das Gourmetlokal »Todd English« und das »Golden Lion Pub« sind für alle Passagiere zugänglich.

Service ★★★★★☆
Professionell und gedrillt wie in einem Grandhotel von anno dazumal. Ein wenig mehr zeitgemässe Lockerheit würde gewiss nicht stören.

Wellness & Sportangebot ★★★★☆☆
2 Freibäder, 5 Whirlpools, Sauna, Dampfbad. Spa mit zahlreichen Body- und Beautybehandlungen. Fitnessraum, Gymnastik- und Entspannungslektionen. Paddle-Tennis, Krocketfeld, Joggingpfad.

Unterhaltung ★★★★★☆
Theater mit 830 Sitzplätzen und 20 Privatlogen (abwechlsungsreiches Showprogramm, Konzerte, Kinofilme), Bordorchester, Live-Jazz, landeskundliche Vorträge zum Teil renommierter Persönlichkeiten zu verschiedensten Themengebieten, zahlreiche Workshops und Kurse, Bridge- und Tanzunterricht, Nachtclub, Casino.

Extras ★★★☆☆☆
– Professionell betreuter, kostenlos zugänglicher Kinder- und Jugendclub; beide Bereiche sind, mit Unterbrechung zur Mittagszeit, bis Mitternacht geöffnet.
– Waschmaschinen und Trockner sowie Bügelvorrichtungen stehen kostenfrei zur Verfügung.

– Stilvolles britisches Teatime-Zeremoniell täglich um 16 Uhr.
– Die zweistöckige Bibliothek mit 6000 Büchern (darunter auch viele deutschsprachige) und die Buchhandlung sind angenehme Rückzugsorte.
– In alter Cunard-Tradition fordern die mitreisenden »Gentlemen Hosts« alleinreisende Damen zum Tanz auf.

Routen ★★★★★★
In den Wintermonaten tourt die »QE« um die Welt, ansonsten in Nordeuropa, im Mittelmeer, in Nord- und Südamerika und in der Karibik.

Landausflüge ★★★☆☆☆
Vielfältige, gut organisierte, etwas überteuerte Landprogramme.

Preis-Leistungs-Verhältnis ★★★★★★
Passagiertag ab ca. 120 Euro (exklusive Trinkgelder und Getränke)

Wenn doch nur ... die kleinen Standardkabinen (14 bis 17 m^3) und die zwei abendlichen Essenszeiten im Hauptrestaurant (mit fest zugewiesenen Tischen um 18 oder 20.30 Uhr) nicht wären. Die beiden Schwächen lassen sich jedoch auch in der Holzklasse mit der Buchung einer Balkonkabine in der »Britannia Club«-Kategorie beheben. Dort entsprechen die 24 bis 43 Kabinenquadratmeter und die flexiblen Essenszeiten dem schwerelosen Kreuzfahrtgefühl von heute.

Queen Victoria

Besonders geeignet für: Nostalgiker
Auch attraktiv für: Familien mit Kindern

Gesamtwertung: **46**/60

Reederei: Cunard Line
Baujahr: 2007
Tonnage: 90 000 BRZ
Länge: 294 m, Breite: 32 m
Passagierdecks: 12
Kabinen: 1007
Passagiere: 1990
Passagier-Platz-Verhältnis: 45,2
Crew: 981
Passagier-Crew-Verhältnis: 2,0
Bordsprache: Englisch
Infos: www.cunard.com

Ambiente ★★★★★★
Deutlich kleiner als die »Queen Mary 2« und von aussen fast baugleich wie die drei Jahre jüngere »Queen Elizabeth« (siehe Seiten 66 und 69), führt die »Victoria« die Cunard-Tradition mit dem bewährten Mix aus nostalgischem Glamour und britischem Understatement fort. Eindrucksvoll empfängt die dreistöckige »Grand Lobby« die Passagiere mit einem Wandbild des Luxuskreuzers. Die Kronleuchter, die geschwungenen Freitreppen, die riesigen Spiegel, die warmen Holztöne und die nicht enden wollenden Aufmerksamkeiten – es ist (fast) alles wie in einem Luxushotel aus der viktorianischen Epoche. Auch die Zweiklassengesellschaft – mit exklusiven Bereichen für die Passagiere der »Queens Grill«- und »Princess Grill«-Suiten – wird in Ehren gehalten, etwa in den Restaurants und im Theater mit privaten Zuschauerlogen wie im Londoner West End. Ab 18 Uhr herrscht auf dem Schiff ein strikter, täglich wechselnder Dresscode. Er reicht von elegant-leger über semi-formell bis hin zu formell (Smoking oder dunkler Anzug). In der sogenannten Royal Arcade (mit Shops von Harrods bis Wedgwood) fühlt man sich alle 15 Minuten nach London versetzt: Die riesige Standuhr stammt vom gleichen Uhrmacher, der seinerzeit »Big Ben« konstruierte. Der Hauptunterschied zur »Queen Elizabeth«, die vom Art-déco-Stil der Dreissigerjahre geprägt ist, liegt im viktorianisch pompösen Interieur – insgesamt ist die

»Victoria« die »britischste« der drei königlichen Cunard-Schwestern.

Kabinen ★★★★☆

995 sehr unterschiedlich ausgestattete Kabinen in 31 Kategorien (14 bis 198 m^2), davon 864 Aussenkabinen, mehrheitlich mit privatem Balkon.

Essen & Trinken ★★★★★☆

7 Restaurants, 10 Bars und Lounges. Die Kabinenkategorie entscheidet darüber, in welchem der drei Hauptrestaurants der Gast speist: im »Britannia« (zwei Essenszeiten, ausgenommen für »Britannia Club«-Passagiere, die auf Balkonebene von flexiblen Essenszeiten profitieren), im edleren »Princess Grill« oder im noch edleren »Queens Grill« (beide jeweils mit freier Tisch- und Zeitwahl). Die teilweise zuzahlungspflichtigen Spezialitätenrestaurants (von italienisch bis indisch), das Gourmetlokal »Todd English« und das »Golden Lion Pub« sind für alle Passagiere zugänglich. Sehr schön: das begrünte Wintergarten-Café im Kolonialstil mit Springbrunnen und Glasschiebedach. Gastronomischer Kritikpunkt: Es fehlt eine gewisse Hommage an die besuchten Länder – in Mexiko würde es sich beispielsweise anbieten, etwas Mexikanisches auf den Tisch zu bringen.

Service ★★★★★☆

Routinierte Freundlichkeit wie in einem amerikanischen Luxushotel. Vorbildliche Organisation bei der Ein- und Ausschiffung.

Wellness & Sportangebot ★★★☆☆

2 Freibäder, 5 Whirlpools, Sauna, Dampfbad. Spa mit zahlreichen Body- und Beautybehandlungen. Fitnessraum mit Meerblick, Gymnastik- und Entspannungslektionen, Joggingpfad, Golfabschlagplatz.

Unterhaltung ★★★★★☆

Plüschig-rotsamtenes Theater mit 830 Sitzplätzen und 20 Privatlogen (abwechslungsreiches Showprogramm, Varieté, Konzerte, Kinofilme), Bordorchester, Live-Jazz, landeskundliche Vorträge zum Teil renommierter Persönlichkeiten zu verschiedensten Themengebieten, zahlreiche Workshops und Kurse, Bridge- und Tanzunterricht, Nachtclub, Casino.

Extras ★★★☆☆☆

– Professionell betreuter, kostenlos zugänglicher Kinder- und Jugendclub; beide Bereiche sind, mit Unterbrechung zur Mittagszeit, bis Mitternacht geöffnet.

– Waschmaschinen und Trockner sowie Bügelvorrichtungen stehen zur Selbstbedienung kostenfrei zur Verfügung – so kann man etwas weniger Gepäck mitnehmen.

– Stilvolles britisches Teatime-Zeremoniell täglich um 16 Uhr.

– Die zweistöckige Bibliothek mit 6000 Büchern und Wendeltreppe ist ein angenehmer Rückzugsort.

– In alter Cunard-Tradition fordern die mitreisenden »Gentlemen Hosts« alleinreisende Damen zum Tanz auf.

– Im »Cunardia«, dem Cunard-Museum mit vielen Exponaten aus der ruhmreichen Reedereigeschichte, kann man in die Vergangenheit eintauchen.

– Originelle Vorträge, etwa »101 Things You Never Knew about Royalty« (mit Tipps, wie man zum Beispiel eine Einladung zur Gartenparty der Queen ergattern kann).

– Liebhaber klassischer Tänze kommen bei den regelmässig stattfindenden Ballabenden im opulent inszenierten »Queens Room« auf ihre Kosten. Im selben Saal finden tagsüber die traditionelle »Teatime« sowie verschiedene Kurse (Fechten, Line-Dancing) statt.

Routen ★★★★☆☆

Europa, Kanarische Inseln, Nord- und Südamerika, Karibik.

Landausflüge ★★★☆☆☆

Vielfältige, gut organisierte, etwas überteuerte Landprogramme.

Preis-Leistungs-Verhältnis ★★★★★★

Passagiertag ab ca. 120 Euro (exklusive Trinkgelder und Getränke)

Wenn doch nur ... nicht bereits erste Roststellen des erst sechsjährigen Schiffs ins Auge fallen würden. Undenkbar etwa bei der doppelt so alten »MS Europa«. Ausserdem: Die Penthouse-Suiten sind zwar geräumig, aber durch das zweigeteilte Bad etwas verbaut und unvorteilhaft aufgeteilt; mit der gleichen Grundfläche gibt es auf anderen Schiffen deutlich intelligenter geschnittene Kabinen.

Deutschland

Besonders geeignet für: Nostalgiker
Auch attraktiv für: Weltenbummler

Gesamtwertung: **43**/60

Reederei: Reederei Peter Deilmann
Baujahr: 1998
Tonnage: 22 400 BRZ
Länge: 175 m, Breite: 23 m
Passagierdecks: 8
Kabinen: 294
Passagiere: 520
Passagier-Platz-Verhältnis: 43,1
Crew: 280
Passagier-Crew-Verhältnis: 1,9
Bordsprache: Deutsch
Infos: www.msdeutschland.de

Ambiente ★★★★★★
Schon von aussen strahlt das durch die TV-Serie bekannte »Traumschiff« nostalgische Eleganz aus. An Bord der schön herausgeputzten »Deutschland« kommen Romantiker ins Schwärmen: Das Flair der »Golden Twenties« wird mit grosser Konsequenz heraufbeschworen. Die Ausstattung ist so prachtvoll und üppig wie ein Ballkleid von Escada. Die Show-Lounge, die hier »Kaisersaal« heisst, präsentiert sich im Stil eines imperialen Opernhauses, die Pool-Landschaft mutet an wie eine historische Badeanstalt in Deauville, die offenen Achterdecks sind grosszügig über vier Etagen angelegt. Alle drei Restaurants sowie der wintergartenartige Teesalon sind stilvoll klassisch gestaltet und lichtdurchflutet. Nach den Wirren rund um den Verkauf der Reederei an eine deutsche Investorengesellschaft und einer umfassenden Auffrischung ist die »Deutschland« nun wieder flott in Fahrt. Der besondere Charakter des Schiffs als schwimmendes Grandhotel wird in Ehren gehalten, doch die unlängst noch eisernen Kleider- und Verhaltensvorschriften haben sich etwas gelockert – man möchte nicht mehr nur Pensionäre an Bord haben, sondern vermehrt auch Familien ansprechen. Die einstige Devise der früheren Besitzerfamilie Deilmann, zu handeln, wie es die Tradition gebietet und nicht, wie es die Situation verlangt, ist einer souveränen Gastlichkeit gewichen. Die Kabinen mögen im Vergleich mit moderneren Schiffen beengend sein, doch die Restaurant- und Aufenthaltsräume sind so zahlreich, dass selbst bei Vollbelegung kaum ein Gedränge entsteht.

Kabinen ★★★☆☆☆
282 stilvoll traditionell dekorierte, ziemlich kleine Kabinen (12 bis 19 m^2) und 12 Suiten (22 bis 30 m^2), davon 224 Aussenkabinen und zwei Suiten mit Balkon. In keiner Kabine (ausser den beiden Suiten) lässt sich das Fenster öffnen – man ist gnadenlos der ziemlich lauten, nicht abschaltbaren Klimaanlage ausgeliefert und rasch erkältet.

Essen & Trinken ★★★★★☆
3 Restaurants, 5 Bars und Lounges. Im Hauptrestaurant

»Berlin« (zwei Essenszeiten und fest zugeteilte Plätze), im Buffet-Restaurant »Lido« oder im Gourmet-Restaurant »Vier Jahreszeiten« (kostenpflichtig) findet jeder das, worauf er gerade Lust hat. Kulinarische Sonderwünsche werden umgehend erfüllt. Die Weinkarte lässt kaum Wünsche offen und ist kundenfreundlich kalkuliert.

Service ★★★★★☆
Verlässlich und aufmerksam, hin und wieder etwas gestelzt.

Wellness & Sportangebot ★★★☆☆☆
Freibad, Hallenbad, Sauna, Dampfbad. Spa mit diversen Body- und Beautybehandlungen, Thalassotherapien. Fitnessraum, Golfabschlagplatz, täglich Gymnastik- und Entspannungslektionen, Joggingpfad.

Unterhaltung ★★★★☆☆
Theater/Ballsaal mit anspruchsvollem Unterhaltungsprogramm (Shows, Konzerte, Galas, Tanz-

abende), Bordorchester, Kino, Tanz- und Sprachkurse, Tontaubenschiessen, Vorträge, literarische Lesungen.

Extras ★☆☆☆☆☆
- Gut sortierte Bibliothek.
- Professionelle Kinderbetreuung.
- Schön gestalteter Poolbereich.

Anmutige Achterdecks mit grosszügigen Sonnenterrassen und stilvollen Teakholz-Liegen.

Routen ★★★★★★
Attraktive Fahrgebiete auf der ganzen Welt. In den Sommermonaten kreuzt die »Deutschland« vorwiegend in Nordeuropa, in Grossbritannien und im Mittelmeer.

Landausflüge ★★★★☆☆
Solide, fair kalkulierte Landprogramme.

Preis-Leistungs-Verhältnis ★★★★★★
Passagiertag ab ca. 220 Euro (inkl. Trinkgelder, exklusive Getränke)

Wenn doch nur ... die süssliche »Traumschiff«-Melodie nicht bei jeder Gelegenheit aus den Bordlautsprechern erklänge – spätestens am dritten Tag kann man sie nicht mehr hören. Und: Die Kabinen eignen sich nicht für Frischluftfanatiker oder Klaustrophobiker.

Nieuw Amsterdam

Besonders geeignet für: Nostalgiker
Auch attraktiv für: Familien mit Kindern

Gesamtwertung: **43**/60

Reederei: Holland America Line
Baujahr: 2010
Tonnage: 86 274 BRZ
Länge: 285 m, Breite: 32 m
Passagierdecks: 12
Kabinen: 1053
Passagiere: 2106
Passagier-Platz-Verhältnis: 41,0
Crew: 933
Passagier-Crew-Verhältnis: 2,3
Bordsprache: Englisch
Schwesterschiffe: Eurodam, Noordam, Oosterdam, Westerdam, Zuiderdam
Infos: www.hollandamerica.com

Ambiente ★★★★★★
Die unter niederländischer Flagge fahrende Traditionsreederei unterzog sich in den vergangenen Jahren einem kontinuierlichen Upgrade und setzt auf ihren Komfortkreuzern der sogenannten Vista-Klasse auf klassisch elegantes Design, zuverlässige Serviceleistungen und smartes Understatement. Im Sommer 2010 wurde mit der »Nieuw Amsterdam« die sechste Einheit dieser Bauserie zu Wasser gelassen; sie befördert rund 2100 Passagiere und arbeitet verstärkt mit Weltmarken zusammen. So sorgt etwa das »Explorations Café« mit der »New York Times« für geistige Nahrung oder die in Kooperation mit Windows angebotenen »Digital Workshops« für den routinierten Umgang mit heutiger Kommunikationstechnologie und sozialen Netzwerken. Zu den weiteren Eigenheiten des Schiffs gehören die grosszügigen Aussendecks mit zahlreichen individuellen Rückzugsmöglichkeiten und das rundum laufende Promenadendeck mit Teakholzbelag und Deckchairs – eine Reminiszenz an die glorreiche Ära der Dampfer im Liniendienst und die Anfänge der Kreuzfahrt, welche die 1873 in Rotterdam gegründete Holland America Line gegen Ende des 19. Jahrhunderts mitprägte.

Kabinen ★★★★☆☆
1053 komfortable Kabinen (16 bis 93 m^2), davon 897 Aussenkabinen (mehrheitlich mit Balkon). Alle Kabinen mit DVD-Player (kostenloser Verleih von Hunderten von Filmen) und täglich nach individuellen Wünschen aufgefülltem Obstkorb.

Essen & Trinken ★★★★☆☆
7 Restaurants, 10 Bars und Lounges. Gehobene Allerweltsküche im stilvollen Hauptrestaurant (wahlweise freie Tisch- und Zeitwahl oder fixer Sitzplatz zu fester Essenszeit), drei Spezialitätenrestaurants (teilweise zuschlagspflichtig, jedoch maximal 20 US-Dollar), Buffetrestaurant mit Aussenterrasse, »Terrace Grill« (Burger, Wraps, Panini und Sandwiches), Pizzeria am Pool. Speziell: Themen-Tea-Times (von holländisch bis indonesisch).

Service ★★★★☆☆
Freundlich und hilfsbereit, mit kleinen Unaufmerksamkeiten und Wartezeiten.

Wellness & Sportangebot ★★★★☆☆
2 Freibäder (eines davon mit Glasschiebedach), 5 Whirlpools, Hydrotherapiepool, Kinderpool, Sauna, Dampfbad. Spa mit klassischen und fernöstlichen Body- und Beautybehandlungen. Fitnessraum, Gymnastik- und Entspannungslektionen, Basket-/Volleyballfeld, Golfsimulator, Joggingpfad.

Unterhaltung ★★★★☆☆
Vierstöckiges Theater mit abwechslungsreichen, allerdings auf den amerikanischen Massengeschmack abgestimmten Shows und Konzerten, Kino, landeskundliche Vorträge zu diversen Themengebieten, Showküche »Culinary Arts Center« mit Kochvorführungen und -kursen. Nachtclub, Casino.

Extras ★★★★☆☆

– Die Reederei pflegt eine Partnerschaft mit dem für sein skurriles Ambiente bekannten Gourmettempel »Le Cirque« aus Manhattan: Einmal pro Woche wird im Spezialitätenrestaurant »Pinnacle Grill« das »Dinner at Le Cirque« zelebriert (Aufpreis 39 US-Dollar); die Rezepte für den berühmten Hummersalat, Côte de Bœuf und Crème brulée werden bei den Kochdemonstrationen im »Culinary Arts Center« vorgestellt.
– Im »Culinary Arts Center« verraten jährlich Dutzende von renommierten Köchen beim Showkochen ihre Tricks. Die Darbietungen werden sogar in die Kabinen übertragen.
– Professionelle Kinder- und Jugendbetreuung für verschiedene Altersgruppen.
– Gut sortierte, von der »New York Times« gesponserte Bibliothek mit schicker Café-Bar und Internetcenter.
– Wunderbare Betten.
– Das Schiff eignet sich überdurchschnittlich gut für Rollstuhlfahrer.
– Auf den Aussendecks verteilt 22 private »Cabanas« (Zelt-Pavillons), die sich tageweise mieten lassen (jeweils für zwei Erwachsene mit maximal zwei Kindern).
– Für Suiten-Passagiere: Wäscheservice und chemische Reinigung kostenlos.
– Kostenlos zugängliche »Digital Workshops« mit Kursen zu Digitalfotografie, Videobearbeitung und der Erstellung von Blogs und Fotoalben.

Routen ★★★☆☆☆

»Amsterdam« und »Rotterdam« touren mehrheitlich in der Karibik und vor Alaska, in den Sommermonaten teilweise auch im westlichen und östlichen Mittelmeer.

Landausflüge ★★★★☆☆

Solides Angebot verlässlich organisierter Landprogramme.

Preis-Leistungs-Verhältnis ★★★★★★

Passagiertag ab ca. 90 Euro (exklusive Trinkgelder und Getränke)

Wenn doch nur ... der Gastronomie im Hauptrestaurant ein höherer Stellenwert zukäme. Feinschmecker müssen zwar keine Not leiden, doch die Küche könnte durchaus noch zulegen.

Rotterdam

Besonders geeignet für: Nostalgiker
Auch attraktiv für: Familien mit Kindern

Gesamtwertung: **42**/60

Reederei: Holland America Line
Baujahr: 1997
Tonnage: 61 849 BRZ
Länge: 238 m, Breite: 32 m
Passagierdecks: 10
Kabinen: 702
Passagiere: 1404
Passagier-Platz-Verhältnis: 44,1
Crew: 600
Passagier-Crew-Verhältnis: 2,3
Bordsprache: Englisch
Infos: www.hollandamerica.com

Ambiente ★★★★★★
Das elegante Schiff mit dem dunkelblauen Rumpf unterscheidet sich wohltuend von den meisten anderen Ozeankreuzern vergleichbarer Grösse: keine grellen Farben in abenteuerlichen Kombinationen, keine kunterbunt blinkenden Lichter, sondern ein klassisches Design mit warmen Farben und hochwertigen Materialien sowie vielen liebevollen Details, von den frischen Blumen überall bis zu den sorgfältig ausgesuchten Kunstwerken an Bord. Etwas gar pompös geraten ist lediglich die gigantische Stehuhr, die inmitten des ovalen Atriums thront und drei Stockwerke für sich beansprucht. Laut Schiffsbroschüre basiert die an eine Zeitmaschine erinnernde und mit astrologischen Finessen ausgestattete Uhr auf einem flämischen Original. Ebenfalls nicht jedermanns Sache, aber bei vielen Stammgästen beliebt: die Kabinen der »Lanai«-Kategorie mit direktem Zugang zum Promenadendeck (inklusive reservierte Teakholz-Deckchairs). Das Wichtigste aber: Auf der »Rotterdam« steht getreu der hundertvierzigjährigen Tradition der Reederei Holland America Line der Passagier in besonderem Mass im Mittelpunkt.

Kabinen ★★★★☆☆
702 komfortable Kabinen (17 bis 105 m^2), davon 577 Aussenkabinen (192 mit Balkon). Spezielle Spa-Kabinen mit Yoga-Matten und Room-Service-Vitalmenü.

Essen & Trinken ★★★★☆☆
4 Restaurants, 5 Bars und Lounges. Gehobene Allerweltsküche im stilvollen Hauptrestaurant (wahlweise freie Tisch- und Zeitwahl oder fixer Sitzplatz zu fester Essenszeit), zuschlagspflichtiges Steak- und Seafood-Restaurant, italienisches Restaurant (ohne Aufpreis) und Buffetrestaurant »Lido« mit Aussenterrasse. Speziell: In der Bar »Spirits & Ales« gibt es Biere aus kleinen Brauereien, seltene Single Malts und dazu die aktuellen Sportnachrichten. Wem eher nach Champagner oder Martini-Variationen ist, findet auch dazu die entsprechenden Bars.

Service ★★★★★☆
Liebenswürdig professionell, unangestrengt souverän.

Wellness & Sportangebot ★★★☆☆☆
1 Freibad, 1 Hallenbad, 2 Whirlpools, Sauna, Dampfbad. Spa mit klassischen und fernöstlichen Body- und Beautybehandlungen. Fitnessraum, Gymnastik- und Entspannungslektionen, Joggingpfad,

Basketball-/Volleyballplatz, Golfsimulator, Golfabschlagplatz.

Unterhaltung ★★★☆☆☆
Theater mit kleinen Shows und Konzerten. Kino, landeskundliche Vorträge zu diversen Themengebieten, Show-Küche mit Kochvorführungen und -kursen. Weindegustationen, Nachtclub, Casino.

Extras ★★★☆☆☆
– Professionelle Kinder- und Jugendbetreuung mit separaten Bereichen für 3- bis 12-Jährige und Teens zwischen 13 und 17.
– Gut sortierte, von der »New York Times« gesponserte Bibliothek mit Café-Bar und Internetcenter.
– Wunderbare Betten.
– Für Suiten-Passagiere: Wäscheservice und chemische Reinigung kostenlos.
– In Partnerschaft mit Windows werden kostenlose »Digital Workshops« mit Kursen zu Digitalfotografie, Videobearbeitung und der Erstellung von Blogs und Fotoalben angeboten.
– Umlaufendes Teakholz-Promenadendeck zum Joggen und Spazieren.

Routen ★★★★☆☆
Mehrheitlich im Mittelmeer, in Nordeuropa und auf den Kanarischen Inseln, zwischendurch führt der Fahrplan auch zu fernen Destinationen.

Landausflüge ★★★★☆☆
Solides Angebot verlässlich organisierter Landprogramme.

Preis-Leistungs-Verhältnis ★★★★★★
Passagiertag ab ca. 110 Euro (exklusive Trinkgelder und Getränke)

Wenn doch nur ... der Self-Service-Waschsalon nicht extra kosten würde. Und DVD-Player gibt es nur in den Suiten.

Sea Cloud

Besonders geeignet für: Nostalgiker
Auch attraktiv für: Entdecker & Naturliebhaber

Gesamtwertung: **37**/60

Reederei: Sea Cloud Cruises
Baujahr: 1931
Tonnage: 2532 BRZ
Länge: 110 m, Breite: 15 m
Passagierdecks: 3
Kabinen: 32
Passagiere: 64
Passagier-Platz-Verhältnis: 39,6
Crew: 60
Passagier-Crew-Verhältnis: 1,1
Bordsprache: Deutsch und Englisch
Infos: www.seacloud.de

Ambiente ★★★★★
Die »Seewolke« sieht aus wie ein Windjammer aus einem Piratenfilm mit Errol Flynn: Sie ist eine Königin der sieben Meere, mit blank geschrubbten Planken, mahagonigetäfelten Wänden, blitzenden Messingteilen und goldenem Adler als Galionsfigur am schneeweissen Bug. Die »Sea Cloud« ist das letzte je gebaute private Viermastsegelschiff und stolze 110 Meter lang. Mit ihrem Grossmast, der 54 Meter in den Himmel aufragt, und ihren 30 weissen Segeln erntet sie in jedem Hafen der Welt höchste Aufmerksamkeit und Bewunderung. Das war auch ganz im Sinne ihres ersten Eigners, des amerikanischen Börsen-Tycoons Edward Hutton. Im Jahr 1931 gab er bei der Germania-Werft in Kiel eine Jacht der Superlative in Auftrag – als kleines Geschenk für seine nicht minder reiche Frau Marjorie Merriweather Post, Tochter des Cornflakes-Millionärs C. W. Post. Stuckverzierte Decken, vergoldete Wasserhähne, Kamine und Badezimmer aus Carrara-Marmor, raumhohe venezianische Spiegel, ein französisches Himmelbett, wertvollste Stilmöbel und Orientteppiche zierten die Kabinen. Rauschende Feste wurden hier gefeiert, mit der »Sea Cloud« reisten Könige und Wirtschaftsmagnaten wie die Windsors, Vanderbilts und Astors. Im Zweiten Weltkrieg wurde das Schiff von der US-Küstenwache eingezogen, danach war sie Spielzeug des dominikanischen Diktators Trujillo, während einiger Zeit ein Wrack und ist nun seit der aufwendigen, hanseatisch präzisen Renovation im Jahr 1979 touristisch unterwegs. Die Traumjacht hat seinerzeit einen weltweiten Boom der Segelkreuzfahrten ausgelöst und beschert ihren Passagieren noch immer den nostalgischen Wonneschauer, auf historischen Planken zu segeln. Wer jedoch nicht in einer der historischen Eignersuiten mit ihren feudalen Dekorationen unterkommt, muss

es sich auf wenigen Quadratmetern bequem machen; für die authentischen Windjammer-Freuden ein unerheblicher Preis. Zum achtzigsten Geburtstag im Jahr 2011 wurde die alte Lady sanft renoviert – dabei wurden auch die Sicherheitsstandards auf den neusten Stand gebracht.

Kabinen ★★★☆☆☆
30 sehr unterschiedlich geschnittene und eingerichtete Aussenkabinen (10 bis 24 m^2, keine Kabine mit eigenem Balkon). In den beiden Eignersuiten (34 m^2 und 38 m$^{2)}$ ist noch alles so opulent und extravagant wie einst.

Essen & Trinken ★★★★☆☆
1 Restaurant, 2 Bars. Fein zubereitete Marktküche und Seafood-Spezialitäten im eleganten historischen Speisesaal mit einer Essenszeit bei freier Platzwahl. Softdrinks, Bier und Tischweine sind zu den Mahlzeiten inbegriffen, ebenfalls sämtliche alkoholfreien Getränke während der Reise. Ein Erlebnis sind die Grillabende auf dem Oberdeck mit ganzem Spanferkel oder fangfrischen Fischen. Festliche Garderobe wird nur zum Welcome- und zum Farewell-Dinner erwartet.

Service ★★★★★★
Die Service-Crew ist ausgesprochen freundlich und dienstbereit. Sie beherrscht das Spiel von Präsenz und Distanz meisterhaft.

Wellness & Sportangebot ★★☆☆☆☆
Kein Spa, kein Fitnessraum – niemand würde dies hier erwarten. Hauptunterhaltung an Bord ist das Segelsetzen der professionellen Schiffsmannschaft. Diverse kostenlose Wassersportmöglichkeiten (Wasserski, Windsurfen, Schnorcheln).

Unterhaltung ★☆☆☆☆☆
Pianospieler. Vorträge. Bibliothek. Jeweils an einem Abend pro Reise steht die »Open House Cocktail Party« auf dem Hauptdeck an – dann stehen alle Kabinen für die Passagiere zur Besichtigung offen.

Extras ★★☆☆☆☆
– Alle Segelmanöver werden nach alter Weise von Hand von der Crew ausgeführt.
– Ausser bei schwerer See oder Hafenmanövern steht die Brücke den Passagieren jederzeit offen. Die Segelmasten zu erklettern – wie dies bei anderen Grossseglern möglich ist – ist den »Sea Dream«-Passagieren jedoch nicht erlaubt.
– Auf ausgewählten Fahrten steht jeweils ein Kontingent an Einzelkabinen ohne Zuschlag zur Verfügung.

Routen ★★★☆☆☆
Segelschiffe sind vor allem für trockene und warme Regionen konzipiert, in denen ideale Windverhältnisse herrschen. Das beeinflusst natürlich auch bei der »Sea Cloud« die Routenwahl. In den Sommermonaten kreuzt sie auf dem westlichen und östlichen Mittelmeer, im Winter ist sie in der Karibik und in Mittelamerika unterwegs.

Landausflüge ★★★★★☆
Vielseitige, gut organisierte Landausflüge (bei manchen Reisen im Kreuzfahrtenpreis inbegriffen).

Preis-Leistungs-Verhältnis ★★★★★☆
Passagiertag ab ca. 350 Euro (exklusive Trinkgelder, inklusive die meisten Getränke)

Wenn doch nur ... die Standard-Kabinen etwas grösser wären – in diesen fühlt man sich wie die Giraffe im Blumentopf. Ansonsten wird die »weisse Lady« ihrem Ruf als »Orient-Express der Meere« mehr als gerecht.

Astor

Besonders geeignet für: Nostalgiker
Auch attraktiv für: Weltenbummler

Gesamtwertung: **36**/60

Reederei: Transocean Kreuzfahrten
Baujahr: 1987
Tonnage: 21 000 BRZ
Länge: 177 m, Breite: 23 m
Passagierdecks: 7
Kabinen: 289
Passagiere: 578
Passagier-Platz-Verhältnis: 36,3
Crew: 278
Passagier-Crew-Verhältnis: 2,1
Bordsprache: Deutsch
Infos: www.transocean.de

Ambiente ★★★★★☆
Wer eine aus Tradition gewachsene Schiffskultur schätzt und Angst hat, sich auf einem der Riesen-Cruiser zu verlaufen, ist auf diesem beliebten deutschen Kreuzfahrtklassiker gut aufgehoben. Die unlängst stil- und geschmackvoll renovierte »Astor« ist überschaubar, sieht noch aus wie ein richtiges Schiff und unterscheidet sich in ihrer maritim eleganten Gesamterscheinung wohltuend von den schwimmenden Hochhäusern, die inzwischen die Meere dominieren. Alles an Bord ist sehr gepflegt, zu den regelmässigen Galadiners wird eine entsprechend festliche Garderobe erwartet, und zum eher älteren Publikum zählen sehr viele Kreuzfahrer, die »ihrem« Schiff die Treue halten und immer wiederkehren.

Kabinen ★★☆☆☆☆
247 solide Zweibett- und Vierbett-Kabinen (13 bis 24 m^2) und 42 Suiten (26 bis 59 m^2), davon 198 Aussenkabinen (keine Kabine verfügt über einen eigenen Balkon).

Essen & Trinken ★★☆☆☆☆
3 Restaurants, 3 Bars und Lounges. Klassisches Hauptrestaurant »Waldorf« mit zwei Essenszeiten und deutsch-internationaler Küche. Kleines italienisches Spezialitätenrestaurant

»Toscana« (kostenpflichtig). Buffet-Restaurant »Übersee Club« mit Aussenbereich. Insgesamt ist die kulinarische Qualität an Bord ein klarer Schwachpunkt mit grossem Steigerungspotenzial.

Service ★★★★☆☆
Unaufdringlich aufmerksam und hilfsbereit.

Wellness & Sportangebot ★★☆☆☆☆
Freibad, Hallenbad, Sauna. Kleines Spa mit Massagen und Kosmetikbehandlungen. Fitnessraum mit Meerblick, Rückengymnastik und Aerobic-Lektionen, Volleyballfeld, Joggingpfad. Leihfahrräder für individuelle Touren an Land (kostenpflichtig).

Unterhaltung ★★★☆☆☆
Theater mit täglichem Unterhaltungsprogramm (Shows, Comedy, Konzerte, Magier, Tanz). Überdurchschnittlich gute länderkundliche Vorträge, die keinen verkappten Ausflugsverkauf darstellen. Literarische Lesungen, Bordorchester.

Extras ★☆☆☆☆☆
– Mannigfaltiges Kursangebot.
– Kinder und Jugendliche unter 18 Jahre reisen in der Kabine der Erwachsenen kostenlos mit (gilt nur für bestimmte Kabinenkategorien).
– Viel Platz auf den gestuften Achterdecks.

Routen ★★★★★★
Die »Astor« ist fast die Hälfte des Jahres auf Weltreise, im Sommer ist sie vorwiegend in Nordeuropa und im Mittelmeer unterwegs.

Landausflüge ★★★★★☆
Gut organisierte und fair kalkulierte Landprogramme. Zodiac-Ausflüge.

Preis-Leistungs-Verhältnis ★★★★★★
Passagiertag ab ca. 110 Euro (inkl. Trinkgelder, exklusive Getränke)

Wenn doch nur ... die Badezimmer der meisten Kabinen nicht so seemännisch klein wären.

Royal Clipper

Besonders geeignet für: Nostalgiker
Auch attraktiv für: Entdecker & Naturliebhaber

Gesamtwertung: **31**/60

Reederei: Star Clippers
Baujahr: 2000
Tonnage: 5000 BRZ
Länge: 134 m, Breite: 16 m
Passagierdecks: 4
Kabinen: 114
Passagiere: 227
Passagier-Platz-Verhältnis: 22,0
Crew: 106
Passagier-Crew-Verhältnis: 2,1
Bordsprache: Englisch
Infos: www.starclippers.com

Ambiente ★★★★★★
Die beeindruckende Erscheinung der »Royal Clipper« sichert ihr in jedem Hafen grosse Aufmerksamkeit. Das weiss-blaue Fünfmastschiff ist ein nostalgischer Nachbau der im Jahr 1910 gesunkenen »Preussen« und bietet maximal 227 Passagieren die Bequemlichkeit einer noblen Jacht. Ihr Herzstück bildet das sich über drei Decks erstreckende Atrium mit Speisesaal: Der Glasboden des mittleren Pools bildet die Decke, darunter weisse Säulen, blaue Teppiche und rote Stühle im Restaurant auf dem Commodore-Deck, zu dem eine Wendeltreppe hinunterführt. Die Innenausstattung präsentiert sich als Design-Orgie im mondänen Retro-Look und entführt die Reisenden in eine vergangene Epoche.
Hier würden Abendroben und Smokings gut passen, doch zu den Essenszeiten wird »casual elegance« empfohlen, wohl ein Tribut an die Sportlichkeit des Seglers. Bei gutem Wind auf offenem Meer kommt unter den 42 Segeln der »Royal Clipper« eine ganz eigene Faszination auf, die an die alten Zeiten der Seefahrer erinnert.

Kabinen ★★☆☆☆☆
Neben 6 Innenkabinen (10 m^2) verfügt die »Royal Clipper« über 92 traditionell maritim eingerichtete Aussenkabinen (11 bis 14 m^2), 14 Balkonsuiten (10 bis 30 m^2) mit kleinen Balkonen und 2 Eignersuiten (40 m^2) ohne Balkon. Die Bullaugen der Kabinen lassen sich nicht öffnen – immerhin arbeitet die Klimaanlage geräuschlos.

Essen & Trinken ★★☆☆☆☆
1 Restaurant, 2 Bars. Imposant gestaltetes Hauptrestaurant (ohne feste Sitzordnung, mit Platz für alle Passagiere gleichzeitig) mit durchschnittlicher Allerweltsküche. Kleines Room-Service-Menü (kostenpflichtig).

Service ★★★☆☆☆
Überraschungen sind jederzeit möglich – im Positiven wie im Negativen. Kapitän, Chefingenieur und Hotelmanagerin sind stets ansprechbar.

Wellness & Sportangebot ★★★☆☆☆
3 kleine Freibäder (von denen zwei Whirlpool-Grösse haben), Dampfbad, winziger Fitnessraum, kleines Spa mit diversen Body- und Beautybehandlungen, Gymnastiklektionen. »Walk a mile with a smile« (Spaziergang an Bord mit dem Sportsteam). Kleine Marina-Plattform mit Zugang zu diversen kostenlosen Wassersportarten (Wasserski, Kajak, Bananaboat, Windsurfen, Schnorcheln). Gebührenpflichtig: Tauchgänge und Tauchkurse.

Unterhaltung ★☆☆☆☆☆
Kein Theater und keine strukturierten Aktivitäten (ausgenommen die tägliche »Captain's Story Time« und eine Piratennacht, bei der die Passagiere aufgefordert werden, sich entsprechend zu verkleiden). Gemeinsam mit den Mitreisenden die Segelmanöver zu bestaunen, ist das eigentliche »Royal Clipper«-Erlebnis. Hin und

wieder gibt es kleine spontane Darbietungen der Crew, Nautik- und Knotenkunde sowie Performances lokaler Artisten.

Extras ★★★☆☆

– Schwindelfreie können die Segelmasten unter professioneller Anleitung erklettern, Technikbegeisterte können den Maschinenraum besichtigen.
– Zu den Highlights zählen die tägliche »Captain's Story Time« mit Informationen zu den angelaufenen Destinationen, zu Geschichte und Anekdoten rund ums Segeln.
– Die Brücke steht interessierten Passagieren stets offen (ausser in den Häfen).
– Ausklappbare Marina mit zahlreichen kostenlosen Wassersportmöglichkeiten.
– Beach-Barbecues an paradiesischen Karibikstränden.
– Die »Captain Nemo Lounge« bietet dank spezieller Bullaugen einen einzigartigen Blick auf die Unterwasserwelt.

Routen ★★★☆☆

In den Sommermonaten kreuzt die »Royal Clipper«im Mittelmeer, im Winter in der Karibik. Der Kapitän behält sich das Recht vor, die Reiseroute je nach Wind und Wetterverhältnissen kurzfristig zu ändern.

Landausflüge ★★★☆☆

Kleines Angebot gut organisierter Ausflüge.

Preis-Leistungs-Verhältnis ★★★★★☆

Passagiertag ab ca. 280 Euro (exklusive Trinkgelder und Getränke)

Wenn doch nur ... die Qualität der Küche nicht dem Gesamterlebnis hinterherhinken würde. Auch verbesserungswürdig: die leicht muffigen Duschvorhänge in den Badezimmern.

Europa © Bastian Schweitzer

Die individuellsten Hochseekreuzer für Weltenbummler

Europa

Besonders geeignet für: Weltenbummler
Auch attraktiv für: Entdecker & Naturliebhaber

Gesamtwertung: **51**/60

Reederei: Hapag-Lloyd Kreuzfahrten
Baujahr: 1999
Tonnage: 28 890 BRZ
Länge: 198 m, Breite: 24 m
Passagierdecks: 7
Kabinen: 204
Passagiere: 408
Passagier-Platz-Verhältnis: 70,8
Crew: 280
Passagier-Crew-Verhältnis: 1,5
Bordsprache: Deutsch
Infos: www.hlkf.de

Ambiente ★★★★★★

Das deutsche Vorzeigeschiff hat die optimale Wohlfühlgrösse, alles steht in harmonischem Verhältnis zum Ganzen – und selbst bei Vollbelegung hat jeder Passagier mehr als genug Platz. Die Innenarchitektur wirkt luftig und elegant, es gibt kein neureich-prahlerisches Gehabe, nichts designerisch Aufgebretzeltes, kein schwindelerregendes Atrium und auch keine Spielereien wie Kletterwand oder Schlittschuhbahn. Zwar glitzert es hier und da auch nicht weniger als in einem exklusiven Ferienresort, doch es dominiert der unaufdringlich gute Geschmack in zeitloser Schlichtheit – für eine hanseatische Schifffahrtsgesellschaft ein durchaus passendes Ideal. Alles auf der »Europa« ist bis ins Detail so gepflegt, dass man trotz Baujahr 1999 glauben könnte, auf Jungfernfahrt zu sein.

Kabinen ★★★★★★

192 Aussenkabinen (27 m^2), davon 156 mit geräumiger privater Teakholz-Veranda, und 12 Penthouse-Suiten (45 bis 85 m^2). Jede Kabine verfügt über je einen separaten Wohn- und Schlafbereich, einen begehbaren Kleiderschrank, ein luxuriöses Bad sowie ein Infotainment-System mit freiem Zugang zu über 100 Kino- und Dokumentarfilmen. Auf dem Schreibtisch stehen frische Blumen und Obst.

Essen & Trinken ★★★★★★

4 Restaurants, 6 Bars und Lounges. Das klassische Hauptrestaurant »Europa« erfreut mit kulinarischer Vielfalt in konstant hoher Qualität und kann alle Gäste gleichzeitig aufnehmen; jeder Passagier hat »seinen« Platz, wahlweise an einem Zweier-, Vierer-, Sechser- oder Achtertisch. Als Alternative stehen drei weitere Restaurants zur Verfügung: »Dieter Müller Restaurant« (jeweils fixes Gourmetmenü),

»Venezia« (lecker italienisch), Lido Café (wechselnde thematische Buffets). Der Passagier isst, wann er will und wo er will, à la carte und ohne Aufpreis. Auch der 24-Stunden-Zimmerservice für alle, die in der Kabine oder ausserhalb der Restaurantzeiten speisen möchten, ist im Reisepreis inbegriffen. Ungewöhnlich für ein Luxusschiff dieser Klasse ist jedoch, dass in den Restaurants und Bars sämtliche Getränke (ausser Kaffee, Tee und Eistee) kostenpflichtig sind.

Service ★★★★★★
Besser als sechs Sterne. Die Crew-Mitglieder sind durchwegs freundlich, warmherzig und engagiert – man merkt ihnen an, dass sie sich den Höchstleistungsanspruch der »Europa« zu ihrem eigenen gemacht haben.

Wellness & Sportangebot ★★★★☆☆
Kleines, feines Spa mit breitem Angebot ausgesprochen professionell durchgeführter Body- und Beautybehandlungen. Sauna, Dampfbad, Whirlpool, Freibad (mit ausfahrbarem Dach). Fitnessraum mit Meerblick und Personal Trainer, täglich kostenlose Gymnastik-, Yoga- und Pilates-Lektionen, Joggingpfad, Golfsimulator mit Golf Pro und Golfvideoanalyse.

Unterhaltung ★★★☆☆☆
Das allabendliche Unterhaltungsangebot (Konzerte, Shows, Comedy) ist okay, aber ausbaufähig. Ausgezeichnet hingegen sind die regelmässig tagsüber stattfindenden, stets profunden Diavorträge renommierter Fachreferenten zu den angelaufenen Destinationen sowie zu zahlreichen kulturellen, geschichtlichen und gesellschaftlichen Themen.

Extras ★★★☆☆☆
– Dreizehn motorisierte Zodiac-Schlauchboote kommen immer dort zum Einsatz, wo es an Land etwas zu entdecken gibt. Sie machen den Unterschied zu konkurrierenden Luxuskreuzern von Seabourn, Silversea Cruises oder Regent Seven Seas Cruises aus: Die Aussicht, mit den Zodiacs etwa in die unberührte Natur des Amazonas vorzudringen, toppt für manchen Kreuzfahrer jedes Gourmetmenü.

– Kinder unter 12 Jahre reisen in der Kabine der Erwachsenen kostenlos mit, Kinder von 12 bis einschliesslich 15 Jahre bezahlen 50 Euro pro Nacht.
– Gut sortierte Bibliothek.
– Prominente Referenten auf Themenreisen.

Routen ★★★★★★
Statistisch gesehen umrundet die »Europa« dreimal pro Jahr den Äquator und legt in mehr als 150 Häfen an. Die relativ kleine Schiffsgrösse erlaubt es ihr, hin und wieder von den Autobahnen des Kreuzfahrtentourismus abzuzweigen.

Landausflüge ★★★★★★
Vielfältige, tadellos organisierte und verhältnismässig preisgünstige Landprogramme. Für einen geringen Aufpreis können Land und Leute auch per Minivan erfahren werden, und auf Wunsch organisiert der Reise-Concierge massgeschneiderte Landgänge mit Mietwagen und/oder Chauffeur.

Preis-Leistungs-Verhältnis ★★★★★☆
Passagiertag ab ca. 440 Euro (inkl. Trinkgelder, exklusive Getränke)

Wenn doch nur ... das Lebensgefühl nicht so teutonisch wäre – es sind fast ausnahmslos deutschsprachige Passagiere an Bord, darunter viele Spezialisten im ganztägigen Liegen-Reservieren.

Seven Seas Voyager

Besonders geeignet für: Weltenbummler

Gesamtwertung: **51**/60

Reederei: Regent Seven Seas Cruises
Baujahr: 2003
Tonnage: 46 000 BRZ
Länge: 204 m, Breite: 29 m
Passagierdecks: 9
Kabinen: 353
Passagiere: 700
Passagier-Platz-Verhältnis: 65,7
Crew: 447
Passagier-Crew-Verhältnis: 1,6
Bordsprache: Englisch
Schwesterschiff: Seven Seas Mariner
Infos: www.rssc.com

Ambiente ★★★★★★
Trotz hohem Perfektionsanspruch besteht der Luxus auf der »Seven Seas Voyager« und der weitgehend baugleichen »Seven Seas Mariner« aus warmherzigem Lifestyle und einer zeitgemäss unangestrengten Leichtigkeit des Seins. Warteschlangen sind während der ganzen Reise ein Fremdwort, was sich schon am Anreisetag bemerkbar macht: Während das Einchecken bei anderen Luxuskreuzern strikt erst ab 16 Uhr möglich ist, können die Seven-Seas-Passagiere flexibel anreisen und die Bordinfrastruktur ab mittags voll nutzen. In Sachen Raum pro Passagier wird die »Voyager« nur von wenigen Schiffen übertroffen – nie kommt das Gefühl auf, das Schiff sei zu voll. Das Wohlbefinden jedes Passagiers steht im Mittelpunkt. Die Crew-Mitglieder passen hundertprozentig zum Schiff und sind darauf sensibilisiert, selbstständig und situationsabhängig zu entscheiden, was für den Passagier relevant und welche Form des Umgangs am geeignetsten ist. »Uns ist es lieber, wenn ein Crew-Mitglied auf seine eigene Art freundlich ist, als wenn er dem Passagier mit austauschbaren Standardfloskeln begegnet«, sagt

der Schiffsdirektor. »Denn Eleganz ohne Wärme ist Arroganz.« Zu den Besonderheiten von Seven Seas zählt auch, dass alle organisierten Landausflüge im Reisepreis inbegriffen sind.

Kabinen ★★★★★★
353 luxuriöse und lichtdurchflutete Aussenkabinen (28 bis 113 m^2), alle mit bodentiefem Panoramafenster, begehbarem Kleiderschrank und privatem Balkon. Durchwegs schöne und geräumige Marmorbäder.

Essen & Trinken ★★★★★★
5 Restaurants, 4 Bars und Lounges. In vier Restaurants wird von einfachen mediterranen Gerichten über asiatische Menüs bis zu feinsten Gourmetkreationen alles aufgetragen. Der Gast wählt täglich nach Lust und Laune – solange es in den drei Spezialitätenrestaurants »Signatures« (französisch), »Latitudes« (landestypische Gerichte, mit Showküche) oder »Prime 7« (Steakhouse) noch Platz hat. Freie Tisch- und Zeitwahl im Hauptrestaurant. Poolgrill und 24-Stunden-Room-Service (kostenlos). Softdrinks, Tischweine und alkoholische Getränke sind im Reisepreis enthalten.

Service ★★★★★★
Ein legeres Lebensgefühl mit herausragendem Service zu verbinden, ist ungefähr so leicht, wie Wasser und Öl zu mischen. Den beiden Seven-Seas-Schiffen gelingt dies scheinbar mühelos.

Wellness & Sportangebot ★★★★☆☆
Freibad, 2 Whirlpools, Sauna, Dampfbad. Spa mit zahlreichen Body- und Beautybehandlungen. Fitnessraum, Gymnastik- und Entspannungslektionen, Joggingpfad, Paddle-Tennis, Golfabschlagplatz.

Unterhaltung ★★★★☆☆
Abendliches Unterhaltungsangebot auf hohem Niveau und höchst unterschiedlicher Art. Diverse Kurse und Vorträge. Casino.

Extras ★★☆☆☆☆
– Zeitlich variables Check-in am Anreisetag.
– Selbst bei Vollbelegung gibt es im Hauptrestaurant immer genügend Zweiertische.
– Reichhaltige Bücher- und DVD-Bibliothek.

– Das Schiff eignet sich besonders gut für Rollstuhlfahrer.
– Wasch- und Bügelzimmer zur kostenlosen Benutzung.
– Der beheizte Aussenpool ist fast konkurrenzlos gross.
– Auf keinem anderen Schiff werden so gute Tischweine so freigebig ausgeschenkt.

Routen ★★★★★★
Die »Seven Seas Voyager« und die »Seven Seas Mariner« machen ihrem Namen alle Ehre und touren ständig um die Welt.

Landausflüge ★★★★★☆
Solides Angebot von organisierten Landprogrammen – stets im Reisepreis inbegriffen. Auf Wunsch organisiert der Reise-Concierge massgeschneiderte Ausflüge.

Preis-Leistungs-Verhältnis ★★★★★★
Passagiertag ab ca. 320 Euro (inkl. Trinkgelder und Getränke)

Wenn doch nur ... die Kalkulation der Spa-Treatments kundenfreundlicher wäre. Immerhin: Die Auswahl der Therapeuten im »Canyon Ranch Spa« zählt zu den selektivsten auf See.

Crystal Serenity

Besonders geeignet für: Weltenbummler
Auch attraktiv für: Sport- & Wellnessfans

Gesamtwertung: **50**/60

Reederei: Crystal Cruises
Baujahr: 2003
Tonnage: 68 000 BRZ
Länge: 250 m, Breite: 32 m
Passagierdecks: 9
Kabinen: 535
Passagiere: 1064
Passagier-Platz-Verhältnis: 63,9
Crew: 650
Passagier-Crew-Verhältnis: 1,6
Bordsprache: Englisch
Schwesterschiff: Crystal Symphony
Infos: www.crystalcruises.com

Ambiente ★★★★★☆
Trotz tausend Passagieren an Bord hat die »Crystal Serenity« ebenso wie ihr Schwesterschiff »Crystal Symphony« noch überschaubare Dimensionen – und erfreut mit einer Servicekultur, wie sie sonst nur in den besten Hotelketten wie Four Seasons oder Ritz-Carlton zu erleben ist. Sobald man den unaufdringlich gediegenen Ozeandampfer betritt, fühlt man sich gut aufgehoben und in der freundlich entspannten Atmosphäre bestens umsorgt. Der Luxus kommt dezent und mit einem gewissen Understatement daher, etwa mit überdurchschnittlich viel öffentlichem Raum und der Freiheit der Wahl – so kann man zum Beispiel sein Dinner auf dem eigenen Balkon geniessen, Gang nach Gang serviert wie in den Restaurants. Wände und Decken in den Kabinen sind gut gedämmt, nirgends stört Lärm, die Betten sind gross und weich. Auf Gags wie Kletterwand, Eislaufplatz oder Sandstrand, mit denen die Ozeanriesen protzen, verzichtet Crystal

Cruises. Die Diskrepanzen zwischen den Kabinengrössen mögen ins Auge fallen, doch anders als bei Schiffen mit scharf definierter Zielgruppe bei gleich grossen – und gleich teuren – Kabinen findet sich auf der »Crystal Serenity« ein vielfältiges und darum auch viel interessanteres soziologisches Spektrum. Rund ein Viertel der Passagiere stammt aus Asien, hauptsächlich Japan, wo auch die Schiffseigner zu Hause sind, die übrigen aus dem Rest der Welt.

Kabinen ★★★★☆
535 komfortable, in zeitloser Eleganz möblierte und in gedeckten Farben ausgestattete Aussenkabinen (21 bis 125 m^2), die meisten mit privatem Balkon.

Essen & Trinken ★★★★★★
5 Restaurants, 7 Bars und Lounges. Neben dem Hauptrestaurant (zwei feste Tischzeiten) gibt es ein italienisches und ein asiatisches Spezialitätenrestaurant, die extrem beliebte Sushi-Bar »Silk Road« von Spitzenkoch Nobu Matsuhisa und tagsüber das »Lido Café« (Themenbuffets) sowie das »Trident Grill« beim Pool. Die Qualität der Speisen ist durchwegs hochstehend, die Passagiere können täglich ohne Aufpreis wählen, wann sie in welchem Lokal dinieren möchten – selbst der Room-Service ist rund um die Uhr kostenlos. Ebenfalls im Reisepreis inbegriffen: Softdrinks, Tischweine und alkoholische Getränke an Bord.

Service ★★★★★★
Très classique. Alles läuft mit selbstverständlicher Professionalität ab.

Wellness & Sportangebot ★★★★☆
2 Freibäder (eines davon mit Glasschiebedach), 2 Whirlpools, Sauna, Dampfbad. Spa mit klassischen und fernöstlichen Body- und Beautybehandlungen. Fitnessraum, Gymnastik-, Yoga- und Pilates-Lektionen, Paddle-

Tennis, Golfsimulator und Golfabschlagplatz.

Unterhaltung ★★★★★☆
Vielseitiges, qualitativ hochstehendes abendliches Unterhaltungsprogramm (Shows, Konzerte, Comedy, Tanz), Kino, zahlreiche Kurse (Kochen, Sprachen, Aquarellieren, Computer, Tanzen usw.) und Vorträge. Bridge-Lounge, Nachtclub, Casino.

Extras ★★☆☆☆☆
– Reichhaltige Bücher- und DVD-Bibliothek.
– Das Schiff eignet sich besonders gut für Rollstuhlfahrer.
– Wunderbare Daunendecken in den Kabinen, dazu Bettwäsche aus ägyptischer Baumwolle und eine Auswahl an Kopfkissen.
– Alleinreisende Damen und die eine oder andere Tanzmuffel-Gemahlin machen gerne Gebrauch von den tanzenden »Gentleman Hosts«.
– Wasch- und Bügelzimmer zur kostenlosen Benutzung.
– Umlaufendes Promenadendeck.
– Weitläufiges Pooldeck mit überdurchschnittlich grossem Freibad.

Routen ★★★★★☆
Die beiden Crystal-Schiffe kreuzen schwerpunktmässig im Mittelmeer und in Nordeuropa (Sommermonate) sowie in der Karibik (Wintermonate). Hin und wieder geht es drei Monate auf Weltreise. Neu: mehr Overnight-Aufenthalte in attraktiven Metropolen, damit mehr Zeit für Erkundungen und Sightseeing zur Verfügung steht. Die meisten Routen starten bereits mit einer Übernachtung im jeweiligen Auslaufhafen.

Landausflüge ★★★★★☆
Bestens organisiertes Angebot von interessanten Landexkursionen, allerdings zu saftigen Preisen. Der Concierge kümmert sich um individuelle Landgangswünsche. Individuelle Landgänger sind durch gute Vorträge auf dem Schiff bestens auf die angepeilten Ziele vorbereitet.

Silver Shadow

Besonders geeignet für: Weltenbummler

Gesamtwertung: **50**/60

Reederei: Silversea Cruises
Baujahr: 2000
Tonnage: 28 258 BRZ
Länge: 186 m, Breite: 25 m
Passagierdecks: 7
Kabinen: 194
Passagiere: 388
Passagier-Platz-Verhältnis: 72,8
Crew: 295
Passagier-Crew-Verhältnis: 1,3
Bordsprache: Englisch
Schwesterschiffe: Silver Cloud, Silver Whisper, Silver Wind
Infos: www.silversea.com, www.silversea.com

Ambiente ★★★★★★
Die maximal 388 Passagiere an Bord der »Silver Shadow« lieben die Leichtigkeit des Seins und eine gewisse Weitläufigkeit auch auf hoher See. Sie gehören zu den kosmopolitischen Müssiggängern, die Wert auf Luxus legen, rituelle Vornehmheiten und überholte Kreuzfahrttraditionen aber nicht ertragen. Mit »casual perfection« (Eigenwerbung) spricht die »Silver Shadow« überdurchschnittlich viele jüngere Genussmenschen an. Vor dem Essen treffen sie sich an der Pooldeck-Bar: das Londoner Unternehmerpaar in den Vierzigern, das Schiffe eigentlich gar nicht mag, die beiden Ladies aus Kalifornien, die auf vertrautem

Preis-Leistungs-Verhältnis ★★★★★★
Passagiertag ab ca. 280 Euro (inkl. Trinkgelder und Getränke)

Wenn doch nur ... das Hauptrestaurant alle Passagiere gleichzeitig aufnehmen könnte. Die beiden abendlichen Tischzeiten – mit fest zugewiesenen Tischen – sind ungewöhnlich für ein Schiff dieser Güteklasse und entsprechen kaum dem schwerelosen Kreuzfahrtgefühl von heute.

Boden um den halben Globus touren, die vielköpfige Familie aus Rom, die wie schon im letzten Jahr ihre Frühlingsferien hier verbringt. Jeder hat eine Geschichte zu erzählen: »Als wir mitten in der Nacht in Rio ...« – »Da sind wir in Marrakesch in ein Taxi geraten ...« – »Endlich angekommen in Mumbai, und dann, das können Sie sich nicht vorstellen, dieses Hotel ...« Das Versprechen, ein Luxuskreuzer zu sein, auf dem man alles tun kann, aber nichts tun muss, wird auf der »Silver Shadow« eingelöst. Auch bei voller Belegung entsteht nie der Eindruck, das Schiff sei zu voll. Es gibt keine Menschenmassen, keine Warteschlangen, keinen Stress – und vor allem auch keine

Trinkgeldgesichter wie auf den grossen Ozeandampfern. Ausser den organisierten Landausflügen und den Spa-Behandlungen ist auf der »Silver Shadow« und ihren drei Schwesterschiffen »Silver Whisper«, »Silver Cloud« und »Silver Wind« fast alles im Grundpreis inbegriffen: neben Trinkgeldern, Hafengebühren und Transfers auch sämtliche Getränke einschliesslich akzeptabler Tischweine sowie Spirituosen und Champagner. Es ist das Zusammenspiel aus zuverlässigem Gegenwert, entspanntem Luxus und zeitgemässem Ambiente, aus gutem Essen, fürsorglichem Team und grosszügigem Platzangebot, das den Passagier auf den Silversea-Luxusschiffen das grosse Glück auf See finden lässt.

Kabinen ★★★★★★
194 komfortable, zeitlos modern eingerichtete Aussenkabinen und Suiten (28 bis 133 m^2), meist mit privater Veranda. Alle Kabinen mit geräumigem Marmorbad, edlen Pflegeprodukten, begehbarem Kleiderschrank, Bettwäsche aus ägyptischer Baumwolle und einer Auswahl von acht verschiedenen Kissen (»pillow menu«).Die Minibar wird nach persönlichen Vorlieben gefüllt.

Essen & Trinken ★★★★★★
4 Restaurants, 4 Bars und Lounges. Drei Restaurants mit freier Platzwahl sowie ein Freiluftlokal auf dem Pooldeck. Man kann kommen und gehen, wann man will. Die Speisekarten enthalten alles, was der anspruchsvolle Geniesser sich wünschen mag. Wer will, kann sich das Dinner in seiner Kabine servieren lassen – ohne Aufpreis, rund um die Uhr. Ebenfalls im Reisepreis enthalten: Softdrinks, Tischweine, Champagner und Spirituosen.

Service ★★★★★★
Das Zahlenverhältnis von Crew und Passagieren liegt bei 1 zu 1,3. Das ist einer der besten Werte der Schifffahrt und ermöglicht Silversea eine Exzellenz, die ihresgleichen sucht.

Wellness & Sportangebot ★★★★☆☆
Freibad, 2 Whirlpools, Sauna, Dampfbad. Spa mit zahlreichen professionell durchgeführten Body- und Beautybehandlungen. Fitnessraum, täglich kostenlose Gymnastik-, Yoga- und Pilates-Lektionen, Joggingpfad, Golf-abschlagplatz.

Unterhaltung ★★★☆☆☆
Durchschnittliches abendliches Unterhaltungsangebot (Shows, Konzerte, Comedy, aktuelle Filme), Sprach- und Tanzkurse, Vorträge zu den angelaufenen Destinationen und weiteren Themengebieten. Küchen- und Brücken-besichtigungen. Casino.

Extras ★★☆☆☆☆
– In 80 Tagen um die Welt? Na ja, 115 dürfen es schon sein auf den Weltreisen von Silversea Cruises. Jeweils während vier Monaten zwischen Januar und Mai steuert ein schwimmendes Silversea-Luxushotel rund 50 Häfen in 30 Ländern an, faszinierende Naturerlebnisse und grossartige Städtetrips sind inbegriffen. Das unvergleichliche Erlebnis einer »World Cruise« lässt sich leicht ein Vierteljahr lang ertragen, doch sind natürlich auch Teilabschnitte der Reise buchbar.
– Gut sortierte Bibliothek.

Routen ★★★★★★
Die vier Schwesterschiffe fahren rund hundert Länder und mehr als 450 Destinationen an. Im Sommer touren sie oft im Mittelmeer, im Winter in der Karibik.

Landausflüge ★★★★★☆
Vielfältige, sehr gut organisierte Landprogramme. Auf manchen Routen auch mehrtägige Ausflüge mit exklusiven Erlebnissen wie beispielsweise ein Privatempfang in einem Museum, eine Kellerei-besichtigung mit Degustation in einem öffentlich nicht zugänglichen Weingut oder ein Konzert in besonderer Umgebung.

Preis-Leistungs-Verhältnis ★★★★★★
Passagiertag ab ca. 340 Euro (inkl. Trinkgelder und Getränke)

Wenn doch nur ... die markanten Preisschwankungen je nach Zeitpunkt der Buchung (wie bei den Airlines) nicht wären.

Marina

Besonders geeignet für: Weltenbummler

Gesamtwertung: **49**/60

Reederei: Oceania Cruises
Baujahr: 2011
Tonnage: 65 000 BRZ
Länge: 238 m, Breite: 32 m
Passagierdecks: 11
Kabinen: 629
Passagiere: 1258
Passagier-Platz-Verhältnis: 51,7
Crew: 800
Passagier-Crew-Verhältnis: 1,6
Bordsprache: Englisch
Schwesterschiff: Riviera
Infos: www.oceaniacruises.com, www.oceaniakreuzfahrten.com

Ambiente ★★★★★☆
Was die Besonderheit der neuen Zwillingsschiffe »Marina« und »Riviera« ausmacht, erschliesst sich erst auf den zweiten Blick. Es ist die Summe der Einzelheiten. Oberstes Credo ist das Wohlbefinden des Passagiers. Dazu braucht er nichts als Service, Platz, Qualität, die Freiheit der Wahl, zum Beispiel zwischen sechs guten bis sehr guten Restaurants ohne vorgegebene Essenszeiten, oder ein attraktives Angebot professionell durchgeführter Spa-Treatments. Hier kann jeder tun, was ihm beliebt – und wird ganz ohne spektakuläre Superlative glücklich. Etwa bei einem Jazzkonzert, einem Mal- oder

Modellierkurs, einem Weinseminar oder in der Kochschule mit 24 individuellen Kochstationen. Trotz 1258 Passagieren haben die beiden Oceania-Kreuzer noch überschaubare Dimensionen – und erfreuen mit einer Service- und Gastrokultur, wie sie auf Schiffen vergleichbarer Grösse sonst nur selten zu erleben ist. Selbst die Angus-Beef-Burger im »Waves Grill« am Pool schmecken fantastisch. Das Innendesign erinnert an ein englisches Landhaus und strahlt eine zeitlose Behaglichkeit aus. Entsprechend entspannt ist die Atmosphäre. Der Dresscode ist stets »smart casual«, formelle Abende gibt es nicht. Die aufmerksame, nie aufdringliche Crew sorgt für eine Welt voller Sonnenschein, und fast alle der 629 Kabinen verfügen über private Teakholz-Balkone. Ohne das Wort »Geheimtipp« strapazieren zu wollen – die »Marina« ist noch einer, auch in Anbetracht der interessanten Routen und des sehr guten Gegenwerts.

Kabinen ★★★★★☆
629 komfortable, zeitlos modern gestaltete Kabinen und Suiten (16 bis 230 m^2), davon nur 18 Innenkabinen. 96 Prozent aller Kabinen verfügen über einen Teakholz-Balkon und raumhohe Fenster fast über die ganze Breite der Kabine. Verhältnismässig gute Lärmisolierung.

Essen & Trinken ★★★★★★
6 Restaurants, 8 Bars und Lounges. In sechs Restaurants mit freier Tisch- und Zeitwahl und konstant hoher kulinarischer Qualität findet jeder das, worauf er gerade Lust hat (ohne Aufpreis). Nur das Weinlokal »La Réserve«, in dem maximal 24 Gäste an einer Weinverkostung mit abgestimmtem 7-Gang-Menü teilnehmen können, ist zuzahlungspflichtig. Zum Nulltarif gibt es hingegen den 24-Stunden-Room-Service sowie sämtliche Softdrinks, Kaffee und Tee an Bord. Alle Gerichte an Bord des Feinschmeckerschiffs werden à la minute zubereitet. Kaum ein Passagier, der am Ende der Schiffsreise noch problemlos in die mitgebrachte Kleidung passt ...

Service ★★★★★★
Die Crew beherrscht ihr Metier perfekt, ohne angestrengt zu wirken, und agiert weder anbiedernd noch selbstherrlich, sondern einfach souverän.

Wellness & Sportangebot ★★★★☆☆
Freibad, 3 Whirlpools, Dampfbad. Sehr schön gestaltetes Spa mit klassischen und fernöstlichen Body- und Beautybehandlungen, eigener Sonnenterrasse, Thalassotherapie. Fitnessraum, Gymnastik-,

Yoga- und Pilates-Lektionen, Joggingpfad.

Unterhaltung ★★★☆☆☆
Theater mit täglichen Shows, Konzerten, Comedy-Künstlern und Zauberern. Landeskundliche Vorträge und literarische Lesungen, Mal-, Foto- und Modellierkurse, Weinseminare, Bordorchester, Casino.

Extras ★★★☆☆☆
– Einzige Kochschule auf See – mit 24 individuellen Kochstationen (ein Gast pro Station.
– Passagiere der oberen Kabinenkategorien profitieren von bevorzugter Ein- und Ausschiffung sowie Zugang zur exklusiven Lounge mit eigenem Concierge.
– Wasch- und Bügelzimmer mit Fernseher und Sofa zur kostenlosen Benutzung auf jedem Kabinendeck.
– Gut sortierte, einladende Bibliothek mit 2000 Büchern.
– Hochwertige Betten mit feinster Bettwäsche.

Routen ★★★★★★
Aussergewöhnliche Reiserouten mit vielen Möglichkeiten, neue Länder und fremde Kulturen kennenzulernen.

Landausflüge ★★★★★☆
Vielfältige, wenn auch ziemlich teure Landprogramme auf konstant hohem Niveau, seien es kulturelle Besichtigungen, Inselrundfahrten, Golftage, Tauchgänge oder Dschungelwanderungen.

Preis-Leistungs-Verhältnis ★★★★★★
Passagiertag ab ca. 160 Euro (exklusive Trinkgelder, inklusive Softgetränke)

Wenn doch nur ... die kleinen Stilbrüche nicht wären: So gibt es etwa einen klassischen Afternoon Tea mit klassischer Musik, Sandwiches, Scones und Kuchen, doch dazu wird lediglich eine Auswahl verschiedener Teebeutel angeboten.

Columbus 2

Besonders geeignet für: Weltenbummler
Auch attraktiv für: Familien mit Kindern

Gesamtwertung: **45**/60

Reederei: Hapag-Lloyd Kreuzfahrten
Baujahr: 1998
Tonnage: 30 277 BRZ
Länge: 180 m, Breite: 26 m
Passagierdecks: 9
Kabinen: 349
Passagiere: 698
Passagier-Platz-Verhältnis: 43,4
Crew: 377
Passagier-Crew-Verhältnis: 1,9
Bordsprache: Deutsch
Infos: www.hlkf.de

Kabinen ★★★★☆☆

349 Kabinen, davon 170 mit Balkon und 20 m^2 Fläche, 28 Innen- und 89 Aussenkabinen ohne Balkon, jeweils 15 m^2 gross. Zudem 52 Penthouse-Suiten (30 m^2), 4 Vista-Suiten (73 m^2) und 6 Eignersuiten mit 90 m^2.

Essen & Trinken ★★★★★☆

4 Restaurants, 6 Bars und Lounges. Hauptrestaurant »Albert Ballin« mit freier Tischwahl. Zwei Spezialitätenrestaurants (beide ohne Zuzahlung): »Toscana« (italienisch) und »Polo Grill« (Steaks & Fischgerichte). Buffetrestaurant »Lido Grill« mit 80 Aussenplätzen.

Ambiente ★★★★☆☆

Die bisherige »Insignia« von Oceania Cruises läuft seit April 2012 unter dem Namen »Columbus 2« als zweijähriger Charter von Hapag-Lloyd. Ursprünglich begründete der 1998 erbaute, im Innern opulent (pseudo-)nostalgisch gestaltete Ozeandampfer als »R One« die damals aufsehenerregende Serie von acht Renaissance-Schiffen. Baulich führte Hapag-Lloyd kaum Renovationen durch: Lediglich das Casino wurde zur Late-Night-Bar mit Tanzfläche und der Card- und Internet-Raum in einen professionell betreuten Kids- und Teens-Bereich umgewandelt. Aussen erfolgte ein neuer Anstrich in den Farben von Hapag-Lloyd. Die »Columbus 2« positioniert sich neu als Komfortschiff für drei Generationen respektive als erschwingliches Familienschiff mit legerer Atmosphäre. Für kulinarische Vielfalt sorgen vier Restaurants ohne feste Sitzordnung und ohne Etikettenstress – lediglich in den beiden Spezialitätenrestaurants ist für Herren ein Jacket und für Damen die entsprechende Kleidung erwünscht. Die Crew aus 350 Frauen und Männern ist bemerkenswert zuvorkommend und hat die Logistik im Griff. Wartezeiten gibt es nirgends: Weder am Buffet noch beim Aus- und Einchecken zu den Landgängen kommt es zu Gedränge.

Service ★★★★★☆

Das durchwegs deutschsprachige Serviceteam agiert gastbewusst und bleibt auch bei Sonderwünschen angenehm gelassen. Wenn etwas nicht so funktioniert, wie es sollte, etwa der Fernseher oder der Wasserablauf im Bad, wird dies sofort behoben.

Wellness & Sportangebot ★★★☆☆☆
Kleines Freibad, 2 Whirlpools, Dampfbad. Kleines Spa mit diversen Body- und Beauty-behandlungen. Fitnessraum mit Meerblick und Personal Trainer, täglich kostenlose Gymnastik-, Yoga- und Pilates-Lektionen, Joggingpfad, Golfabschlagplatz.

Unterhaltung ★★★☆☆☆
Theater mit täglich wechselndem Unterhaltungsangebot und Vorträgen. Gelegentlich Shows und Partyabende auf dem Pooldeck unter freiem Himmel.

Extras ★★★☆☆☆
– Kinder zwischen 4 und 10 Jahren erleben die erste schwimmende Steiff-Welt rund um Käpt'n Knopf und seine Freunde: Der Kids Club wird zum »Planeten Plüsch« mit Löwen, Schildkröten und Affen und bietet ein abwechslungsreiches Programm mit Puppentheater, Kinderkino, Kostümen, Mal- und Basteltisch. Teenager ab 11 Jahren entspannen im Teens Club, der mit Nintendo-Wii-Konsolen, verschiedenen Computerspielen, einer Karaokestation zum Singen sowie Tischfussball und Loungemöbeln ausgestattet ist.
– Auf zwölf Familienreisen zu Schulferienzeiten fahren Kinder bis 15 Jahre kostenlos in der Kabine der Eltern mit, gleichzeitig wird ein altersgerechtes Programm angeboten.
– Für Leseratten: gut sortierte Bibliothek (auch mit zahlreichen DVDs), die in einem Landschlossartigen Raum mit Kamin untergebracht ist.

Routen ★★★★★★
Im Sommer kreuzt die »Columbus 2« durch das Mittelmeer und in Nordeuropa, im Winter geht sie auf Weltreise (einzelne Abschnitte buchbar).

Landausflüge ★★★★★★
Vielfältige, tadellos organisierte und verhältnismässig preisgünstige Landprogramme. Auf Wunsch organisiert der Reise-Concierge massgeschneiderte individuelle Touren mit ortskundigem Fahrer. Fahrradverleih.

Preis-Leistungs-Verhältnis ★★★★★★
Passagiertag ab ca. 190 Euro (inkl. Trinkgelder, exklusive Getränke)

Wenn doch nur ... die Einschiffung etwas flexibler wäre. Diese ist in der Regel erst ab 16 Uhr möglich (für individuell anreisende Suitengäste ab 15 Uhr).

Nautica

Besonders geeignet für: Weltenbummler

Gesamtwertung: **44**/60

Reederei: Oceania Cruises
Baujahr: 2000
Tonnage: 30 277 BRZ
Länge: 181 m, Breite: 25 m
Passagierdecks: 9
Kabinen: 342
Passagiere: 684
Passagier-Platz-Verhältnis: 44,3
Crew: 400
Passagier-Crew-Verhältnis: 1,7
Bordsprache: Englisch
Schwesterschiff: Regatta
Infos: www.oceaniacruises.com, www.oceaniakreuzfahrten.com

Ambiente ★★★★☆☆
Die »Nautica« hat (ebenso wie die baugleiche »Regatta«) alle Annehmlichkeiten eines grossen Schiffs, aber keine Warteschlangen und keinen Massenbetrieb. Die öffentlichen Räume präsentieren sich im traditionellen Stil der Ozeandampfer aus den Zwanzigerjahren und erinnern mit ihren goldgerahmten Gemälden, dunklen Holztönen, wuchtigen Ohrensesseln und floralen Stoffen an einen leicht verkitschten englischen Country Club. Die Atmosphäre ist trotz hohen Servicestandards und feinem Porzellangeschirr ungezwungen und entspannt. Kleidungsvorschriften und formelle Diners gibt es hier nicht – man kann mit leichtem Gepäck ohne Smoking und Cocktailkleider anreisen. In Anbetracht der vergleichsweise langen Reiserouten (oft zwischen 12 und 16 Tagen) ist das Durchschnittsalter der Passagiere etwas höher als auf anderen Schiffen, und Kinder sind meist keine an Bord. Entsprechend fehlen auch laute organisierte Bordaktivitäten – das kultivierte Geniessen und die interessanten Routen stehen im Vordergrund.

Kabinen ★★★★☆☆
342 komfortable Kabinen (14 bis 90 m^2), davon fast alle nach aussen und zwei Drittel mit eigenem Balkon.

Essen & Trinken ★★★★★★
5 Restaurants, 5 Bars und Lounges. Tadellos zubereitete französisch-internationale Küche im »Grand Dining Room« mit freier Tisch- und Zeitwahl, zwei Spezialitätenrestaurants (italienische Küche respektive Steaks und Seafood), Buffet-Restaurant mit Aussenterrasse, Poolgrill. Alle Lokale ohne Aufpreis. Auch der 24-Stunden-Room-Service sowie sämtliche Softdrinks, Kaffee und Tee sind im Reisepreis enthalten.

Service ★★★★★★
Weltgewandt und aufmerksam. Alles läuft wie am Schnürchen.

Wellness & Sportangebot
★★★☆☆☆
Freibad, 2 Whirlpools, Dampfbad. Kleines Spa mit klassischen und fernöstlichen Body- und Beauty-behandlungen, Thalassotherapie. Fitnessraum, Gymnastik-, Yoga- und Pilates-Lektionen, Joggingpfad.

Unterhaltung ★★☆☆☆☆
Bescheidenes abendliches Unterhaltungsangebot (kleine Shows, Alleinunterhalter, Konzerte, Darbietungen regionaler Artisten), Kino unter den Sternen, landeskundliche Vorträge und literarische Lesungen, diverse Kurse, Weindegustationen, Live-Musik, Casino.

Extras ★★☆☆☆☆
– Die Bibliothek mit Kamin und Trompe-l'œil-Decke ist ein stimmungsvoller Rückzugsort.
– Wasch- und Bügelzimmer zur kostenlosen Benutzung.
– Hochwertige Betten, Bettwäsche aus ägyptischer Baumwolle.
– Traditioneller Afternoon Tea mit Streichquartett.

Routen ★★★★★★
Die beiden Schwesterschiffe sind auf allen sieben Weltmeeren unterwegs.

Landausflüge ★★★★★☆
Vielfältiges Angebot, kleine Gruppen, kompetente Reiseleiter. Wer die angelaufenen Destinationen in Eigenregie erkunden möchte, ist dank guten Vorträgen bestens dafür gewappnet.

Preis-Leistungs-Verhältnis
★★★★★★
Passagiertag ab ca. 140 Euro (exklusive Trinkgelder, inklusive Softgetränke)

Wenn doch nur ... die Innenräume nicht so eiskalt klimatisiert wären – die vorwiegend nordamerikanischen, kanadischen und englischen Passagiere scheinen sich jedoch nicht daran zu stören. Diese bemängeln eher die Standard-Kabinen, die für ein Schiff dieser Klasse zu klein konzipiert sind.

Prinsendam

Besonders geeignet für: Weltenbummler
Auch attraktiv für: Nostalgiker

Gesamtwertung: **44**/60

Reederei: Holland America Line
Baujahr: 1988, Umbau: 2002
Tonnage: 37 983 BRZ
Länge: 205 m, Breite: 28 m
Passagierdecks: 9
Kabinen: 396
Passagiere: 835
Passagier-Platz-Verhältnis: 45,5
Crew: 470
Passagier-Crew-Verhältnis: 1,8
Bordsprache: Englisch
Infos: www.hollandamerica.com

Ambiente ★★★★★★
Das 1988 erbaute Schiff, das einst als »Royal Viking Sun«, später als »Seabourn Sun« hohen Bekanntheitsgrad genoss, wurde im Jahr 2002 aufwendig renoviert und in »Prinsendam« umgetauft. Seitdem ist es als kleinstes Schiff der traditionsbewussten Reederei Holland America Line unterwegs. Von aussen erinnert die »Prinsendam« an die klassischen Ozeanliner und unterscheidet sich damit wohltuend von den schwimmenden Schuhschachteln. Auch im Innern haben die Designer offensichtlich auf Understatement gesetzt: Das Ergebnis ist eine höchst kultivierte und zeitlos elegante Unauffälligkeit mit gedeckten Farben, hochwertigen Materialien und einer bemerkenswerten Liebe zum Detail. Platz gibt es mehr als genug an Bord: Nie entsteht der Eindruck, die »Prinsendam« sei ausgebucht. Man fühlt sich wie in einem erstklassigen Hotel – aber mit dem entscheidenden Vorteil, jeden Tag an einem anderen spannenden Ort aufzuwachen.

Kabinen ★★★★☆☆
396 komfortable, teilweise etwas abgewohnte Kabinen (13 bis 67 m²), davon 31 Innenkabinen und 166 Kabinen mit Balkon.

Essen & Trinken ★★★★☆☆
3 Restaurants, 4 Bars und Lounges. Gehobene Allerweltsküche im stilvollen Hauptrestaurant (zwei Tischzeiten), zuschlagspflichtiges Steak- und Seafood-Restaurant »The Pinnacle Room«, Buffetrestaurant »Lido« mit Aussenterrasse.

Service ★★★★★★
Liebenswürdig, kompetent und auf jeden Sonderwunsch gefasst.

Wellness & Sportangebot ★★★☆☆☆
2 Freibäder, 3 Whirlpools, Sauna, Dampfbad. Spa mit klassischen und fernöstlichen Body- und Beautybehandlungen. Fitnessraum, Gymnastik- und Entspannungslektionen, Joggingpfad, Golfsimulator, Golfabschlagplatz, Krocketfeld.

Unterhaltung ★★★☆☆☆
Die »Queen's Show Lounge« präsentiert Sänger, Musiker, Tänzer, Zauberer, Komiker und Varieté-Darbietungen. Kino, Vorträge zu Landeskunde und anderen Themengebieten, Tanz-, Sprach- und Kreativkurse, Showküche mit Kochvorführungen und -kursen. Nachtclub, Casino.

Extras ★★☆☆☆☆
– Gut sortierte, von der »New York Times« gesponserte Bibliothek mit Café-Bar und Internetcenter.
– Wunderbare Betten.
– Self-Service-Waschsalon.
– Männliche »Dance Hosts« für alleinreisende Damen.
– Für Suiten-Passagiere: Wäscheservice und chemische Reinigung kostenlos.
– Umlaufendes Teakholz-Promenadendeck.

Routen ★★★★★★
Die »Prinsendam« ist auf allen Meeren zu Hause, mehrheitlich jedoch im Mittelmeer, in Nordeuropa, in der Karibik und in Südamerika (inklusive Amazonas).

Landausflüge ★★★★☆☆
Solides Angebot verlässlich organisierter Landprogramme.

Preis-Leistungs-Verhältnis ★★★★★★
Passagiertag ab ca. 130 Euro (exklusive Trinkgelder und Getränke)

Wenn doch nur ... die zwei abendlichen Tischzeiten mit fixem Sitzplatz im Hauptrestaurant nicht wären.

Azamara Journey

Besonders geeignet für: Weltenbummler

Gesamtwertung: **42**/60

Reederei: Azamara Club Cruises
Baujahr: 2000, Umbau: 2007
Tonnage: 30 277 BRZ
Länge: 181 m, Breite: 29 m
Passagierdecks: 9
Kabinen: 338
Passagiere: 694
Passagier-Platz-Verhältnis: 43,6
Crew: 408
Passagier-Crew-Verhältnis: 1,7
Bordsprache: Englisch
Schwesterschiff: Azamara Quest
Infos:
www.azamaraclubcruises.com

Ambiente ★★★★☆☆

»Aza« steht für »blau«, »Mar« für das Meer. Darüber hinaus nimmt der Name Bezug auf einen der am hellsten leuchtenden Sterne, die in der Antike am südlichen Firmament zu sehen waren. Die Nischenmarke von Celebrity Cruises steht mit ihren Schwesterschiffen »Azamara Journey« und »Azamara Quest« für abwechslungsreiche Reiserouten und ungezwungen elegante Seereisen zu verlässlich gutem Gegenwert. Die Inneneinrichtung im opulenten Country-Club-Retrodesign steuert eine Prise britisch-amerikanischer Geschmackseigenart bei. Es gibt weder Kleidervorschriften noch formelle Abende und vieles ist im Preis inbegriffen, etwa sämtliche Softdrinks, Kaffee und Tee an Bord sowie die Tischweine während der Mahlzeiten. Bei den Landausflügen legt sich die Reederei besonders ins Zeug: Von Stadtbesichtigungen und Erkundungstouren ins Hinterland bis zu abenteuerlichen Fahrten im Offroader ist alles zu haben. Ein Grossteil der Passagiere nutzt allerdings bloss den kostenlosen Shuttlebus ins Stadtzentrum und unternimmt Aktivitäten auf eigene Faust. Ein beträchtlicher Teil bleibt zudem auch an Landtagen auf dem Schiff und geniesst die Ruhe und die Unaufgeregtheit, wie man sie sonst höchstens an Seetagen kennt. Baugleiche Schiffe sind die »Nautica« und »Regatta« von Oceania Cruises sowie die »Columbus 2« von Hapag-Lloyd.

Kabinen ★★★★☆☆
338 komfortable Kabinen (14 bis 76 m^2), davon fast alle nach aussen und zwei Drittel mit eigenem Balkon.

Essen & Trinken ★★★★☆☆
5 Restaurants, 7 Bars und Lounges. Ambitionierte internationale Küche im Hauptrestaurant mit freier Tisch- und Zeitwahl, Buffet-Restaurant mit Aussenterrasse, einfacher Poolgrill sowie zwei aufpreispflichtige Spezialitätenrestaurants (mediterrane Küche respektive Steaks und Seafood). Neu sind Hausweine während des Mittag- und Abendessens sowie eine Auswahl verschiedener Spirituosen, internationaler Biersorten und Weine ganztägig in allen Bars im Reisepreis inbegriffen.

Service ★★★★★☆
Die unangestrengte Aufmerksamkeit der kompetenten Crew sorgt für eine gepflegt entspannte Atmosphäre ohne vornehmes Getue.

Wellness & Sportangebot ★★★☆☆☆
Freibad, 2 Whirlpools, Sauna. Kleines Spa mit klassischen und fernöstlichen Body- und Beautybehandlungen, Thalassotherapie. Fitnessraum, Gymnastik-, Yoga- und Pilates-Lektionen, Joggingpfad.

Unterhaltung ★★☆☆☆☆
Bescheidenes abendliches Unterhaltungsangebot (kleine Shows, Alleinunterhalter, Konzerte, Darbietungen regionaler Artisten), landeskundliche Vorträge, Kunstauktionen, Jazz-Lounge, Casino.

Extras ★★☆☆☆☆
– Traditionelle chinesische Akupunkturbehandlungen im Spa.
– Waschmaschinen und Trockner sowie Bügelvorrichtungen stehen zur Selbstbedienung kostenfrei zur Verfügung.
– Die Bibliothek mit Kamin und Trompe-l'œil-Decke ist ein stimmungsvoller Rückzugsort.
– Auf bestimmten Reisen zahlen Einzelreisende einen Zuschlag von nur 25 Prozent.
– In fast 60 Prozent der Häfen, in denen die Azamara-Schiffe anlegen, bleiben sie bis zum späten Abend, in rund einem Viertel über die ganze Nacht. Damit bleibt mehr Zeit für interessante Landausflüge und genügend Musse für abendlichen Ausgang an be-

sonders schönen oder lebendigen Destinationen.

Routen ★★★★★★
Die beiden Azamara-Schiffe sind in den Sommermonaten im Mittelmeer, im Schwarzen Meer, in der Nord- und Ostsee unterwegs, im Winter in Indien, Südostasien, in der Karibik sowie vor Südamerika. Wo möglich werden kleinere Häfen angelaufen. Der Routenplan schliesst auch vereinzelt grosse Anlässe ein, so etwa den Karneval von Rio oder den Grand Prix in Monaco.

Landausflüge ★★★★★★
Vielfältige Landprogramme auf konstant hohem Niveau und zu verhältnismässig kundenfreundlichen Preisen.

Preis-Leistungs-Verhältnis ★★★★★★
Passagiertag ab ca. 190 Euro (inkl. Trinkgelder sowie Softdrinks und Tischweine)

Wenn doch nur ... das abendliche Unterhaltungsprogramm nicht so hausbacken wäre. Und ein paar Quadratmeter mehr Platz in den Standard-Kabinen hätten es schon sein dürfen – immerhin vermarktet sich die »Azamara Journey« als Schiff der Luxusklasse.

Amadea

Besonders geeignet für: Weltenbummler

Gesamtwertung: **39**/60

Reederei: Phoenix Reisen
Baujahr: 1991
Tonnage: 28 856 BRZ
Länge: 193 m, Breite: 25 m
Passagierdecks: 8
Kabinen: 314
Passagiere: 600
Passagier-Platz-Verhältnis: 48,1
Crew: 280
Passagier-Crew-Verhältnis: 2,1
Bordsprache: Deutsch
Infos: www.phoenixreisen.com

Ambiente ★★★★☆☆
Das einst unter dem Namen »Asuka« für den japanischen Markt gebaute und im Jahr 2006 totalrenovierte Komfortschiff läuft heute unter der Flagge – und als Flaggschiff – des deutschen Veranstalters Phoenix Reisen. Die tadellos gepflegte, zeitgemäss behagliche »Amadea« bietet innen und aussen viel Platz und eignet sich für alle, die gerne leger, aber mit einem gewissen Stil reisen möchten. An Gala-Abenden wird festliche Garderobe empfohlen, viele Passagiere halten sich aber nicht daran – eine entspannte Atmosphäre ist auf diesem unkomplizierten und übersichtlichen Schiff wichtiger als die Etikette.

Kabinen ★★★★☆☆
Alle der 314 Kabinen liegen aussen, sind komfortabel ausgestattet und 15 bis 71 m^2 gross. Rund ein Drittel der Kabinen verfügen über einen privaten Balkon.

Essen & Trinken ★★★☆☆☆
3 Restaurants, 7 Bars und Lounges. Zwei gleichwertige Hauptrestaurants mit freier Tisch- und Zeitwahl (lange Öffnungszeiten), solider deutscher und internationaler Küche sowie Themenbuffets. Lido-Café am Pool (hin und wieder mit Grillabenden unter den Sternen). Softdrinks und Tischwein sind zu den Hauptmahlzeiten inbegriffen. Weinliebhaber, die ihr häusliches Niveau an Bord

nicht unterschreiten möchten, finden zwar einige gute Flaschen zu reellen Preisen auf der Weinkarte, aber keinen fachkundigen Sommelier. Da sich fast alle Passagiere mit dem Tischwein zufriedengeben, werden anspruchsvolle Bonvivants zudem etwas schräg angeguckt, nach dem Motto: Angeber.

Service ★★★★☆☆
Man wird von freundlichen Menschen umsorgt.

Wellness & Sportangebot ★★☆☆☆☆
Kleines Freibad, 2 Whirlpools, Sauna, Dampfbad. Kleines Spa mit zahlreichen Body- und Beautybehandlungen. Fitnessraum, Gymnastik- und Entspannungslektionen, Golfabschlagplatz, Minigolf-Anlage, Joggingpfad.

Unterhaltung ★★☆☆☆☆
Theater mit etwas dürftigem Angebot (kleine Shows, Konzerte, Comedy, Tanz), Bordorchester, Vorträge, diverse Kurse, Kino.

Extras ★★☆☆☆☆
– Waschmaschinen und Trockner sowie Bügelvorrichtungen stehen zur Selbstbedienung kostenfrei zur Verfügung.
– Schön angelegter Minigolfplatz zuoberst auf dem Sonnendeck.
– Origineller Golf-Abschlagplatz: Man schlägt mit Bällen aus Fischfutter aufs offene Meer ab und kann dabei seine Abschlagsgeschwindigkeit messen lassen.
– Teakholzbelegte Rundumpromenade zum Spazieren und Joggen.

Routen ★★★★★★
In den Wintermonaten tourt die »Amadea« um die Welt, im Sommer in Nordeuropa und in Grossbritannien.

Landausflüge ★★★★★★
Tadellos organisierte und fair kalkulierte Landprogramme, alle Ausflüge werden von der Bordreiseleitung begleitet. Zudem können sich auch Individualisten dank guten Fachreferenten mit einschlägigen Ortskenntnissen bestens organisieren und pro-

blemlos in Eigenregie ins Land ziehen. Auf Wunsch hilft der Concierge bei der Buchung von Taxis, Mietwagen oder privaten Schiffsausflügen.

Preis-Leistungs-Verhältnis ★★★★★★
Passagiertag ab ca. 160 Euro (inkl. Trinkgelder und Getränke während den Mahlzeiten)

Wenn doch nur ... der Pool nicht so winzig wäre. Ausserdem kann die teutonische Dominanz nerven: Die Passagiere stammen fast ausnahmslos aus Deutschland, Österreich und der Schweiz, mit gefühltem Altersdurchschnitt 65 plus.

Hamburg

Besonders geeignet für: Weltenbummler
Auch attraktiv für: Entdecker & Naturliebhaber

Gesamtwertung: **39**/60

Reederei: Plantours Kreuzfahrten
Baujahr: 1997
Tonnage: 15 000 BRZ
Länge: 144 m, Breite: 22 m
Passagierdecks: 6
Kabinen: 205
Passagiere: 400
Passagier-Platz-Verhältnis: 37,5
Crew: 170
Passagier-Crew-Verhältnis: 2,4
Bordsprache: Deutsch
Infos: www.plantours-partner.de

Ambiente ★★★★☆☆
Die »Hamburg« ist ein gutes Beispiel für den Trend, vermehrt in Umbauten und Modernisierungen zu investieren, statt Schiffe von Grund auf neu zu bauen. »Alte« Schiffe wechseln den Besitzer, werden den neuen Bedürfnissen entsprechend überholt und kommen unter neuem Namen wieder zurück ins Geschäft. So geschehen bei der »Hamburg«, die zuvor als »Columbus« für die Reederei Hapag-Lloyd unterwegs war und seit Frühjahr 2012 mit grossem Engagement vom Bremer Reiseveranstalter Plantours eingesetzt wird. »Stilvoll und sportlich« will das Schiff sein und an der richtigen Stelle klein, um dort gross zu sein, wo es darauf an-

kommt: auf Routen, die den superlativen Spassdampfern versperrt bleiben. Angesprochen werden unkomplizierte Weltenbummler, die nicht der Masse folgen, sondern Zeit als Kostbarkeit betrachten, die es mit unvergänglichen Erlebnissen in familiärer, entspannter Atmosphäre zu füllen gilt.

Kabinen ★★★☆☆☆
197 komfortable, tadellos gepflegte Kabinen (13 bis 15 m^2) und 8 Suiten (31 m^2). Rund drei Viertel aller Kabinen blicken nach aussen, 2 Kabinen verfügen über einen eigenen Balkon. Gute Schallisolierung, kaum zu hörende Klimaanlage.

Essen & Trinken ★★★★☆☆
2 Restaurants, 2 Bars und Lounges. Hauptrestaurant mit freier Tisch- und Zeitwahl und abwechslungsreicher Marktküche, Buffet-Restaurant. Keine Kleiderzwänge.

Service ★★★★★☆
Man spürt die gute Stimmung im Team: Die Crew-Mitglieder sind nicht tumbe Statisten, sondern gut motivierte Mitspieler, die ihre herzliche Selbstverständlichkeit auf die Passagiere übertragen. Die Servicequalität steht den besten Luxuskreuzern kaum nach.

Wellness & Sportangebot
★★☆☆☆☆
Kleines Freibad, Sauna, Fitnessraum, Gymnastik- und Entspannungslektionen, Massagen, Kosmetikbehandlungen.

Unterhaltung ★★☆☆☆☆
Bescheidenes Unterhaltungsprogramm (kleine Shows, Alleinunterhalter, Tanz), gute Vorträge über die Reiseziele und zu reisebezogenen Themen.

Extras ★☆☆☆☆☆
– Kostenloser Fahrradverleih für individuelle Landausflüge.
– Professionelle Kinderbetreuung im Hochsommer und über Weihnachten/Neujahr.

Routen ★★★★★★
Vielfältiger Fahrplan zum Nordkap, durch die Ostsee bis ins Schwarze Meer, auf Schleichfahrt durch die Antarktis oder von Kap Hoorn zum Panamakanal und in die Zauberwelt der Karibik. Eine Spezialität

sind die Routen zu den fünf Grossen Seen Nordamerikas (die zahlreichen Schleusen und Kanäle kann die »Hamburg« dank ihrer Bauweise als einziges Schiff ihrer Grösse passieren).

Landausflüge ★★★★★★
Vielfältige, bestens organisierte Landprogramme. Auf Wunsch organisiert der Reise-Concierge massgeschneiderte Landgänge für Golfer, Mountainbiker, Familien oder Kulturfreaks.

Preis-Leistungs-Verhältnis ★★★★★★
Passagiertag ab ca. 160 Euro (inkl. Trinkgelder, exklusive Getränke)

Wenn doch nur ... mehr Zweiertische in den beiden Restaurants zur Verfügung stünden.

Artania

Besonders geeignet für: Weltenbummler

Gesamtwertung: **35**/60

Reederei: Phoenix Reisen
Baujahr: 1984, Umbau: 2011
Tonnage: 44 500 BRZ
Länge: 231 m, Breite: 29 m
Passagierdecks: 9
Kabinen: 600
Passagiere: 1200
Passagier-Platz-Verhältnis: 37,1
Crew: 420
Passagier-Crew-Verhältnis: 2,9
Bordsprache: Deutsch
Infos: www.phoenixreisen.com

Ambiente ★★★☆☆☆
Mitte der Achtzigerjahre als »Royal Princess« von Lady Diana getauft und zuletzt unter dem Namen »Artemis« für die englische Reederei P&O Cruises unterwegs, läuft das im Jahr 2011 aufgefrischte Komfortschiff heute unter der Flagge des deutschen Veranstalters Phoenix Reisen. Die Innendekoration verdient keinen Schönheitspreis, doch ist der Hochseedampfer insgesamt gut in Schuss (abgesehen von manchen dick überstrichenen Roststellen auf den Aussendecks und dauervibrierenden Motoren von anno dazumal), vor allem aber erfreuen sämtliche Kabinen mit Meerblick. Weitere Pluspunkte sind die lockere Atmosphäre, die grosszügigen Aussenbereiche für Frischluftfans und die vielseitigen Reiserouten zu ausgesprochen attraktiven Preisen.

Kabinen ★★★☆☆☆
Alle 600 Kabinen liegen aussen, fast die Hälfte davon mit kleinem privatem Balkon. Sie sind 15 bis 50 m^2 gross und teilweise etwas veraltet. Die Klimaanlage funktioniert einwandfrei und lässt sich auch komplett ausschalten.

Essen & Trinken ★★★☆☆☆
3 Restaurants, 7 Bars und Lounges. Zwei gleichwertige Hauptrestaurants mit freier Tisch- und Zeitwahl (lange Öffnungszeiten) und solider internationaler und deutscher Küche. Lido-Buffet-Restaurant mit Aussenbereich. Softdrinks und Tischwein sind zu den Hauptmahlzeiten inbegriffen. Vielfältige Lounges und Bars, darunter die schicke »Bodega«-Weinbar.

Service ★★★☆☆☆
Freundlich und hilfsbereit, mit kleinen Nachlässigkeiten.

Wellness & Sportangebot ★★★☆☆☆
2 Freibäder, 2 Whirlpools, Sauna, Dampfbad. Spa mit zahlreichen Body- und Beautybehandlungen. Fitnessraum, Gymnastik- und Entspannungslektionen, Joggingpfad, Golfabschlagplatz.

Unterhaltung ★★☆☆☆☆
Theater mit täglichem Unterhaltungsprogamm sehr unter-

schiedlicher Qualität (Shows, Konzerte, Comedy, Tanz), Bordorchester, Vorträge zu den angelaufenen Destinationen und zu weiteren Themengebieten. Tanz-, Foto-, Mal-, Computer- und Sprachkurse, Kino, Nightclub.

Extras ★☆☆☆☆☆

– Waschmaschinen und Trockner sowie Bügelvorrichtungen stehen zur Selbstbedienung zur Verfügung (3 Euro pro Waschgang).

– Outdoor-Fitnessgeräte.

– Umlaufendes Teakholz-Promenadendeck zum Spazieren und Joggen.

Routen ★★★★★★

In den Wintermonaten tourt die »Artania« um die Welt, im Sommer in Nordeuropa und im Mittelmeer.

Landausflüge ★★★★★☆

Gut organisierte und fair kalkulierte Landprogramme – alle Ausflüge werden von der Bordreiseleitung begleitet.

Preis-Leistungs-Verhältnis ★★★★★★

Passagiertag ab ca. 130 Euro (inkl. Trinkgelder und Getränke während der Mahlzeiten)

Wenn doch nur ... in deutschen Häfen keine Schiffsbesichtigungen für externe Gäste möglich wären. Das führt manchmal dazu, dass Dutzende von neugierigen Kaffee-und-Kuchen-Touristen an Bord strömen.

Albatros

Besonders geeignet für: Weltenbummler
Auch attraktiv für: Nostalgiker

Gesamtwertung: **33**/60

Reederei: Phoenix Reisen
Baujahr: 1973
Tonnage: 28 000 BRZ
Länge: 205 m, Breite: 25 m
Passagierdecks: 8
Kabinen: 420
Passagiere: 830
Passagier-Platz-Verhältnis: 33,7
Crew: 340
Passagier-Crew-Verhältnis: 2,4
Bordsprache: Deutsch
Infos: www.phoenixreisen.com

Ambiente ★★★☆☆☆
Einst eines der weltbesten Kreuzfahrtschiffe (in den Siebzigerjahren unter dem Namen »Royal Viking Sea«), überzeugt die vierzigjährige Weltenbummlerin heute mit klassisch maritimem Lebensgefühl und vielseitigen Routen zu attraktiven Preisen. Die »Albatros« zeigt exemplarisch auf, wie »ältere Tonnagen« kleine Mängel mit Charme und Charakter wettmachen können – Eigenschaften, die man auf den meisten modernen Ozeanriesen mit ihrem sterilen Look und ihrem urbanen Innendesign vergeblich sucht. Auf den weitläufigen Aussen- und Promenadendecks spürt man noch die grosszügige Bauweise eines traditionellen Ozeanliners. Es sei jedoch nicht verschwiegen, dass die »Albatros« einen gewissen Altersheim-Groove mit mehrheitlich angejahrten deutschsprachigen Passagieren hat.

Kabinen ★★☆☆☆☆
420 funktional ausgestattete Kabinen (10 bis 19 m^2) und Suiten (20 bis 60 m^2), davon 359 Aussenkabinen (9 mit eigenem Balkon). Winzige Badezimmer in den unteren Kategorien.

Essen & Trinken ★★☆☆☆☆
3 Restaurants, 5 Bars und Lounges. Zwei gleichwertige, sehr eng gestuhlte Hauptrestaurants (freie Zeitwahl, fest reservierte Plätze) mit etwas banaler Allerweltsküche. Lido-Buffet am Pool, ofenfrische Pizzas. Softdrinks und Tischwein sind zu den Hauptmahlzeiten inbegriffen.

Service ★★★★☆☆
Freundlich und jederzeit hilfsbereit. Auf Probleme wird sofort reagiert. Erkrankt ein Passagier, wird extra für ihn gekocht und alle fragen fürsorglich nach ihm.

Wellness & Sportangebot ★★☆☆☆☆
Freibad, Whirlpool, Sauna, Dampfbad, Massagen. Fitnessraum, Gymnastikraum, Aerobic-, Yoga- und Stretching-Lektionen, Joggingpfad, Golfabschlagplatz.

Unterhaltung ★★☆☆☆☆
Theater mit kleinen Shows, Konzerten, Comedy und Tanz. Bordorchester, Vorträge, Tanz- und Malkurse. Kinderprogramm während den Sommer- und Weihnachtsferien.

Extras ★☆☆☆☆☆
– Waschmaschinen und Trockner sowie Bügelvorrichtungen stehen

zur Selbstbedienung kostenfrei zur Verfügung.
– Das Teakholz-Promenadendeck umspannt das ganze Schiff – eine Art Endlos-Laufband für Jogger, Spaziergänger und Nordic Walker.

Routen ★★★★★★
Die »Albatros« kreuzt auf allen Weltmeeren, in den Sommermonaten bereist sie vorwiegend die Nord- und Ostsee sowie Grossbritannien.

Landausflüge ★★★★★☆
Gut organisierte und fair kalkulierte Landprogramme.

Preis-Leistungs-Verhältnis ★★★★★★
Passagiertag ab ca. 110 Euro (inkl. Trinkgelder und Getränke während der Mahlzeiten)

Wenn doch nur ... nicht in grosser Regelmässigkeit kleine technische Probleme auftauchen würden: tagelang defekte Klimaanlage in der Kabine, Wasserrohrbruch im Bad oder nicht funktionierende Poolheizung sind keine Seltenheit und lassen die Frage aufkommen, ob sich bei einem so betagten Schiff noch grössere Investitionen für Grundsanierungen lohnen oder ob die Passagiere ganz einfach mit solchen unangenehmen Überraschungen leben müssen.

Costa Classica

Besonders geeignet für: Weltenbummler
Auch attraktiv für: Familien mit Kindern

Gesamtwertung: **31**/60

Reederei: Costa Crociere
Baujahr: 1991
Tonnage: 52 926 BRZ
Länge: 221 m, Breite: 31 m
Passagierdecks: 11
Kabinen: 654
Passagiere: 1308
Passagier-Platz-Verhältnis: 40,5
Crew: 590
Passagier-Crew-Verhältnis: 2,2
Bordsprache: Italienisch, Englisch, Deutsch, Französisch
Infos: www.costakreuzfahrten.ch, www.costakreuzfahrten.de

Ambiente ★★★☆☆☆
Die maximal 1308 Passagiere fassende »Classica« unterscheidet sich klar von den neueren, deutlich grösseren und pompöseren Schiffen der italienisch-amerikanischen Reederei Costa Crociere. Das Ambiente ist persönlicher, entspannter und entspricht eher einem klassischen Kreuzer mit übersichtlichen Wegen zwischen Restaurant, Observation Lounge und Theater. Die Innenarchitektur verzichtet auf jede Inszenierung von Märchenschloss-Herrlichkeit auf hoher See; palastartige Marmorsäulen, Plastikstuck oder goldene Wasserhähne sucht man hier vergebens. Die vielen Stammgäste dieses unprätentiösen, ausgesprochen beliebten Ozeandampfers schätzen, dass die »Classica« kein Schaustück zum Bewundern ist,

sondern ein Schiff zum Brauchen und Geniessen. Allerdings: Zu Schulferienzeiten mag es ruhesuchenden Passagieren zu viele Kinder an Bord haben.

Kabinen ★★★☆☆☆
654 funktionelle, teilweise etwas abgewohnte Kabinen in warmen Farben (17 bis 40 m^2), davon 438 Aussenkabinen. Die meisten Aussenkabinen haben lediglich ein Bullauge als Fenster – und nur 10 Kabinen verfügen über einen Balkon.

Essen & Trinken ★★★☆☆☆
2 Restaurants, 7 Bars und Lounges. Hauptrestaurant mit mediterraner und internationaler Küche (zwei Tischzeiten mit fest zugewiesenem Platz), Buffetrestaurant mit Aussenbereich.

Service ★★★☆☆☆
Die Crew tut ihr Bestes, ist jedoch bei Vollbelegung unterbesetzt und in mancher Hinsicht überfordert.

Wellness & Sportangebot
★★★☆☆☆
2 Freibäder, 4 Whirlpools, Sauna, Dampfbad. Spa mit klassischen und fernöstlichen Body- und Beautybehandlungen. Fitnessraum, Gymnastik- und Entspannungslektionen (teilweise kostenpflichtig), Joggingpfad.

Unterhaltung ★★★☆☆☆
Theater mit ordentlichen Shows und Darbietungen. Rund um die Uhr vielfältige Aktivitäten, Veranstaltungen und Wettbewerbe für Kinder, Jugendliche und Erwachsene. Kurse und Vorträge. Nightclub/Diskothek, Casino.

Extras ★☆☆☆☆☆
– Kinder und Jugendliche sind bestens unterhalten und betreut.
– Katholische Kapelle (auf allen Costa-Schiffen vorhanden).
– Deutschsprachige, die sich in Fremdsprachen unsicher fühlen, kommen auf der »Classica« problemlos durch: Viele Crew-Mitglieder und Reiseleiter sprechen deutsch.

Routen ★★★★☆☆
Anders als die anderen Costa-Schiffe fährt die »Classica« nicht immer dieselben Rundtouren im Mittelmeer und in Nordeuropa, sondern geht zwischendurch auch auf Weltreise mit Stationen im Mittleren Osten, in Südostasien, Australien, Südamerika und der Karibik.

Landausflüge ★★☆☆☆☆
Qualität und Vielfalt der Landprogramme bieten noch viel Entwicklungsspielraum.

Preis-Leistungs-Verhältnis
★★★★★★
Passagiertag ab ca. 70 Euro (exklusive Trinkgelder und Getränke)

Wenn doch nur ... die Spa-Behandlungen und Ausflüge nicht so überteuert wären. Diese beiden Bereiche dienen nach amerikanischem Vorbild als »Cash-Cow« der Reederei.

Caribbean Princess © Princess Cruises

Die sympathischsten Ozeanriesen für Familien mit Kindern

Norwegian Gem

Besonders geeignet für: Familien mit Kindern
Auch attraktiv für: Sport- & Wellnessfans

Gesamtwertung: **44**/60

Reederei: Norwegian Cruise Line
Baujahr: 2007
Tonnage: 93 530 BRZ
Länge: 294 m, Breite: 32 m
Passagierdecks: 12
Kabinen: 1197
Passagiere: 2394
Passagier-Platz-Verhältnis: 39,1
Crew: 1126
Passagier-Crew-Verhältnis: 2,1
Bordsprache: Englisch
Schwesterschiffe: Norwegian Jade, Norwegian Jewel, Norwegian Pearl
Infos: www.ncl.com

Ambiente ★★★★☆☆
Unter der grossen Uhr auf dem Pooldeck hängt ein Schild: »Does it really matter?« Das ist genau das Motto von Norwegian Cruise Line, die den Begriff des »Freestyle Cruising« prägt und ihren Passagieren viele individuelle Freiheiten lässt, was die Wahl der Kleider, das Aktivitätenprogramm und die Essenszeiten angeht. Das angenehm zwanglose Ambiente und die vielfältigen Möglichkeiten an Bord der »Norwegian Pearl« (und den ihr ähnlichen Schiffen »Norwegian Jade«, »Norwegian Jewel« und »Norwegian Pearl«) sprechen ein vorwiegend jüngeres, unterhaltungshungriges Publikum und kommunikationsfreudige Familien mit Kindern an. Zwar mögen Europäer durch den wilden Stil- und Farbenmix zunächst etwas irritiert sein, doch kann man die kunterbunte Gesamtästhetik leicht als Abwechslung von der sonst zuhause gepflegten coolen Eleganz akzeptieren. Jedenfalls ist der schwimmende Vergnügungspark insgesamt ein heiter stimmendes Ganzes, auf dem die zwei- bis dreitausend Passagiere (je nach Belegung der Kabinen mit Zusatzbetten) gut aneinander vorbeikommen.

Kabinen ★★★★★☆
1197 komfortable, tadellos saubere Kabinen in 32 Kategorien (13 bis 51 m^2), davon rund zwei Drittel Aussenkabinen (mehrheitlich mit privatem Balkon). Der Exklusivbereich »The Haven« umfasst einen Suitentrakt auf dem zweitobersten Deck mit sogenannten »Courtyard Villas« (41 bis 53 m^2) und »Garden Villas«(395 m^2!), die sich um einen asiatisch anmutenden Innenhof mit eigenem Schwimmbad, Whirlpool und Fitnessraum gruppieren. Auch ein Butler und Concierge stehen rund um die Uhr zur Verfügung. Die edle Ambiance mit viel Privatsphäre für jeden Passagier ist beim Verlassen des »goldenen Käfigs« naturgemäss sofort verflogen, dafür steht man im Handumdrehen mitten im quirligen Kreuzfahrtenleben mit drei- bis viertausend anderen Passagieren.

Essen & Trinken ★★★★★☆
10 Restaurants, 11 Bars und Lounges. Breit gefächertes kulinarisches Angebot in 10 Restaurants mit mexikanischen, brasilianischen, japanischen, asiatischen, italienischen, französischen oder amerikanischen Spezialitäten (teilweise kostenpflichtig). Jeder Passagier isst, wann er will und

wo er will – sofern ein Tisch im gewünschten Restaurant frei ist. Praktisch: Die aktuelle Verfügbarkeit und Wartezeit der Restaurantplätze wird auf zahlreichen Monitoren auf allen Decks angezeigt. Wer unbedingt im französischen Gourmetlokal »Le Bistro« dinieren will und dafür rund 30 Minuten warten muss, erhält einen Pager vom Oberkellner, der auf dem ganzen Schiff funktioniert. Speziell: das Late-Night-Schokoladenbuffet. Im Reisepreis inbegriffen sind Wasser, Eistee, Kaffee und Tee zu den Hauptmahlzeiten. Ebenfalls kostenlos ist der Room-Service.

Service ★★★★☆☆
Bestens motiviert und für ein Schiff dieser Grösse erfreulich konstant. Vom Zynismus mancher Crew-Mitglieder auf europäischen Riesenkreuzern scheint NCL bisher verschont zu sein.

Wellness & Sportangebot ★★★★★★
2 Freibäder, 6 Whirlpools, Hydrotherapiepool, Kinder-Wasserpark, Fitnessraum. Grosses Spa mit klassischen und fernöstlichen Body- und Beautybehandlungen, Sauna. Aerobic- und Entspannungslektionen, Golfabschlagplatz, Joggingpfad, Basketball- Volleyball-, Tennisplatz, Kletterwand, Bowlingbahnen.

Unterhaltung ★★★★★★
Dreistöckiges Theater mit 1042 Sitzplätzen und spektakulären Shows im Las-Vegas-Stil. Regelmässig Konzerte verschiedener Musikrichtungen in verschiedenen Lounges. Kino. Workshops und Kurse, Bibliothek. Nightclub, Teen-Disco, Casino.

Extras ★★★☆☆☆
– Kinder und Jugendliche sind bestens betreut und unterhalten.
– Kabinen der unterschiedlichsten Kategorien können durch Verbindungstüren flexibel miteinander verbunden werden.
– »Schiff im Schiff«-Bereich »The Haven« mit exklusiver Relaxzone und Butler-Service.
– Das Schiff eignet sich gut für Rollstuhlfahrer und Gehbehinderte.
– Zu den besonderen Dienstleistungen gehört die stressfreie Ausschiffung: Je nach individuellem

Fluganschluss oder Folgeprogramm kann man die Seereise bis zur letzten Minute geniessen und nach einem ausgedehnten Brunch entspannt von Bord gehen.

Routen ★★★★☆☆
Die vier Norwegian-Schwestern touren entlang grosser Häfen in der Karibik, an der mexikanischen Riviera und der nordamerikanischen Pazifikküste, in British Columbia, Kanada und Alaska, an der amerikanischen Westküste, auf den Kanarischen Inseln und im Mittelmeer.

Landausflüge ★☆☆☆☆☆
Die vom Schiff angebotenen Landausflüge sind Massenveranstaltungen.

Preis-Leistungs-Verhältnis ★★★★★★
Passagiertag ab ca. 80 Euro (exklusive Trinkgelder und Getränke)

Wenn doch nur ... die Klimaanlagen etwas gemässigter eingesetzt würden – wie auf amerikanischen Schiffen üblich, herrscht in sämtlichen Innenräumen Kühlschranktemperatur. Also genügend langärmelige Kleidung einpacken!

Disney Dream

Besonders geeignet für: Familien mit Kindern
Auch attraktiv für: Sport- & Wellnessfans

Gesamtwertung: **41**/60

Reederei: Disney Cruise Line
Baujahr: 2011
Tonnage: 129 690 BRZ
Länge: 340 m, Breite: 37 m
Passagierdecks: 14
Kabinen: 1250
Passagiere: 2500
(mit Zusatzbetten bis 5000)
Passagier-Platz-Verhältnis: 51,9 (25,9)
Crew: 1450
Passagier-Crew-Verhältnis: 1,7 (3,4)
Bordsprache: Englisch
Schwesterschiff: Disney Fantasy
Infos: www.disneycruise.disney.go.com

Ambiente ★★★★★★
Zweitausend (oder mehr) Kinder an Bord eines Schiffs, das maximal fünftausend Passagiere fasst, ist nicht jedermanns Sache, doch viele Familien lieben die »Disney Dream« und die baugleiche »Disney Fantasy« heiss. Wie auf den beiden zwölf Jahre älteren und um 40 Prozent kleineren Schwestern »Disney Wonder« und »Disney Magic« dreht sich alles um die Disney-Traumwelt – irgendwie ist überall Kinderland. Wer sich auf den 14 Decks in dem 340 Meter langen, 130 000

Tonnen schweren und 500 Millionen Euro teuren Gigakutter eingerichtet hat, kann eine 245 Meter lange Wildwasserbahn hinabsausen (zum Teil vier Meter über die Schiffswand hinaus), das Sportdeck mit Basketballfeld und Minigolfplatz erkunden oder die Admiral-Donald-(Duck)-Bronzestatue in der dreistöckigen Lobby bewundern. Man kann auf einem von 1335 Sitzplätzen im Walt-Disney-Theater Platz nehmen, seine Kinder im »Oceaneer Club« absetzen und sich im »Senses Spa« verwöhnen lassen. Abends futtert man sich durch sechs Restaurants im Schneewittchen- oder Versailles-Design und süffelt sich durch den ausschliesslich Erwachsenen zugänglichen »The District« mit fünf Bars und Nightclubs.

Kabinen ★★★★★☆
1250 komfortable, geschmackvoll eingerichtete und tadellos saubere Kabinen (16 bis 165 m^2), davon 1100 Aussenkabinen (901 mit Balkon). Die meisten Kabinen mit getrenntem Bad und WC. Viele Kabinen sind extra für Familien mit Kindern konzipiert.

Essen & Trinken ★★★☆☆☆
6 Restaurants, 14 Bars und Lounges. Drei heiter stimmende Hauptrestaurants mit international-amerikanischer Küche und zwei Tischzeiten. Dank eines ausgeklügelten Rotationsverfahrens speisen die Passagiere im Laufe einer Woche in allen drei Hauptrestaurants – die entsprechenden Kellner rotieren mit. Des Weiteren gibt es ein italienisches und ein französisches Spezialitätenrestaurant (zuschlagspflichtig, nur für Erwachsene), diverse Fastfood-, Pizza- und Buffet-Stationen sowie ein Sandwich-Café.

Service ★★★★☆☆
Professionell und hilfsbereit.

Wellness & Sportangebot ★★★★★☆
3 Freibäder, 4 Whirlpools. Grosses Spa mit zahlreichen Body- und Beautybehandlungen, Saunalandschaft. Fitnessraum, Gymnastik- und Entspannungslektionen, Joggingpfad, Basket- und Volleyballfeld, Golfsimulator, Minigolf.

Unterhaltung ★★★★★★
Im riesigen Theater mit 1335 Sitzplätzen werden atemberaubende Disney-Shows und Musicals im Broadway-Stil präsentiert. Grosses Kino mit der ganzen Palette an klassischen und neueren Disney-Filmen. Jazz-Lounge, Nightclub. Zahlreiche Workshops und Kurse. Auf jeder Route abends mindestens einmal Feuerwerk. Keine Bibliothek, kein Casino.

Extras ★★★☆☆☆
– Innenkabine ohne Fenster? Nicht auf der »Disney Dream«: Sogenannte »Magic Portholes« senden Live-Videobilder ins virtuelle Bullauge und simulieren ein Fenster zum Meer.
– Sicherheit wird gross geschrieben: Alle Kinder müssen ein ID-Armband mit Name und Kabinennummer tragen.

– Hervorragende Betreuung von Babys (ab drei Monate), Kindern und Jugendlichen in unterschiedlichen Bereichen.
– Ein Pool für Kinder, einer für Familien, einer für Erwachsene (zumindest theoretisch).
– Spektakuläre, 245 Meter lange Wasserrutschbahn »Aquaduck Watercoaster«.
– Gratis-Transfers zwischen dem speziellen Disney-Terminal in Port Canaveral und den Walt Disney World Resorts in Orlando.

Routen ★★☆☆☆☆
Die beiden Disney-Schiffe kreuzen auf vier- bis siebentägigen Rundtouren vorwiegend in der Karibik.

Landausflüge ★★☆☆☆☆
Banales Pauschalprogramm für Landgänger. Jede Karibikreise schliesst einen Tagesstop auf der Disney-eigenen Bahamas-Insel Castaway Cay mit enormem Freizeit- und Wassersportangebot ein.

Preis-Leistungs-Verhältnis
★★★★★☆
Passagiertag ab ca. 190 Euro (exklusive Trinkgelder und Getränke)

Wenn doch nur ... das Essen besser wäre. Es ist nicht wirklich schlecht, aber für den europäischen Gaumen einfach zu lieblos.

Disney Wonder

Besonders geeignet für: Familien mit Kindern
Auch attraktiv für: Sport- & Wellnessfans

Gesamtwertung: **41**/60

Reederei: Disney Cruise Line
Baujahr: 1999
Tonnage: 85 000 BRZ
Länge: 294 m, Breite: 26 m
Passagierdecks: 11
Kabinen: 875
Passagiere: 1750 (mit Zusatzbetten bis 3500)
Passagier-Platz-Verhältnis: 48,6 (24,3)
Crew: 945
Passagier-Crew-Verhältnis: 1,9 (3,7)
Bordsprache: Englisch
Schwesterschiff: Disney Magic
Infos: www.disneycruise.disney.go.com

Ambiente ★★★★★★
Ein schwimmendes Disneyland zwischen Nostalgie und verspieltem Lifestyle, mit allgegenwärtigen »lebenden« Disneyfiguren und kunterbuntem Unterhaltungsprogramm für Kinder aller Altersstufen. Auch an die Eltern wurde gedacht: Für sie gibt es einen kinderfreien Poolbereich (zumindest theoretisch), zahlreiche Kurse und Workshops, attraktive Sport- und Wellnessangebote, Jazz-Piano-Lounge und Nightclub – und für alle bewegende Shows originaler Disney-Klassiker, die nicht nur Kinderaugen strahlen lassen. Von aussen erinnert das Schiff mit den zwei Schornsteinen (von denen einer nur Attrappe ist) und der goldenen Girlande am Rumpf an einen klassischen Ozeanliner, und das Innendesign orientiert sich hier und da – wo nicht an Disney – an den Art-déco-Elementen der New Yorker Radio

City Music Hall. Wichtig zu wissen: An Bord der »Disney Wonder« und des Schwesterschiffs »Disney Magic« sind fast ausschliesslich Nord- und Südamerikaner.

Kabinen ★★★★☆☆
875 komfortable, farbenfrohe Kabinen (17 bis 90 m^2), davon 720 Aussenkabinen (388 mit Balkon). Viele Kabinen sind extra für Familien mit Kindern konzipiert.

Essen & Trinken ★★★☆☆☆
5 Restaurants, 7 Bars und Lounges. Drei heiter stimmende Hauptrestaurants mit international-amerikanischer Küche und zwei Tischzeiten. Dank eines ausgeklügelten Rotationsverfahrens speisen die Passagiere im Laufe einer Woche in allen drei Hauptrestaurants – die entsprechenden Kellner rotieren mit. Des Weiteren gibt es ein italienisches Spezialitätenrestaurant (zuschlagspflichtig, nur für Erwachsene), diverse Fastfood-, Pizza- und Buffet-Stationen sowie ein Sandwich-Café.

Service ★★★★☆☆
Gut drauf und mindestens ebenso professionell wie in einem terrestrischen Disneyland. Liebevolles Housekeeping – aus Handtüchern werden täglich neue Figuren gefaltet und als Gutenachtgruss auf das Bett drapiert.

Wellness & Sportangebot ★★★★★☆
3 Freibäder, 6 Whirlpools, Sauna, Dampfbad, Spa mit klassischen und fernöstlichen Body- und Beautybehandlungen. Fitnessraum, Gymnastik- und Entspannungslektionen, Joggingpfad, Golfabschlagplatz, Basket- und Volleyballfeld.

Unterhaltung ★★★★★★
Im vierstöckigen Theater mit 977 Sitzplätzen perfekt inszenierte Disney-Shows und Musicals im Broadway-Stil. Grosses Kino mit der ganzen Palette an klassischen und neueren Disney-Filmen. Jazz-Lounge, Nightclub. Zahlreiche Workshops und Kurse. Keine Bibliothek, kein Casino.

Extras ★★★☆☆☆
– Sicherheit wird grossgeschrieben: Alle Kinder müssen ein ID-Armband mit Name und Kabinennummer tragen.

– Hervorragende Betreuung von Babys (ab 3 Monate), Kindern und Jugendlichen in unterschiedlichen Bereichen.
– Auf jeder Reise findet eine nächtliche »Pirates of the Caribbean«-Poolparty mit Feuerwerk statt.
– Wasch- und Bügelzimmer zur kostenlosen Benutzung.
– Kostenloser Trinkwasserbrunnen.
– Gratis-Transfers zwischen dem speziellen Disney-Terminal in Port Canaveral und den Walt Disney World Resorts in Orlando.

Routen ★★★☆☆☆
Die beiden Disney-Schiffe kreuzen vorwiegend auf drei- bis siebentägigen Rundtouren in der Karibik. Gelegentlich stehen Abstecher nach Hawaii, Alaska, Kanada, New York, Neuengland, Kalifornien, an die mexikanische Riviera und ins Mittelmeer auf dem Programm.

Landausflüge ★★☆☆☆☆
Banales Pauschalprogramm für Landgänger. Jede Karibikreise schliesst einen Tagesstop auf der Disney-eigenen Bahamas-Insel Castaway Cay ein (enormes Freizeit- und Wassersportangebot).

Preis-Leistungs-Verhältnis ★★★★★☆
Passagiertag ab ca. 190 Euro (exklusive Trinkgelder und Getränke)

Wenn doch nur ... manche Spa-Behandlungsräume nicht direkt unter dem Basketballfeld liegen würden. Zudem findet sich auf dem ganzen Schiff kaum ein wirklich ruhiger Platz.

AIDAluna

Besonders geeignet für: Familien mit Kindern
Auch attraktiv für: Sport- & Wellnessfans

Gesamtwertung: **39**/60

Reederei: AIDA Cruises
Baujahr: 2009
Tonnage: 69 203 BRZ
Länge: 252 m, Breite: 32 m
Passagierdecks: 13
Kabinen: 1025
Passagiere: 2050
Passagier-Platz-Verhältnis: 33,8
Crew: 646
Passagier-Crew-Verhältnis: 3,2
Bordsprache: Deutsch
Schwesterschiffe: AIDAbella, AIDAdiva
Infos: www.aida.de

Ambiente ★★★★☆☆
Wer die AIDA-Kreuzer als Clubschiffe der Jugendlichen sieht, liegt falsch. Der Altersdurchschnitt an Bord ist 42 Jahre – Eltern mit kleinen Kindern sind ebenso vertreten wie jung gebliebene Sechziger oder Singles in Partylaune. Die »AIDAluna« verzichtet – wie die anderen zehn Schiffe der trendbewussten deutschen Reederei – auf Dresscodes, Captain's Dinners und feste Essenszeiten, bietet dafür eine fulminante Sport- und Wellness-Infrastruktur. Das zentrale, sich über drei Decks erstreckende »Theatrium« setzt Massstäbe als multifunktionale, rund um die Uhr nutzbare Event-,

Show- und Markthalle. Das Innendesign mit fliessenden Übergängen zwischen den grosszügig angelegten öffentlichen Räumlichkeiten und einer einheitlichen Gesamtästhetik in heiter stimmenden Farben betont das angestrebte Zusammengehörigkeitsgefühl unter den Passagieren. Wer sich dem Unterhaltungsangebot entziehen will, muss schon über Bord springen oder sich zumindest in seine Kabine zurückziehen – die, jedenfalls in der Aussenvariante mit Balkon und Hängematte, sehr komfortabel ausgestattet ist.

Kabinen ★★★★☆☆
1025 komfortable, wohnliche Kabinen (14 bis 44 m^2), davon 666 Aussenkabinen (zwei Drittel mit Balkon). Einige Kabinen mit Verbindungstür (ideal für Familien). Ziemlich kleine, aber gut konzipierte Bäder.

Essen & Trinken ★★★★☆☆
7 Restaurants, 12 Bars und Lounges. Vier Buffetrestaurants (freie Tisch- und Zeitwahl), drei zuschlagspflichtige Spezialitätenrestaurants: »Rossini« (mediterrane Gourmetküche), »Buffalo Steak House« (Steaks, Seafood) und »Sushi Bar«. Die Tischgetränke sind im Reisepreis inbegriffen, die Tischweine jedoch kaum trinkbar.

Service ★★☆☆☆☆
Die Serviceleistungen bewegen sich mehrheitlich auf provinziellem Niveau. Es gibt viel zu viele ungenügend geschulte Crew-Mitglieder und insgesamt zu wenig Bordpersonal.

Wellness & Sportangebot ★★★★★★
3 Freibäder, 4 Whirlpools, 2 Panorama-Saunas, Dampfbad. Grosses Spa mit klassischen und fernöstlichen Körper- und Beautybehandlungen, Thalassotherapien. Fitnessraum mit Personal Trainer, täglich zahlreiche Gymnastik- und Entspannungslektionen, Joggingpfad, Golfsimulator, Golfabschlagplatz, Volleyball-/Basketballplatz, Squash. Verleih von Moutainbikes.

Unterhaltung ★★★★★☆
Grosses »Theatrium« mit attraktivem Unterhaltungsangebot (Musicals, Comedy, Konzerte, Varieté- und Magie-Künstler), Zweitbühne auf dem Sonnendeck,

ganztägige Animation, ungezählte Gruppensportaktivitäten, Poolpartys, Tanzkurse. Diskothek (zum Teil auf dem Pooldeck, mit Laser-Lichtshows), Casino.

Extras ★★★☆☆☆

– Kinderbereich (3 bis 11 Jahre) mit eigenem Abenteuerland, Pool und jeder Menge Spiel- und Bastelangeboten. Teens-Treffpunkt für 12- bis 17-Jährige mit Freizeitprogrammen an Bord und an Land während den Ferienzeiten.

– Für alle, die nahtlos braun werden wollen, gibt es einen blickgeschützten FKK-Bereich auf Deck 14.

– Von den beiden Saunas hat man weite Ausblicke aufs Meer.

– Self-Service-Waschsalon (kostenpflichtig).

Routen ★★★☆☆☆

Die »AIDAluna« kreuzt auf fünf- bis vierzehntägigen Rundrouten in Nordeuropa, Nordamerika und in der Karibik. »AIDAdiva« ist im Mittelmeer, in Indien und Südostasien unterwegs, »AIDAbella« im Mittelmeer und um die Kanarischen Inseln.

Landausflüge ★★☆☆☆☆

Geführte Mountainbike- und Golftouren, Tauch- und Schnorchelexkursionen. Bestenfalls mittelmässige Sightseeing-Programme. Zudem erhalten individuelle Landgänger kaum Anhaltspunkte zu den angelaufenen Häfen – die landeskundlichen Vorträge sind reine Verkaufsveranstaltungen, um die Pauschalausflüge anzukurbeln.

Preis-Leistungs-Verhältnis ★★★★★★

Passagiertag ab ca. 75 Euro (inkl. Trinkgelder und Tischgetränke)

Wenn doch nur ... der Eintritt in den Wellnessbereich nicht kostenpflichtig wäre (Tageskarte rund 20 Euro). Echt störend ist die permanente Fotografiererei des Bordfotografen. Ungemütlich und nervend ist das Anstehen und Suchen eines freien Platzes zu sämtlichen Mahlzeiten in den vier stets überfüllten Hauptrestaurants – oft »bewacht« ein Partner oder Familienmitglied den Tisch, während die anderen ans Buffet gehen. Die Speisen sind ordentlich zubereitet, wenn auch teilweise bereits kalt, bis man zum Essen kommt.

Costa Favolosa

Besonders geeignet für: Familien mit Kindern
Auch attraktiv für: Sport- & Wellnessfans

Gesamtwertung: **39**/60

Reederei: Costa Crociere
Baujahr: 2011
Tonnage: 114 500 BRZ
Länge: 290 m, Breite: 36 m
Passagierdecks: 13
Kabinen: 1508
Passagiere: 3012
Passagier-Platz-Verhältnis: 38,0
Crew: 1110
Passagier-Crew-Verhältnis: 2,7
Bordsprache: Italienisch, Englisch, Deutsch, Französisch
Schwesterschiffe: Costa Fascinosa, Costa Fortuna, Costa Magica, Costa Pacifica, Costa Serena

Infos: www.costakreuzfahrten.ch, www.costakreuzfahrten.de

Ambiente ★★★★☆☆
Die »Favolosa« fällt wie ihre zahlreichen Schwesterschiffe durch lockere Italianità, quietschbunte Interieurs mit Millionen von Swarovski-Kristallen und drei Generationen von fröhlichen Passagieren auf. Ungezwungenheit ist das oberste Gebot: La Dolce Vita zu Wasser, mit viel Platz für Spiel, Spass und Unterhaltung für die ganze Familie. Für die Kids gibt es spektakuläre Wasserspiele, Piratenschiff und Playstation-Erlebniswelt, während der Papa im Golf- oder im Grand-Prix-Rennwagensimulator seine Sportlichkeit testen kann. Zu sechs Mahlzeiten am Tag strömen »i signori passeggeri« in die verschiedenen Restaurants – das zuzahlungspflichtige »Club Restaurant« toppt so manches Gourmetlokal an Land. Das »Samsara Spa« zählt zu den grössten auf See, doch kann eine Körper- oder Beautybehandlung rasch teurer werden als die Kosten für einen ganzen Passagiertag.

Kabinen ★★★★☆☆
1508 komfortable Kabinen (17 bis 43 m²), davon 926 Aussenkabinen (594 mit Balkon) und 99 orientalisch gestaltete »Samsara«-Kabinen mit unlimitiertem Zugang zum Spa und kostenloser Teilnahme an den Yoga- und Pilates-Kursen.

Essen & Trinken ★★★★☆☆
5 Restaurants, 13 Bars und Lounges. 2 Hauptrestaurants mit ansprechender mediterraner und internationaler Küche (zwei Tischzeiten mit fest zugewiesenem Platz), Buffetrestaurant mit Aussenbereich. Zuschlagspflichtig sind das »Club Restaurant« (innovative Gourmetküche) und das »Samsara Restaurant« (leichte Spa-Cuisine).

Service ★★★☆☆☆
Mal besser, mal schlechter. Jemanden vom Room-Service oder vom Guest-Relations-Desk ans Telefon zu kriegen (etwa, um Frühstück auf die Kabine zu bestellen) braucht Glück, Geduld und ein gutes Timing.

Wellness & Sportangebot ★★★★★★
4 Freibäder (2 davon mit ausfahrbarem Glasdach), 5 Whirlpools, Thalassotherapiepool, Sauna, Dampfbad. Grosses Spa mit klassischen und fernöstlichen Body- und Beautybehandlungen, Thalassotherapien. Fitnessraum, Gymnastik- und Entspannungslektionen (teilweise kostenpflichtig), Mehrzwecksportplatz, Golfabschlagplatz, Golfsimulator, Joggingpfad.

Unterhaltung ★★★★★☆
Dreistöckiges Theater mit aufwendigen Shows und Varieté-Darbietungen. Rund um die Uhr vielfältige Aktivitäten, Veranstaltungen und Wettbewerbe für Kinder, Jugendliche und Erwachsene. 4D-Kino, Grand-Prix-Rennwagensimulator. Workshops, Kurse, Vorträge zu diversen Themengebieten. Nightclub/Diskothek, Casino.

Extras ★★☆☆☆☆
– Openair-Kino für Filmabende unterm Sternenhimmel.
– Kinder und Jugendliche sind bestens unterhalten und betreut.
– Katholische Kapelle (auf allen Costa-Schiffen vorhanden).

Routen ★★★☆☆☆
Die »Favolosa« ist auf einwöchigen Rundtouren ab/bis Dubai im Nahen Osten, in Südameria und im Mittelmeer unterwegs. Ihre Schwesterschiffe kreuzen vor allem in Nordeuropa und im Mittelmeer.

Landausflüge ★★☆☆☆☆
Masse statt Klasse scheint das Motto zu sein. Auch die Damen der Bordtouristik zeigen weder Interesse für individuelle Anfragen der Passagiere noch für die angepeilten Destinationen.

Preis-Leistungs-Verhältnis ★★★★★★
Passagiertag ab ca. 70 Euro (exklusive Trinkgelder und Getränke)

Wenn doch nur ... mehr Gemütlichkeit in den beiden Hauptrestaurants aufkäme – man spürt beim Service den Druck, die Horden abends in zwei Tischzeiten durchzufüttern.

Liberty of the Seas

Besonders geeignet für: Familien mit Kindern
Auch attraktiv für: Sport- & Wellnessfans

Gesamtwertung: **38**/60

Reederei: Royal Caribbean International
Baujahr: 2007
Tonnage: 154 400 BRZ
Länge: 339 m, Breite: 56 m
Passagierdecks: 15
Kabinen: 1817
Passagiere: 3634
Passagier-Platz-Verhältnis: 42,5
Crew: 1365
Passagier-Crew-Verhältnis: 2,7
Bordsprache: Englisch
Schwesterschiffe: Freedom of the Seas, Independence of the Seas
Infos: www.royalcaribbean.com, www.royalcaribbean.de

Ambiente ★★★☆☆☆
Die »Liberty of the Seas« ist länger als vier aneinandergereihte Jumbo-Jets und kann mit jedem Erlebnispark an Land mithalten. Höhepunkt der grossen Wassererlebniswelt ist der Surfsimulator zum Wellenreiten: Pro Minute werden 129 000 Liter Wasser von Deck 12 auf Deck 13 gepumpt. Beeindruckend sind auch die beiden gläsernen Whirlpools, die 34 Meter über dem Wasserspiegel weit über die Reling hinausragen. Zudem gibt es im Spa ungezählte Möglichkeiten, seinen Körper verwöhnen zu lassen oder aktiv in Form zu bringen. Und von Broadway-Shows über Eisrevues bis Freeclimbing gibt es ungezählte Attraktionen, weshalb ein grosser Teil der Passagiere während der Seereise gar nie von Bord geht und sich mit dem Blick auf die Hafenanlagen begnügt. Die Destinationen sind für die vorwiegend amerikanischen Reisenden nebensächlich, die eigentliche Attraktion der Kreuzfahrt ist die »Liberty of the Seas« – der Star ist das Schiff.

Kabinen ★★★★☆☆
1817 funktionelle, tadellos saubere, teilweise bereits etwas abgewohnte Kabinen (14 bis 112 m^2), davon 1084 Aussenkabinen (842 mit Balkon). Gewöhnungsbedürftig: Einige der 733 Innenkabinen blicken auf die Shopping- und Flaniermeile »Royal Promenade« im Bauch des Schiffs. Alle Kabinen mit iPod-Dock.

Essen & Trinken ★★★☆☆☆
8 Restaurants, 19 Bars und Lounges. Riesiges Hauptrestaurant (wahlweise mit fester Tischzeit oder mit freier Tisch- und Zeitwahl), mehrere Spezialitäten- und Buffetlokale (teilweise zuschlagspflichtig) – fast alle ohne nennenswerte kulinarische Ambitionen.

Service ★★★☆☆☆
Die Crew bietet die gesamte denkbare Bandbreite der Servicequalität von freundlich-zuvorkommend bis unmotiviert und träge. Nicht allen Mitarbeitern ist die Bedeutung des vor die Kabinentür gehängten »Do not disturb«-Schilds bekannt.

Wellness & Sportangebot ★★★★★★
2 Freibäder, 6 Whirlpools, Sauna, Dampfbad. Spa mit zahlreichen Body- und Beautybehandlungen. Fitnessraum, Gymnastik- und Entspannungslektionen (einzelne davon kostenpflichtig). Schlittschuhbahn, Flowrider-Surfsimulator, Kletterwand, 9-Loch-Minigolfanlage, Golfabschlagplatz, Golfsimulator, Basketball-/Volleyballfeld, Joggingpfad.

Unterhaltung ★★★★★★
Fünfstöckiges Theater mit perfekt choreografierten Shows und Musicals (z. B. »Saturday Night Fever«), diverse kleinere Show-Lounges (Comedy, Konzerte, Varieté-Darbietungen), 3D-Kino. Rund um die Uhr vielfältige Aktivitäten, Veranstaltungen und Wettbewerbe für Kinder, Jugendliche und Erwachsene. Workshops und Kurse (von Samba-Tanzen bis Cocktailmixen). Vorträge zu diversen Themengebieten. Nachtclub/Diskothek, Casino.

Extras ★★★★☆☆
– Eines der umfassendsten Freizeitangebote für Kinder und Jugendliche auf hoher See, zudem mit sehr professioneller Betreuung: Familien können zusammen reisen, doch jeder kann auch für sich selbst etwas erleben.
– Eislaufbahn und begeisternde Eisrevues.
– Haushohe Kletterwand für Freeclimber auf See.
– Surfsimulator mit echten Wellen.
– Das Schiff eignet sich besonders gut für Rollstuhlfahrer.
– Das Casino steht Las Vegas in nichts nach.
– Das Design der Kabinenkorridore – auf vergleichbar grossen Schiffen eine endlos monotone Angelegenheit – ist gut und abwechslungsreich gelöst. Wer sich verläuft (was leicht möglich ist): Kabinennummer oder gewünschtes Ziel auf einem der überall vorhandenen Touchscreens eintippen und

dem vorgeschlagenen Weg folgen.

– Das Bord-Entertainment setzt auf Profi-Ensembles und verzichtet weitgehend auf betagte Schlagerstars.

Routen ★★☆☆☆☆

Das Schiff kann wegen seiner enormen Grösse nicht den Panamakanal passieren und kreuzt auf den immer gleichen Acht-Tage-Rundtouren in der Karibik (Winter) und im Mittelmeer (Sommer).

Landausflüge ★☆☆☆☆☆

Massentourismus pur. Nur für Menschen empfehlenswert, denen es nichts ausmacht, einer Tafel zum Bus Nummer 36 hinterherzulaufen.

Preis-Leistungs-Verhältnis ★★★★★★

Passagiertag ab ca. 60 Euro (exklusive Trinkgelder und Getränke)

Wenn doch nur ... die Aussendecks etwas stilvoller gestaltet wären: Holzplanken finden sich nur an wenigen Stellen, die Liegen sind so billig wie hässlich – dazu passt das Plastikgeschirr der Food-Stationen. Nervig ist zudem das ständige Schlangestehen, das bei über drei- bis viertausend Mitreisenden einfach dazugehört. Selbst das Check-in kann zwei Stunden dauern.

AIDAaura

Besonders geeignet für: Familien mit Kindern
Auch attraktiv für: Sport- & Wellnessfans

Gesamtwertung: **35**/60

Reederei: AIDA Cruises
Baujahr: 2003
Tonnage: 42 289 BRZ
Länge: 203 m, Breite: 28 m
Passagierdecks: 12
Kabinen: 633
Passagiere: 1266
Passagier-Platz-Verhältnis: 33,4
Crew: 400
Passagier-Crew-Verhältnis: 3,2
Bordsprache: Deutsch
Schwesterschiff: AIDAvita
Infos: www.aida.de

Ambiente ★★★★☆☆

Über das Für und Wider von Cluburlauben lässt sich bestens streiten. Möchte man wirklich geduzt werden? Ist es lustig, wenn zwei Kostümierte am Buffet stehen und das Motto des Tages verkörpern? Braucht man Action und Unterhaltung rund um die Uhr? Eines ist sicher: Die »AIDAaura« und die baugleiche »AIDAvita« sind eine Lifestyle-Reise fern alter Kreuzfahrtkonventionen wert. Der fröhliche AIDA-Look ist von den Kabinen bis in alle öffentlichen Räumlichkeiten mit stilsicherer Hand durchgezogen, das Unterhaltungsangebot wird bemerkenswert professionell betrieben, die Sportmöglichkeiten

sind vielfältig, dennoch muss sich keiner vor einer hyperaktiven Crew fürchten, die auf Teufel komm raus ruhesuchende Passagiere beglücken will und zur Zwangsentspannung an freuchtfröhlichen Poolpartys verschleppt. Wem es genügt, zwischen Wind, Meer und Himmel unterwegs zu sein, findet auf den Decks genügend Freiraum, die Langsamkeit zu geniessen und die Kunst des Nichtstuns zu kultivieren.

Kabinen ★★★★☆☆
633 komfortable, wohnliche Kabinen (14 bis 32 m^2), davon 422 Aussenkabinen (60 mit Balkon). Einige Kabinen mit Verbindungstür (ideal für Familien). Manche Kabinen auf Deck 4 leiden unter ständigem Motorengeräusch. Die Bäder sind zwar klein, aber clever konzipiert und gehen mit ihren Staumöglichkeiten glatt als Raumwunder durch.
Mit leichten Verschleissspuren in den Kabinen des zehnjährigen Schiffs ist zu rechnen.

Essen & Trinken ★★★☆☆☆
3 Restaurants, 5 Bars und Lounges. Zwei Buffetrestaurants mit freier Tisch- und Zeitwahl (eines davon mit Terrasse). Im zuschlagspflichtigen mediterranen Gourmetrestaurant »Rossini« wird für den feinen Gaumen gekocht. Die Tischgetränke sind im Reisepreis inbegriffen, die Tischweine jedoch kaum trinkbar.

Service ★★☆☆☆☆
Mal sehr gut und hilfsbereit, mal sehr unmotiviert und unflexibel. Man weiss nie, was einen erwartet. Vieles klappt mehr per Zufall als nach Plan.

Wellness & Sportangebot ★★★★★☆
Freibad, 3 Whirlpools, Sauna und Dampfbad. Spa mit klassischen und fernöstlichen Körper- und Beautybehandlungen, Thalassotherapien. Fitnessraum mit Personal Trainer, täglich zahlreiche Gymnastik- und Entspannungslektionen (Aerobic, Yoga, Pilates, Zumba usw.), Joggingpfad,

Golfabschlagplatz, Volleyball-/ Basketballplatz. Verleih von Moutainbikes.

Unterhaltung ★★★★☆☆
Theater mit attraktivem Unterhaltungsangebot (Musicals, Comedy, Konzerte, Varieté- und Magie-Künstler), ganztägige Animation, ungezählte Gruppensportaktivitäten, Poolpartys, Tanzkurse. Diskothek (in warmen Nächten auf dem Pooldeck, mit Laser-Lichtshows).

Extras ★★☆☆☆☆
– Kinderbereich (3 bis 11 Jahre) mit eigenem Abenteuerland, Pool und jeder Menge Spiel- und Bastelangeboten. Teens-Treffpunkt für 12- bis 17-Jährige mit Freizeitprogrammen an Bord und an Land während den Ferienzeiten.
– Geschütztes FKK-Sonnendeck.
– Saunalandschaft mit Meerblick.
– Self-Service-Waschsalon (kostenpflichtig).

Routen ★★★☆☆☆
In den Sommermonaten im Mittelmeer, im Winter in der Karibik und in Südamerika.

Landausflüge ★★☆☆☆☆
Golf-, Tauch- und Biketouren mit den AIDA-Scouts. Banale Sightseeing-Programme, für die etwas gar nachdrücklich die Werbetrommel gerührt wird. Immerhin gehört die »AIDAaura« zu den kleineren Schiffen der Flotte, sodass der Ausflugsrummel im Vergleich zur »AIDAmar« oder »AIDAluna« deutlich geringer ist – rund tausend Menschen mehr oder weniger machen sich schon bemerkbar.

Preis-Leistungs-Verhältnis ★★★★★★
Passagiertag ab ca. 75 Euro (inkl. Trinkgelder und Tischgetränke)

Wenn doch nur ... die Nebenkosten nicht wären: Niedrige Kreuzfahrtpreise locken die Passagiere an Bord, das grosse Angebot dort animiert sie zu Ausgaben, die unter Umständen den Kreuzfahrtpreis schliesslich übersteigen. Mischkalkulation heisst das im Jargon der Reederei.

Caribbean Princess

Besonders geeignet für: Familien mit Kindern
Auch attraktiv für: Sport- & Wellnessfans

Gesamtwertung: **34**/60

Reederei: Princess Cruises
Baujahr: 2004
Tonnage: 113 000 BRZ
Länge: 290 m, Breite: 36 m
Passagierdecks: 15
Kabinen: 1557
Passagiere: 3100
Passagier-Platz-Verhältnis: 36,5
Crew: 1163
Passagier-Crew-Verhältnis: 2,7
Bordsprache: Englisch
Schwesterschiffe: Emerald Princess, Golden Princess, Grand Princess, Star Princess
Infos: www.princess.com, www.princesscruises.de

Ambiente ★★★☆☆☆
»The American Way of Cruising« in Reinkultur, eine schwimmende Stadt mit Shopping-Mall, Minigolfplatz, Hochzeitskapelle, Mega-Casino und schier grenzenlosen Unterhaltungs- und Sportmöglichkeiten für drei Generationen. Gigantisch, riesig, ein dicker Brummer, der nicht mit Superlativen geizt, dennoch verteilen sich die dreitausend Passagiere insbesondere im Innern des Kolosses verhältnismässig gut. Nur die Aussendecks sind an Seetagen ungemütlich überbevölkert. Der Dresscode an Bord der »Caribbean

Princess« ist unkompliziert: In der Regel gilt zweimal pro Reise »formal« und an den übrigen Tagen »smart casual« – was von den meisten Passagieren mit »leger« übersetzt wird. Es gibt fast nur Amerikaner an Bord, die auf das Motto »There's no business like show business« schwören. Wer individuelles Reisen und die Aura des Einzigartigen liebt, liegt hier definitiv falsch.

Kabinen ★★★★☆☆
1557 komfortable, teilweise etwas abgewohnte Kabinen (15 bis 118 m^2), davon 1105 Aussenkabinen (mehrheitlich mit eigenem Balkon). Die Kabinen der oberen Kategorien haben viele kostenlose Extras: freier Internetzugang, Wäsche- und Bügelservice, Porträtsitzung mit dem Bordfotografen sowie leihweise ein Smoking für den formellen Abend. Bei den kleinen Nasszellen in fast allen Kabinen fragt man sich, wie manche Amerikaner da überhaupt hineinpassen.

Essen & Trinken ★★★☆☆☆
9 Restaurants, 12 Bars und Lounges. Durchschnittliche Allerweltsküche in drei Hauptrestaurants (eines davon mit festen Zeiten und Sitzplätzen, die beiden anderen mit freier Tisch- und Zeitwahl), Trattoria mit italienischen Spezialitäten (kostenpflichtig), Steakhouse (kostenpflichtig), rund um die Uhr geöffnetes Buffetrestaurant, »Café Caribe« mit lokaler Küche, Pizzeria, »Trident Grill« (Burger- und Hotdogs). Theoretisch kann man speisen, wann, wo und mit wem man mag – in der Praxis findet man in den Restaurants ohne frühzeitige Vorbestellung nicht immer einen freien Platz. Will man sich nicht langfristig festlegen, meldet man sich einfach beim »Maître d'« mit seinen Wünschen. Ist ein entsprechender Tisch frei, kann man sofort Platz nehmen; wenn nicht, wird man per ausgehändigtem Pager benachrichtigt. 24-Stunden-Room-Service (kostenpflichtig).

Service ★★★☆☆☆
Die Servicecrews pendeln zwischen beispielhaft und wechselhaft.

Wellness & Sportangebot ★★★★★☆
4 Pools, 9 Whirlpools, Kinderbecken, Sauna, Dampfbad. Spa mit zahlreichen Body- und Beautybehandlungen. Fitnessraum mit Meerblick, Gymnastik- und Entspannungslektionen (einzelne davon kostenpflichtig). Basketball, Volleyball, Golfsimulator, Minigolfplatz, Paddle-Tennis, Joggingpfad.

Unterhaltung ★★★★☆☆
Grosses Theater mit solidem Entertainment im Las-Vegas-Stil (Musicals, Cabaret, Tanz), Klassik- und Popkonzerten. Rund um

die Uhr vielfältige Aktivitäten, Veranstaltungen und Wettbewerbe für Kinder, Jugendliche und Erwachsene. Breites Angebot an Workshops und Kursen. Bibliothek. Nightclub, Casino.

Extras ★★★☆☆☆

– Kleinkinder (3 bis 7), Kinder (8 bis 12) und Jugendliche (13 bis 17) haben ihre jeweils eigenen Bereiche und werden so gut betreut und unterhalten, dass ihre Eltern ihnen höchstens beim Essen begegnen. Für Jugendliche gibt es zudem nicht nur Action, Fun und Hightech, sondern auch Kunsthandwerkkurse.
– In jeder Kabine: »Wunschzettel« zur täglich neuen Befüllung des Obstkorbes.
– Freiluftkino.
– Self-Service-Wäscherei.
– Stilvoller Afternoon Tea mit Sandwiches, Scones und Kuchen.
– Da das Schiff auf den Bermudas registriert ist, kann der Kapitän legal amerikanische Paare trauen – dazu steht die Hochzeitskapelle »Hearts & Minds« inklusive Live-Webcam zur Verfügung.
– Das Schiff eignet sich besonders gut für Rollstuhlfahrer.
– Spektakuläre Disco »Skywalker« im spoilerartigen Aufbau im Heck des Schiffes – 50 Meter über dem Wasser schwebend.

Routen ★★☆☆☆☆

Die »Caribbean Princess« kreuzt auf meist siebentägigen Rundtouren in der Karibik, vor Neuengland und Ostkanada sowie in Nordeuropa. Ihre Schwesterschiffe sind teilweise auch in Südamerika, Alaska, Mexiko, Kalifornien und im Mittelmeer unterwegs.

Landausflüge ★☆☆☆☆☆

Die Landprogramme von Princess Cruises sind wenig inspirierte Massenveranstaltungen, die Geduld und Nerven strapazieren.

Preis-Leistungs-Verhältnis ★★★★★★

Passagiertag ab ca. 75 Euro (exklusive Trinkgelder und Getränke)

Wenn doch nur ... die unendlich lang wirkenden Kabinengänge weniger deprimierend wären. Ein weiterer Kritikpunkt: Die als »Seminare« angebotenen Kurse entpuppen sich hin und wieder als plumpe Verkaufsveranstaltungen: »Rückenbeschwerden lindern« ist eine reine Promotionsveranstaltung für Einlegesohlen.

Carnival Freedom

Besonders geeignet für: Familien mit Kindern
Auch attraktiv für: Sport- & Wellnessfans

Gesamtwertung: **34**/60

Reederei: Carnival Cruise Lines
Baujahr: 2007
Tonnage: 110 000 BRZ
Länge: 290 m, Breite: 35 m
Passagierdecks: 13
Kabinen: 1487
Passagiere: 2974
Passagier-Platz-Verhältnis: 37,0
Crew: 1180
Passagier-Crew-Verhältnis: 2,5
Bordsprache: Englisch
Schwesterschiffe: Carnival Conquest, Carnival Destiny, Carnival Glory, Carnival Liberty, Carnival Triumph, Carnival Valor, Carnival Victory
Infos: www.carnival.com, www.carnivalcruiselines.de

Ambiente ★★★☆☆☆
Von aussen wirken die »Carnival Freedom« und ihre sieben Schwestern recht behäbig und klobig. Kein Zweifel, die eigentlichen Werte sind im Inneren und auf den Aussendecks zu finden. Im siebenstöckigen Atrium fühlt man sich wie in einer futuristischen Theaterkulisse, während im riesigen Casino die antik gestaltete Einrichtung im Kontrast zum eigentlichen Aufenthaltsgrund steht. Vorbild für das »Studio 70« ist die legendäre New Yorker Disco »Studio 54«. Das Ambiente im À-la-carte-Restaurant »Sun King« soll mit Kronleuchtern, Wandteppichen und Ölgemälden an die historischen Glanzzeiten von Ludwig XIV. erinnern. Für die meisten Passagiere ist das Schiff selbst das Reiseziel – sie verlassen es kaum einmal und finden alles an Bord, was es für eine Woche Urlaub braucht. Für Individualität ist nicht viel Platz: Man muss sich auf den »American Fun«, die viel zu lauten (eigentlich unerträglichen) Animationsprogramme auf dem Lidodeck und das kunterbunt-schrille Design einlassen können, um sich hier wohl zu fühlen.

Kabinen ★★★☆☆☆
1487 funktional eingerichtete, tadellos saubere, doch etwas hellhörige Kabinen (17 bis 45 m^2), davon 917 Aussenkabinen (574 mit Balkon).

Essen & Trinken ★★★★☆☆
6 Restaurants, 10 Bars und Lounges. Obwohl noch auf keinem Kreuzfahrtschiff jemals ein Passagier verhungert ist, ist dies hier schier unmöglich: Es gibt höchstens zwischen vier Uhr nachts und sechs Uhr morgens eine kleine Lücke, in der man kein Restaurant, kein Café und keine Bar findet, um seinen Hunger zu stillen. Wer zu dieser unchristlichen Stunde trotzdem Appetit hat, kann jedoch den 24-Stunden-Zimmerservice (kostenlos) bemühen. Von diesen zwei Stunden der kulinarischen Unterversorgung abgesehen, herrschen Zustände wie im Schlaraffenland. Die beiden Hauptrestaurants (wahlweise mit festen Zeiten und Sitzplätzen oder mit freier Tisch- und Zeitwahl) stellen die zwanglose Grundversorgung mit solider internationaler Küche sicher, daneben gibt es mehrere Spezialitäten- und Buffetlokale sowie eine Sushi-Bar (teilweise zuschlags-

pflichtig). Auf Wunsch Flatrate für alkoholfreie Getränke (rund 7 Dollar pro Tag/Person). Normales Wasser mit Eis wird den ganzen Tag kostenlos zur Verfügung gestellt.

Service ★★★☆☆☆

Routinierte amerikanische Freundlichkeit.

Wellness & Sportangebot ★★★★★☆

2 Freibäder, Hallenbad, 7 Whirlpools, Kinderbecken, Wasserrutschbahn, Sauna, Dampfbad. Spa mit zahlreichen Body- und Beautybehandlungen, Thalassotherapien. Fitnessraum, Gymnastik- und Entspannungslektionen (einzelne davon kostenpflichtig). Basketball-/Volleyballfeld, Golfsimulator, Minigolfplatz, Joggingpfad.

Unterhaltung ★★★★★☆

Im dreistöckigen Theater mit 1400 Sitzplätzen aufwendige Produktionen im Las-Vegas-Stil. Show-Lounge für Comedy und Konzerte. Rund um die Uhr vielfältige Aktivitäten, Veranstaltungen und Wettbewerbe für Kinder, Jugendliche und Erwachsene. Workshops, Kurse und Vorträge. Kleine Bibliothek. Nachtclub/Diskothek, Casino.

Extras ★★★☆☆☆

– Ausgezeichnete Kinder- und Jugendbetreuung mit separaten Bereichen für drei Altersklassen.

– 65 Meter lange Wasserrutschbahn.

– Freiluftkino »Movies under the Stars«.
– Self-Service-Wäscherei.
– Das Schiff eignet sich besonders gut für Rollstuhlfahrer.
– Selbst hartgesottene Profispieler finden im Casino alles, was ihr Herz begehrt.

Routen ★☆☆☆☆☆
Die »Carnival Freedom« und ihre Schwestern kreuzen vorwiegend auf Rundtouren in der Karibik.

Landausflüge ★☆☆☆☆☆
Fantasielos, überteuert, kaum empfehlenswert. Selbst die zweieinhalbstündige Schiffsführung kostet 95 Dollar!

Preis-Leistungs-Verhältnis ★★★★★★
Passagiertag ab ca. 90 Euro (exklusive Trinkgelder und Getränke)

Wenn doch nur ... das Angebot der Buffets am Morgen und Mittag inspirierter und abwechslungsreicher wäre. Ausserdem: Nach Landausflügen bilden sich jeweils lange Menschenschlangen vor dem Schiff, weil sämtliche Taschen akribisch durchsucht werden, um alkoholische Getränke (Umsatzkiller!) herauszufischen. Diese werden eingezogen und am Ende der Reise retourniert. So mancher clevere Passagier füllt Alkohol in Wasser- und Fruchtsaftflaschen – und kommt damit unbehelligt durch.

Pride of America

Besonders geeignet für: Familien mit Kindern
Auch attraktiv für: Sport- & Wellnessfans

Gesamtwertung: **34**/60

Reederei: Norwegian Cruise Line
Baujahr: 2005
Tonnage: 80 439 BRZ
Länge: 280 m, Breite: 32 m
Passagierdecks: 11
Kabinen: 1072
Passagiere: 2138
Passagier-Platz-Verhältnis: 37,6
Crew: 940
Passagier-Crew-Verhältnis: 2,3
Bordsprache: Englisch
Infos: www.ncl.com

Ambiente ★★★☆☆☆
Dekor und Lebensgefühl sind durch und durch amerikanisch, im Übrigen aber folgt man hier dem innovativen Urlaubskonzept des »Freestyle Cruising« von Norwegian Cruise Line: Die Passagiere sind in Bezug auf Kleiderwahl, Aktivitätenprogramm und Essenszeiten sehr frei. Auch sonst ist das unkomplizierte Gute-Laune-Schiff, das mehrheitlich um die Inselwelt von Hawaii tourt, ganz auf fröhliches Aloha-Feeling eingestellt. Die »Pride of America« spricht ein jüngeres Publikum an und eignet sich auch bestens für Familien, die ihre Ferien zeitweise zusammen, zeitweise voneinander befreit verbringen wollen, sodass alle Erholung und Anregung finden.

Kabinen ★★★☆☆☆

1072 komfortable, quietschbunt gestaltete Kabinen (12 bis 128 m^2), davon rund drei Viertel Aussenkabinen (mehrheitlich mit Balkon). Kabinen der unterschiedlichsten Kategorien können durch Verbindungstüren flexibel miteinander verbunden werden. Abends liegen stets gefaltete Handtuchtiere auf dem Bett. Nachteil: sehr kleine Badezimmer.

Essen & Trinken ★★★★☆☆

8 Restaurants, 12 Bars und Lounges. Breit gefächertes kulinarisches Angebot in 8 Restaurants mit mexikanischen, japanischen, asiatischen, italienischen, französischen, amerikanischen oder hawaiianischen Spezialitäten (teilweise kostenpflichtig). Jeder Passagier isst, wann und wo er will – sofern ein Tisch im gewünschten Restaurant frei ist. Im Reisepreis inbegriffen sind Wasser, Eistee, Kaffee und Tee zu den Hauptmahlzeiten. Ebenfalls kostenlos ist der Room-Service.

Service ★★★☆☆☆

Liebenswürdig und hilfsbereit – im Gegensatz zu anderen NCL-Schiffen scheint auf der »Pride of America« die Crew jedoch etwas unterbesetzt und überfordert.

Wellness & Sportangebot ★★★★★☆

2 Freibäder, 6 Whirlpools, Kinderpool, Fitnessraum. Spa mit klassischen und fernöstlichen Body- und Beautybehandlungen. Gymnastik-, Yoga- und Entspannungs-Lektionen. Gyrosphere, Golfabschlagplatz, Joggingpfad, Basketball-, Volleyball-, Tennisplatz.

Unterhaltung ★★★★★★

Im grossen Theater mit 840 Sitzplätzen spektakuläre Shows im Las-Vegas-Stil sowie hawaiianische Darbietungen. Kleineres Comedy-Theater mit 590 Sitzplätzen. Abwechslungsreiche Tagesanimation, Workshops und Kurse. Nightclub, Casino.

Extras ★☆☆☆☆

– Kinder und Jugendliche sind bestens betreut und unterhalten. Am Abend verwandelt sich der Teen-Club in eine Disco für Teenager.

– Für Inselhüpfen auf Hawaii ist die »Pride of America« ein ideales Schiff – sogar über Nacht kann man von Bord gehen und

MSC Poesia

Besonders geeignet für: Familien mit Kindern

Gesamtwertung: **32**/60

Reederei: MSC Crociere
Baujahr: 2008
Tonnage: 92 490 BRZ
Länge: 294 m, Breite: 32 m
Passagierdecks: 13
Kabinen: 1275
Passagiere: 2550
Passagier-Platz-Verhältnis: 36,3
Crew: 987
Passagier-Crew-Verhältnis: 2,6
Bordsprache: Italienisch, Englisch, Deutsch, Französisch
Schwesterschiffe: MSC Magnifica, MSC Musica, MSC Orchestra
Infos: www.msc-kreuzfahrten.ch, www.msc-kreuzfahrten.de

zwischendurch das Leben an Land geniessen.

Routen ★★☆☆☆☆
Wöchentliche Rundtouren ab/bis Honolulu um die Inselwelt von Hawaii. Hin und wieder Abstecher an die nordamerikanische Pazifikküste.

Landausflüge ★☆☆☆☆☆
Kleines Programm banaler Landgänge.

Preis-Leistungs-Verhältnis ★★★★★★
Passagiertag ab ca. 120 Euro (exklusive Trinkgelder und Getränke)

Wenn doch nur ... der Dauertrubel nicht wäre. In den meisten öffentlichen Bereichen und insbesondere auf dem Pooldeck kann man Beschallung und Remmidemmi kaum entgehen.

Ambiente ★★★☆☆☆
An Bord der für den billigen Massenbetrieb ausgelegten »MSC Poesia« und deren drei Schwesterschiffen herrscht heitere Italianità. Da auch Kinder und Jugendliche bestens umsorgt und unterhalten sind, können Eltern unbesorgt an Land gehen, ins Spa abtauchen oder einen Sprachkurs besuchen. Auf den dreizehn öffentlichen Decks geht es sehr ungezwungen und oft jahrmarktähnlich zu, Empfänge und Dresscodes gibt es nicht, Badebekleidung im Restaurant ist jedoch unerwünscht. Italienische Passagiere sind in der Mehrzahl, doch schwirren fast alle europäischen Sprachen durch

die Luft. Das Durchschnittsalter ist deutlich tiefer als auf klassischen Kreuzfahrtschiffen, und so eignet sich der Dolce-Vita-Kreuzer insbesondere für Familien und Passagiere, die viel Schiff fürs Geld suchen, ohne hohe Ansprüche an Design, Service, Küche oder abendliches Entertainment zu stellen. Wer lauten Trubel und Buffetschlachten scheut, ist fehl am Platz.

Kabinen ★★★☆☆☆
1275 zweckmässig eingerichtete, farbenfroh gestaltete Kabinen (13 bis 39 m^2), davon 1000 Aussenkabinen (mehrheitlich mit Balkon).

Essen & Trinken ★★★☆☆☆
5 Restaurants, 16 Bars und Lounges. 2 Hauptrestaurants mit mediterraner und internationaler Küche sowie Themenbuffets (zwei Tischzeiten mit fest zugewiesenem Platz). Italienisches Spezialitätenrestaurant und Sushi-Bar (beide zuschlagspflichtig). Einladende Enoteca-Weinbar mit guter Käse-, Trockenfleisch- und Weinauswahl.

Service ★★☆☆☆☆
Mal sehr bemüht und freundlich, mal unterirdisch schlecht. Vieles klappt mehr durch Zufall als nach Plan.

Wellness & Sportangebot ★★★★☆☆
2 Freibäder, Kinderbecken, 4 Whirlpools, Sauna, Dampfbad. Spa mit diversen Body- und Beautybehandlungen. Fitnessraum, Gymnastik- und Entspannungslektionen. Paddle-Tennis, Basketball-/Volleyballplatz, Minigolf, Golfabschlagplatz, Joggingpfad.

Unterhaltung ★★★★☆☆
Grosses Theater mit qualitativ sehr unterschiedlichen Shows und Darbietungen. Rund um die Uhr vielfältige Aktivitäten, Veranstaltungen und Wettbewerbe für Kinder, Jugendliche und Erwachsene. Outdoor-Kino. Workshops, Kurse, Kochdemonstrationen, Vorträge zu diversen Themengebieten. Nightclub, Diskothek, Casino.

Extras ★★☆☆☆☆
– Professionelle Kinder- und Jugendbetreuung in vier Altersklassen für 3- bis 17-jährige Kreuzfahrer. Dinosaurier-Themenpark »Stone Age«.
– Kinder unter 18 Jahren fahren in der Kabine der Erwachsenen grundsätzlich kostenlos mit. Auch für das Essen brauchen sie nicht extra zu bezahlen.
– Zur bequemen Anreise bietet MSC Crociere einen Busservice von allen grösseren Städten im deutschsprachigen Europa zu den Abfahrtshäfen in Livorno, Genua und Venedig.

Routen ★★★☆☆☆
Vier- bis zwölftägige Rundtouren im Mittelmeer, in Nordeuropa, rund um die Kanarischen Inseln und in der Karibik.

Landausflüge ★★☆☆☆☆
Etwas banale Standardprogramme. Beim Aus- und Einchecken zu den Landgängen kommt es regelmässig zu Wartezeiten und Gedränge.

Preis-Leistungs-Verhältnis ★★★★★★
Passagiertag ab ca. 70 Euro (exklusive Trinkgelder und Getränke)

Wenn doch nur ... nicht während des ganzen Tages so viele nervtötende Borddurchsagen in mehreren Sprachen wären.

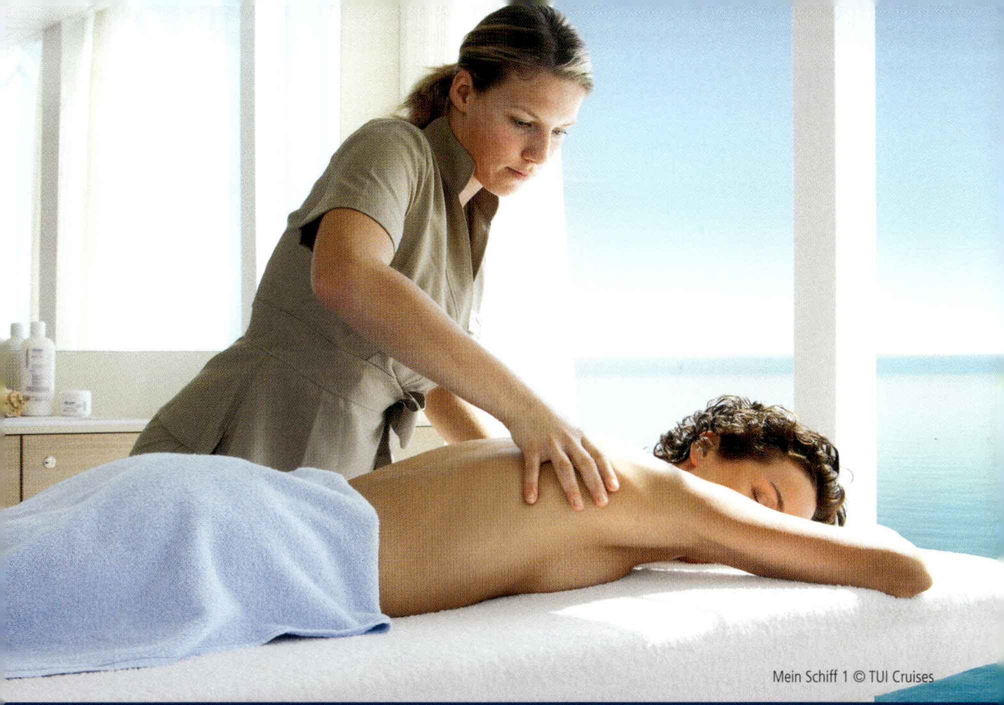

Mein Schiff 1 © TUI Cruises

Die entspannendsten Vergnügungsdampfer für Sport- & Wellnessfans

Seabourn Spirit

Besonders geeignet für: Sport- & Wellnessfans
Auch attraktiv für: Entdecker & Naturliebhaber

Gesamtwertung: **48**/60

Reederei: Seabourn
Baujahr: 1989
Tonnage: 9975 BRZ
Länge: 134 m, Breite: 19 m
Passagierdecks: 6
Kabinen: 104
Passagiere: 208
Passagier-Platz-Verhältnis: 48,0
Crew: 164
Passagier-Crew-Verhältnis: 1,3
Bordsprache: Englisch
Schwesterschiffe: Seabourn Legend und Seabourn Pride
Infos: www.seabourn.com

Ambiente ★★★★★★

Von aussen sieht die »Seabourn Spirit« (ebenso wie ihre beiden Schwestern »Seabourn Pride« und »Seabourn Legend«) noch aus wie ein richtiges Schiff, mit spitzem Bug und jachtähnlicher Silhouette, 134 Meter lang und 19 Meter breit. Neben den klobigen Vergnügungsdampfern nimmt sie sich aus wie ein auf Hochglanz polierter Aston Martin neben Sattelschleppern. An Bord setzt sich dieser Eindruck fort: Es herrscht familiäres Privatjachtfeeling und eine paradiesische Art von Überversorgung in entspannt luxuriösem Ambiente. Die drei überaus stilvollen Schwesterschiffe sprechen vorwiegend kosmopolitische Paare und stille Geniesser aus Nordamerika und Europa an, und bei den meisten von ihnen hört man dieselbe Geschichte: Die eigene Firma ist erfolgreich verkauft, und die Schalter des Lebens sind auf kultiviertes Geniessen umgestellt.
Sie pflegen eine smarte Art von Understatement und würden unter gar keinen Umständen an Bord einer dieser »schwimmenden Hochzeitstorten« gehen.

Kabinen ★★★★★☆

104 komfortable, wohnliche, teilweise aber renovationsbedürftige Aussenkabinen (26 bis 53 m^2), davon 6 Kabinen mit privatem

Balkon und 36 Kabinen mit französischem Balkon (zwei bodentiefe Fenstertüren mit einem kleinen Vorsprung zum Hinausstehen und Meerluftschnuppern). Alle Kabinen mit Marmorbad, erlesenen Pflegeprodukten, ägyptischer Baumwollwäsche, kuscheligen Daunendecken, begehbarem Kleiderschrank und DVD-Player. Die Minibar wird täglich kostenlos mit den Lieblingsgetränken des Passagiers bestückt.

Essen & Trinken ★★★★★☆
2 Restaurants, 4 Bars und Lounges. Moderne Marktküche, Barbecue-Spezialitäten und Klassiker der französischen Haute Cusine im stilvoll-behaglichen Hauptrestaurant (freie Tisch- und Zeitwahl). Freiluftrestaurant »Sky Grill« (Steaks und Seafood). 24-Stunden-Room-Service (ohne Aufpreis). Alle Softdrinks, Tischweine, Champagner und Spirituosen sind bei Seabourn im Reisepreis enthalten.

Service ★★★★★★
Die Crew sorgt für eine Welt voller Sonnenschein – in der Philosophie der Reederei Seabourn ist jede Regel, jeder Zwang und jeder Arbeitsablauf, die den Passagier stören könnten, zu unterlassen.

Wellness & Sportangebot ★★★★☆☆
Kleines Freibad, 3 Whirlpools, Sauna, Dampfbad. Kleines Spa mit diversen Body- und Beautybehandlungen. Fitnessraum, Gymnastik-, Yoga- und Pilates-Lektionen. Marina-Plattform auf Meereshöhe für verschiedene Wassersportarten: Kajak, Wasserski, Windsurfen, Schnorcheln – alles kostenlos. Golfsimulator.

Unterhaltung ★★☆☆☆☆
Bescheidenes abendliches Unterhaltungsangebot (Alleinunterhalter, Konzerte), Vorträge, Weindegustationen. Nachtclub, Casino.

Extras ★★★☆☆☆
– Ausklappbare Marina-Plattform, von der aus man baden, surfen oder Wasserski fahren kann.
– Immense Pflege der kleinen Details: Passagiere auf dem Pooldeck werden mit kühlen Erfrischungstüchern, Fruchtsäften und Sorbets verwöhnt, es werden Sonnenschutzcremes zur Verfügung gestellt und die Sonnenbrillen gereinigt.
– Kurze kostenlose Nackenmassagen auf Deck.

– Reichhaltige Bücher- und DVD-Bibliothek.
– Wasch- und Bügelzimmer zur kostenlosen Benutzung.
– Liebevoll inszenierte Strandpartys mit Hummer vom Grill (auf Karibikrouten).
– Stil bis ins Detail: Mahagoni-Tenderboote und personalisiertes Briefpapier.

Routen ★★★★★☆
Die drei »Seabourn«-Schwestern sind von Frühling bis Herbst vorwiegend im Mittelmeer und im Winter mehrheitlich in der Karibik anzutreffen. Zwischendurch stehen jedoch auch der Pazifische Ozean und asiatische Küsten auf dem Reiseprogramm. Es werden oft kleinere Häfen angelaufen, was für aussergewöhnliche Routen sorgt.

Landausflüge ★★★★★★
Anspruchsvolles Angebot von organisierten Landprogrammen. Auf Wunsch organisiert der Reise-Concierge massgeschneiderte Ausflüge.

Preis-Leistungs-Verhältnis ★★★★★★
Passagiertag ab ca. 260 Euro (inkl. Trinkgelder und Getränke)

Wenn doch nur ... die auf 20 Grad heruntergekühlte Innentemperatur nicht wäre (was auf den meisten amerikanischen Schiffen als Gütezeichen gilt). Ausserdem: Die Kabinen der »Classic«-Kategorie – mit beschränktem Ausblick und Riesen lärm beim Ankern – sind nicht das, was man sich unter Superluxus vorstellt.

SeaDream I

Besonders geeignet für: Sport- & Wellnessfans
Auch attraktiv für: Entdecker & Naturliebhaber

Gesamtwertung: **45**/60

Reederei: SeaDream Yacht Club
Baujahr: 1984
Tonnage: 4260 BRZ
Länge: 105 m, Breite: 15 m
Passagierdecks: 5
Kabinen: 56
Passagiere: 110
Passagier-Platz-Verhältnis: 38,7
Crew: 95
Passagier-Crew-Verhältnis: 1,2
Bordsprache: Englisch
Schwesterschiff: SeaDream II
Infos: www.seadream.com

Ambiente ★★★★★★
Die beiden sportlich-schnittigen Schwesterschiffe »SeaDream I« und »SeaDream II« haben das Ambiente eines Privatclubs und den Look einer Milliardärsjacht. An Bord fühlt man sich nicht wie ein gewöhnlicher Passagier auf Luxuskreuzfahrt, sondern wie ein Reisender zu Gast bei einem exzentrischen Freund, der für alles gesorgt hat, sich aber gerade entschuldigen lässt. Sonderwünsche sind grundsätzlich »no problem«. Möchte ein Paar beispielsweise unter dem Sternenhimmel übernachten, werden abends die auf dem obersten Deck platzierten Lounge-Sofas zu flachen Doppelbetten umfunktioniert und

daunenweich eingebettet. Der Verzicht auf die durchorganisierten und starren Strukturen herkömmlicher Kreuzfahrtschiffe schafft Freiräume für persönliche Vorlieben und kleine Überraschungen. So wird das Timing der Abfahrten je nach Situation (Wetter, Sonnenuntergang) spontan zugunsten der Passagiere geändert. Liegt das Schiff gerade vor Portofino oder Ibiza und der Abend strahlt in sommerlicher Pracht, bleibt man eben bis Mitternacht. Weitere Besonderheiten der Zwillingsjachten sind, dass in jedem Hafen ein Dutzend hochklassiger Mountainbikes für Erkundungen bereitstehen und alle Passagiere gleichzeitig im Freien an Deck speisen können. Auch auf dem Wassersportplateau am Heck und bei den Landausflügen (manche vom Kapitän persönlich geführt) gibt es keine Menschenmassen und kein Gedränge.

Kabinen ★★★★☆☆

38 traditionell eingerichtete Aussenkabinen (18 m^2) und 18 Suiten (36 bis 45 m^2). Keine Kabine mit eigenem Balkon. Alle Kabinen

Yoga-Lektionen. Marina-Plattform auf Meereshöhe für verschiedene Wassersportarten (Windsurfen, Segeln, Kajak, Schnorcheln, Wasserski, Jetski, Wakeboard, Bananaboat) und zum Schwimmen. Zehn kostenlos verfügbare Mountainbikes, Golfsimulator.

Unterhaltung ★☆☆☆☆☆
Abgesehen von einer Live-Band, einem Openair-Kino und gelegentlichen Cocktailpartys keinerlei Unterhaltungsangebot an Bord. Kleines Casino.

mit DVD- und MP3-Player, personifiziertem Briefpapier und Minibar, die täglich mit Wunschgetränken bestückt wird.

Essen & Trinken ★★★★★☆
2 Restaurants, 3 Bars und Lounges. Sehr schönes Hauptrestaurant mit freier Tisch- und Zeitwahl. Aus der Küche kommt ein fein zubereiteter Mix aus Tradition und Crossover. An warmen Tagen können alle Passagiere gleichzeitig im Freien an Deck speisen – wie auf einer richtigen Jacht eben. Wer lieber ein Private-Dining in einem abgelegeneren Schiffsteil geniessen will, kann dies jederzeit und ohne Mehrkosten tun. Alle Getränke einschliesslich Tischweine, Spirituosen und Champagner sind im Reisepreis inbegriffen.

Service ★★★★★★
Das Passagier-Crew-Verhältnis von eins zu 1,1 ist die Bestmarke in der gesamten kommerziellen Schifffahrt und wird sonst nur noch von der »Sea Cloud« (siehe Seite 84) erreicht. Ein Hochziehen der Augenbraue genügt, damit der Kellner am zweiten Abend den gewünschten Campari zum Aperitif bringt, beim Frühstück kommen Cappuccino und Pancakes am nächsten Morgen ohne Bestellung. Ausser leichter Konversation wird den Passagieren jegliche Anstrengung erspart.

Wellness & Sportangebot ★★★★★☆
Kleines Freibad, Whirlpool, Sauna. Spa mit klassischen und fernöstlichen Body- und Beautybehandlungen (an warmen Tagen Massagen auf Deck). Fitnessraum mit Meerblick, Gymnastik- und

Extras ★★★★☆☆
– Abendliche Aufenthalte an besonders schönen oder lebendigen Destinationen.
– Marina-Plattform mit zahlreichen kostenlosen Wassersportmöglichkeiten.
– Stilvoll inszenierte Beach-Barbecues auf Karibik-Routen.
– Gut sortierte Bücher- und DVD-Bibliothek.
– Die Lounge-Sofas auf dem obersten Deck lassen sich zu flachen Doppelbetten umfunktionieren, sodass man unter freiem Sternenhimmel übernachten kann.
– Passend zur entspannten Atmosphäre an Bord: kein Kleiderzwang – man kann sogar das Jackett zuhause lassen.

Routen ★★★★☆☆
Die beiden Edeljachten passen in jeden Hafen – entsprechend charmante Destinationen werden

auch angesteuert. Im Sommer im Mittelmeer, in der Nord- und Ostsee, im Winter in der Karibik.

Landausflüge ★★★★★☆

Individuelle Landprogramme mit sorgfältig ausgewählten Highlights (teilweise kostenlos gemeinsam mit der Crew). Beim »Captain's Walk« leitet der Kapitän die Landausflüge selbst.

Preis-Leistungs-Verhältnis ★★★★★☆

Passagiertag ab ca. 500 Euro (inkl. Trinkgelder und Getränke)

Wenn doch nur … die Schallisolierung zwischen den Kabinen besser wäre – je nachdem muss man die Videos des Nachbarn mithören. Und: Die Badezimmer sind winzig.

Allure of the Seas

Besonders geeignet für: Sport- & Wellnessfans
Auch attraktiv für: Familien mit Kindern

Gesamtwertung: **43**/60

Reederei: Royal Caribbean International
Baujahr: 2010
Tonnage: 220 000 BRZ
Länge: 360 m, Breite: 66 m
Passagierdecks: 16
Kabinen: 2700
Passagiere: 5400
Passagier-Platz-Verhältnis: 40,7
Crew: 2100
Passagier-Crew-Verhältnis: 2,6
Bordsprache: Englisch
Schwesterschiff: Oasis of the Seas
Infos: www.royalcaribbean.com, www.royalcaribbean.de

Ambiente ★★★★☆☆

Begegnet man dem zur Zeit grössten Kreuzfahrtschiff der Welt zum ersten Mal, muss man sich zusammenreissen, nicht mit offenem Mund ungläubig staunend stehen zu bleiben, so gewaltig ist dieses Stück Schiff. 360 Meter lang, 63 Meter hoch, mit Platz für 5400 Passagiere – oder tausend mehr bei Familienbelegung der Kabinen. Jules Vernes Diktum vom Ozeanriesen als »Stadt auf dem Meer« scheint auf der 1,4 Milliarden US-Dollar teuren »Allure of the Seas« (auf Deutsch: »Verlockung der Meere«) kein bisschen übertrieben. Auch

wenn wir auf keinen Fall der Lobhudelei erliegen möchten – bereits beim Betreten des Schiffs spürt man etwas von der Strahlkraft dieses Kolosses in sich hineinfunkeln: Die »Allure of the Seas«-Passagiere begeben sich auf eine Reise in eine schönere Welt, während die arme arbeitende Bevölkerung an Land bleibt. Auf 225 000 BRZ-Tonnen hat die Reederei Royal Caribbean International eine Welt geschaffen, wie sie nur Amerikaner schaffen können: ein Mix aus Las Vegas, Manhattan und Miami South Beach auf hoher See. An Bord des Kreuzers braucht man gutes Schuhwerk, will man in nützlicher Frist vom einen Ende zum anderen gelangen. Das Gesamtangebot lässt jedes terrestrische Hotelresort schäbig aussehen. Die meisten der 16 Passagierdecks sind vollgestopft mit Unterhaltungsangeboten, Spiel- und Sportplätzen, Schlemmer- und Shoppingmeilen. Zocker spielen sich im »Casino Royale« an zwei Dutzend Tischen und mehreren hundert Münzspielautomaten um Kopf und Kragen. Sportfreunde ziehen ihre Runden auf der Schlittschuhbahn oder fordern sich auf dem Flowrider-Surfsimulator heraus. Man kann sich das Musical »Chicago« in Broadway-Qualität anschauen, eine Kletterwand hochkraxeln oder

im Central Park unter offenem Himmel und inmitten echter Vegetation (12 000 Pflanzen) flanieren. Ob bei dieser beinahe unbegrenzten Vielfalt an Möglichkeiten der Passagier noch die unendliche Freiheit der Meere spürt?

Kabinen ★★★★★☆
2700 Kabinen in 37 Preiskategorien (14 bis 142 m^2), davon 2210 Aussenkabinen (1956 mit Balkon). 475 Innenkabinen blicken auf den Central Park oder auf die Royal Promenade. Bei den Kabinen zum Central Park kann einem das Vogelgezwitscher und Grillenzirpen ab Band auf die Nerven gehen. Eine Besonderheit sind die modern gestylten zweistöckigen Loftsuiten.

Essen & Trinken ★★★★★☆
22 Restaurants, 19 Bars und Lounges. Riesiges Hauptrestaurant (wahlweise mit fester Tischzeit oder mit freier Tisch- und Zeitwahl, Letztere zuschlagspflichtig), mehrere Spezialitäten- und Buffetlokale – alle ohne nennenswerte kulinarische Ambitionen ausser das zuschlagspflichtige, sehr empfehlenswerte und ständig ausgebuchte Gourmetrestaurant »150 Central Park«. Es besteht auch die Möglichkeit, sich kostenlos Essen auf die Kabine zu bestellen (lediglich zwischen 1 und 5 Uhr nachts wird eine Servicepauschale von 4 Dollar verlangt).

Service ★★★☆☆☆
Perfekt genormt, aber wenig auf individuelle Bedürfnisse ausgerichtet.

Wellness & Sportangebot ★★★★★★
6 Freibäder, 10 Whirlpools, Sauna, Dampfbad. Spa mit zahlreichen Body- und Beautybehandlungen. Fitnessraum mit 158 Maschinen, Gymnastik- und Entspannungslektionen (einzelne davon kostenpflichtig). Schlittschuhbahn, Flowrider-Surfsimulator, Zip-Line-Seilrutsche, Kletterwand, Minigolfanlage, Basketball-/Volleyballfeld, Golfabschlagplatz, Golfsimulator, Joggingpfad.

Unterhaltung ★★★★★★
Dreistöckiges Theater mit grandiosen Musicals (z. B. »Chicago«), Aqua-Freilufttheater am Heck (Wasser-Shows mit akrobatischen Einlagen im Stil des »Cirque du Soleil«), Eisrevues – alles hochprofessionell inszeniert.

Rund um die Uhr vielfältige Aktivitäten, Veranstaltungen und Wettbewerbe für Kinder, Jugendliche und Erwachsene. Workshops, Kurse und Vorträge, Bibliothek. Nachtclub/Diskothek, Casino.

Extras ★★★★★★
– Ausgezeichnete Kinder- und Jugendbetreuung mit separaten Bereichen für verschiedene Altersklassen (ab 6 Monate!). Kinder erleben an Bord des grössten Spasspalastes der Meere selige Zeiten und finden bei 1700 weiteren Kindern rasch Anschluss. Einmal auf dem schwimmenden Koloss angekommen, ist es schwierig, die Familie zusammenzuhalten.
– Eislaufbahn und begeisternde Eis-Revues.
– Zwei Surfsimulatoren mit echten Wellen, zwei haushohe Kletterwände und eine Seilrutsche sorgen für Adrenalinschübe.
– Kunstführungen mittels iPod.
– Das Schiff eignet sich besonders gut für Rollstuhlfahrer.
– Die Angebotsfülle ist konkurrenzlos: Man könnte zwei Wochen bleiben und dennoch jeden Tag Neues entdecken. Eigentlich gibt es fast nichts, was es nicht gibt. Für diejenigen, die wirklich nichts verpassen wollen, ist eine gewisse Planung notwendig, und es empfiehlt sich, Shows und Spezialitätenrestaurants vor der Reise online zu buchen.

Routen ★☆☆☆☆☆
Die »Allure of the Seas« und die »Oasis of the Seas« kreuzen ganzjährig auf einwöchigen Turnusrouten in der Karibik. Die angesteuerten Häfen sind für die meisten Passagiere reine Nebensache.

Landausflüge ★☆☆☆☆☆
Das Angebot organisierter Ausflüge ist banaler, als man es für möglich halten würde. Es empfiehlt sich, die angepeilten Ziele auf eigene Faust zu erkunden. Allerdings sind an Bord keine Insider-Informationen oder gar private Buchungen für individuelle Landgänger zu erwarten.

Preis-Leistungs-Verhältnis ★★★★★★
Passagiertag ab ca. 90 Euro (exklusive Trinkgelder und Getränke)

Wenn doch nur ... das dumpfe Gefühl nicht wäre, sich in einem Hochhaushotel statt auf hoher See zu befinden. Es muss einen nicht irritieren (und wird manchen ängstlichen Seereisenden sogar beruhigen), aber nachts auf Fahrt ist in der Regel nicht die kleinste Schiffsbewegung zu spüren.

Mein Schiff 1

Besonders geeignet für: Sport- & Wellnessfans
Auch attraktiv für: Trendsetter, Familien mit Kindern

Gesamtwertung: **43**/60

Reederei: TUI Cruises
Baujahr: 1996/Totalumbau 2009
Tonnage: 76 998 BRZ
Länge: 263 m, Breite: 32 m
Passagierdecks: 10
Kabinen: 962
Passagiere: 1924
Passagier-Platz-Verhältnis: 40,0
Crew: 780
Passagier-Crew-Verhältnis: 2,5
Bordsprache: Deutsch
Schwesterschiff: Mein Schiff 2
Infos: www.tuicruises.com

Ambiente ★★★★★☆
Die beiden ehemals amerikanischen Schwesterschiffe »Galaxy« und »Mercury«, 1996 und 1997 für Celebrity Cruises erbaut, wurden einem gründlichen Upgrade unterzogen und sind seit 2009 respektive 2011 als »Mein Schiff 1« und »Mein Schiff 2« unter der Flagge von TUI Cruises unterwegs. Die Umrüstung für den neudeutschen Geschmack ist gelungen, das Konzept des »zeitgemässen, erschwinglichen Wohlfühlurlaubs auf dem Meer« wurde überraschend stilsicher umgesetzt. Die Designer haben auf schlicht-schöne Modernität mit klaren Linien, viel Licht und helle Farben gesetzt, dazu gesellen sich

bewusste Stilbrüche von maritimer Klassik bis zum kunterbunten Seventies-Chic. Das Lebensgefühl ist locker – weder feste Essenszeiten noch eine strikte Kleiderordnung schränken die Passagiere an Bord ein. Auf pausenlose Bespassung à la Aida wurde dabei verzichtet. Originell: die Hängematten auf den Kabinenbalkonen und der Blumenladen an Bord.

Kabinen ★★★★☆☆
962 heiter stimmende Kabinen, davon 655 Aussenkabinen (16 bis 20 m^2), 307 Innenkabinen (16 m^2), 40 Juniorsuiten (22 m^2) und 10 Suiten (49 m^2). Knapp die Hälfte der Kabinen verfügen über einen Balkon oder eine Veranda, alle Kabinen über eine Nespresso-Maschine.

Essen & Trinken ★★★★★☆
9 Restaurants, 11 Bars und Lounges. Freie Tischwahl zu jeder Zeit in den neun Restaurants. Bis auf die Konsumation in drei Spezialitätenrestaurants (Steakhouse Surf & Turf, Gourmetlokal Richards und Blaue Welt Sushi-Bar), in denen ein kleiner Aufpreis verrechnet wird, sind alle Speisen und nahezu alle Getränke an Bord (auch Cocktails, Spirituosen und eine Auswahl an Weinen) im Reisepreis inbegriffen.

Service ★★★★★☆
Ausgesprochen freundlich und hilfsbereit – im Servicebereich durchwegs deutschsprachig.

Wellness & Sportangebot ★★★★★☆
2 Freibäder, 3 Whirlpools, einladende Saunalandschaft mit Hamam. Grosszügiger Spa- und Wellnessbereich mit zahlreichen Body- und Beautybehandlungen, medizinischen Check-ups, kleinen Schönheitskorrekturen, professioneller Zahnreinigung und Bleaching. Fitnessraum mit Meerblick und Personal Trainer, Outdoor-Sportbereich mit Basketballspielfeld, Joggingpfad, Golfabschlagplatz. Sport-Events auf ausgewählten Routen, wie z. B. Boxen mit Regina Halmich oder Fechten mit Anja Fichtel.

Unterhaltung ★★★★☆☆
Grosses Theater mit abwechslungsreichem Unterhaltungsprogramm und eigenem Show-Ensemble. Zahlreiche Kurse (Tanzen, Kochen, Schmuckgestaltung, Fotografieren usw.). Kleine Bibliothek.

Landausflüge ★★★☆☆☆
Solides Angebot, zuverlässig organisiert. Den Ausflügen haftet jedoch oftmals eine gewisse Massenabfertigung an – bei fast 2000 Passagieren kaum anders zu lösen.

Preis-Leistungs-Verhältnis ★★★★★★
Passagiertag ab ca. 110 Euro (inkl. Trinkgelder und Getränke)

Wenn doch nur ... der deutschen Unsitte, Liegen ganztägig zu reservieren, von der Crew etwas Einhalt geboten würde.

Extras ★★★☆☆☆
– Kids-Club mit vier Gruppen von 3 bis 17 Jahren und eigenem Kinderausflugsprogramm.
– An zahlreichen Destinationen werden tadellos durchgeführte Bikeausflüge angeboten.
– 140 verschiedene Getränke rund um die Uhr und die Speisen in fast allen Restaurants sind im Kreuzfahrtpreis enthalten – das macht das Bordleben vor allem auch für Familien klar kalkulierbar.

Routen ★★★☆☆☆
Nord- und Ostsee, Mittelmeer, Karibik, Madeira, Kanarische Inseln, Arabische Halbinsel.

AIDAmar

Besonders geeignet für: Sport- & Wellnessfans
Auch attraktiv für: Familien mit Kindern

Gesamtwertung: **40**/60

Reederei: AIDA Cruises
Baujahr: 2012
Tonnage: 71 100 BRZ
Länge: 252 m, Breite: 32 m
Passagierdecks: 14
Kabinen: 1097
Passagiere: 2260
Passagier-Platz-Verhältnis: 31,5
Crew: 646
Passagier-Crew-Verhältnis: 3,5
Bordsprache: Deutsch
Schwesterschiffe: AIDAblu, AIDAsol
Infos: www.aida.de

Ambiente ★★★★☆☆

Auf dem neusten Typ der AIDA-Clubschiff-Flotte soll nicht der Trubel grösser sein, sondern die Auswahl. Bei der Konzeption der »AIDAmar« und ihrer Zwillingsschwestern »AIDAblu« und »AIDAsol« wollte die deutsch-amerikanische Reederei kein normales Show-Theater, das nur zwei Stunden am Tag genutzt wird – also erfand sie das sogenannte Theatrium, einen riesigen Raum, der dreissig Meter breit und vierzig Meter hoch wie ein Keil in den Schiffskörper hineinragt. Für die Statik des Ozeanriesen eigentlich eine irrwitzige Idee, aber die Konstrukteure bekamen die Herausforderung in den Griff. Mit dem »Theatrium« besitzen die AIDA-Neubauten einen marktplatzähnlichen Mittelpunkt, an dem man, in aller Individualität und sofern nicht gerade zirkusreife Shows stattfinden, das pralle Leben beobachten kann. Dass man sich auf hoher See befindet, vergessen die meisten Passagiere rasch. Irgendwo zwischen bordeigenem Brauhaus, Lomi-Lomi-Massage, Zumba-Lektion und Sushi-Bar wurden sie vom Bauch der »AIDAmar« ver-

schluckt. Falls sie nicht gerade auf einem Laufband des Fitnesscenters ihre überflüssigen Kilos abarbeiten, den Blick fest auf den Bildschirm mit der persönlichen Pulsfrequenz gerichtet, während an Backbord unbeachtet Capri auftaucht und wieder verschwindet. Eigentliches Ziel für so manchen Mitreisenden ist das Schiff selbst – dieses ist denn auch ein stimmiges Ganzes, mit lebendigem Farbkonzept und einem Meer an Möglichkeiten für alle Altersgruppen.

Kabinen ★★★★☆☆
1097 komfortable Kabinen in warmen Farbtönen (14 bis 44 m^2), davon 700 Aussenkabinen (zwei Drittel mit Balkon) und 39 »Panorama«-Kabinen mit freiem Zugang zum Wellnessbereich und besonderem Verwöhnprogramm. Einige Kabinen mit Verbindungstür (ideal für Familien).

Essen & Trinken ★★★★☆☆
7 Restaurants, 12 Bars und Lounges. 4 Buffetrestaurants mit thematisch gegliederten Stationen und opulentem Angebot (freie Tisch- und Zeitwahl), drei zuschlagspflichtige Spezialitätenrestaurants: »Rossini« (mediterrane Gourmetküche), »Buffalo Steak House« (Steaks & Seafood) und »Sushi Bar«. Die Tischgetränke sind im Reisepreis inbegriffen, die Tischweine jedoch kaum trinkbar.

Service ★★☆☆☆☆
Die Crew sucht noch nach Beständigkeit. Wie auf allen AIDA-Schiffen kann man sich nicht auf Basis-Dienstleistungen wie einen zuverlässigen Weckdienst oder einen pünktlich erscheinenden Flughafen-Shuttle verlassen. Mal klappt's, mal nicht.

Wellness & Sportangebot ★★★★★★
3 Freibäder, 4 Whirlpools, 2 Panorama-Saunas, Dampfbad. Riesiges Spa mit klassischen und fernöstlichen Körper- und Beautybehandlungen, Thalassotherapien. FKK-Sonnendeck, Fitnessraum mit Personal Trainer, täglich zahlreiche Gymnastik- und Entspannungslektionen, Joggingpfad, Golfsimulator, Golfabschlagplatz, Volleyball-/Basketballplatz, Squash. Verleih von Moutainbikes.

Unterhaltung ★★★★★☆
Grosses »Theatrium« mit attraktivem Unterhaltungsangebot (Musicals, Comedy, Konzerte, Varieté- und Magie-Künstler), Zweitbühne auf dem Sonnendeck, ganztägige Animation, ungezählte Gruppensportaktivitäten, Poolpartys, Tanzkurse. Diskothek (zum Teil auf dem Pooldeck, mit Laser-Lichtshows). Gute Bibliothek. Casino.

Extras ★★★★☆☆
– Auf der »AIDAmar« werden die Innenkabinen zu virtuellen Meerblick-Kabinen: dafür sorgen LED-Flatscreens, die einen Liveblick nach draussen ermöglichen.
– In den drei Spezialitätenrestaurants kommen iPads als elektronische Speisekarten zum Einsatz.
– Mit dem »Brauhaus« hat das Schiff eine Mikrobrauerei an Bord, die aus aufbereitetem Meerwasser nach Rezepten der Dortmunder »Hövels Hausbrauerei« Bier erzeugt. Ein leibhaftiger Braumeister zeigt den Passagieren, wie man Kölsch, Maibock, Weizen oder Pils produziert. Dazu gibt es deftige bayerische Kost an langen Tischen wie im Biergarten.
– 5D-Kino, bei dem zur 3D-Optik noch bewegliche Sessel und Duftdüsen hinzukommen.
– Freiluftkino und Lasershows unterm Sternenhimmel.
– Piratenpartys, Bordsafaris, Kinderkino, Bastelnachmittage, Kindertisch und die AIDA-Kids-Crew halten kleine Gäste auf Trab. Zudem wird den 12- bis 17-Jährigen zu Schulferienzeiten ein abwechslungsreiches Animationsprogramm an Bord und an Land geboten.
– Geschützter FKK-Bereich.
– Self-Service-Waschsalon (kostenpflichtig).

Routen ★★★☆☆☆
Die »AIDAmar« und ihre beiden Schwestern »AIDAblu« und »AIDAsol« kreuzen auf fünf- bis vierzehntägigen Rundrouten in Nordeuropa, im Mittelmeer, um die Kanaren und vor Madeira, im Roten Meer mit Basishafen Sharm-El-Sheik und um die Arabische Halbinsel mit Basishafen Dubai.

Landausflüge ★★☆☆☆☆
Geführte Mountainbike- und Golftouren, Tauch- und Schnorchelexkursionen. Bestenfalls mittelmässige Sightseeing-Programme. Zudem erhalten individuelle Landgänger kaum Anhaltspunkte zu den angelaufenen Häfen – die landeskundlichen Vorträge sind reine Verkaufsveranstaltungen, um die Pauschalausflüge anzukurbeln.

Preis-Leistungs-Verhältnis ★★★★★★
Passagiertag ab ca. 75 Euro (inkl. Trinkgelder und Tischgetränke)

Wenn doch nur ... die Atmosphäre der Buffetrestaurants nicht so sehr an Kaufhaus-Kantinen erinnern würde. Zudem lässt sich nur mit Glück ein kleiner Tisch für zwei oder vier Personen ergattern – ausser man gesellt sich zu der Traube hungriger Passagiere, die schon vor Türöffnung auf »ihren« Tisch lauern. Die Buffets führen zu Gedrängel und einem nicht abreissenden Strom ständig umherziehender Passagiere, die gezwungenermassen zu ihren eigenen Kellnern werden.

Celebrity Infinity

Besonders geeignet für: Sport- & Wellnessfans
Auch attraktiv für: Familien mit Kindern

Gesamtwertung: **40**/60

Reederei: Celebrity Cruises
Baujahr: 2001
Tonnage: 91 000 BRZ
Länge: 294 m, Breite: 32 m
Passagierdecks: 11
Kabinen: 1035
Passagiere: 1950
Passagier-Platz-Verhältnis: 46,7
Crew: 999
Passagier-Crew-Verhältnis: 2,0
Bordsprache: Englisch
Schwesterschiffe: Celebrity Constellation, Celebrity Millennium, Celebrity Summit
Infos: www.celebritycruises.com, www.celebritycruises.de

Ambiente ★★★★☆☆
Die »Infinity« ist modern und klassisch zugleich, weitläufig und doch überblickbar – und bietet wie ihre drei Schwestern der sogenannten Millennium-Klasse einen besonders guten Gegenwert im mittleren Preissegment. Die Designer verwendeten weniger Plastik als auf anderen amerikanischen Kreuzern, dafür viel Holz, Marmor, Granit und hochwertige Stoffe. Im dreistöckigen Atrium fallen die vier verglasten Aufzüge mit Meerblick auf. Dank dem überdurchschnittlichen Platzangebot und der guten Verteilung

der maximal 2000 Passagiere kommt selbst bei Vollbelegung kein Gefühl der Enge auf. Zu den Einmaligkeiten zählt ein botanischer Wintergarten mit Orchideen und Bäumen, Brunnen und Ruhebänken. Was auf allen Celebrity-Schiffen auffällt, ist die multikulturelle Zusammensetzung der Passagiere – es sind nicht nur Amerikaner und Kanadier an Bord, sondern meist auch einige Europäer und Asiaten.

Kabinen ★★★★☆☆
1035 komfortable, angenehme Kabinen (16 bis 235 m^2), davon 840 Aussenkabinen (mehrheitlich mit eigenem Balkon). Spezielle »AquaClass«-Kabinen mit vielen Vorteilen für Wellnessliebhaber.

Essen & Trinken ★★★★☆☆
7 Restaurants, 11 Bars und Lounges. Im zweigeschossigen Hauptrestaurant mit grosser Treppe wird abends in zwei Schichten serviert, doch statt des fest zugeteilten Platzes kann der Gast auch aus einem halben Dutzend weiterer (teilweise zuzahlungspflichtiger) Restaurants speisen. Im Trendrestaurant »Qsine« kommen Speise- und Weinkarte in Form eines iPad daher. Das auf gesunde Spa-Küche spezialisierte Restaurant »Blu« ist exklusiv den Passagieren der »AquaClass«-Kabinen zugänglich.

Service ★★★★☆☆
Aufmerksam und individuell – so aufmerksam und individuell ein Schiff mit 2154 Passagieren eben sein kann.

Wellness & Sportangebot ★★★★★☆
2 Freibäder, 4 Whirlpools, Sauna, Dampfbad. Grosszügig angelegtes Spa mit klassischen und fernöstlichen Body- und Beautybehandlungen, Thalassotherapie, Spa-Café mit frischen Frucht- und Gemüsesäften. Riesiger Fitnessraum, Gymnastik- und Entspannungslektionen, Basketball- und Volleyballfeld, Paddle-Tennis, Golfsimulator, Joggingpfad.

Unterhaltung ★★★★★☆
Grosses, dreistöckiges Theater mit abwechslungsreichen Shows und Darbietungen. Kino, Kunstauktionen und Vorträge. Diverse Kurse (Sprachen, Kräutermedizin, Tanzen, Feng Shui usw.). Diskothek, Casino.

Extras ★★☆☆☆☆
– Attraktive zweistöckige Bibliothek (ein Stock mit englischen, der andere mit anderssprachigen Büchern – aussergewöhnlich auf amerikanischen Schiffen).
– Bestens betreuter Nachwuchs, in der »Fun Factory« für Kinder, im »Tower« für Teenager.
– »iLounge« mit Internetcafé, Computerkursen und Apple Store.

– Frühere Ein- und Ausschiffung für Passagiere der oberen Kabinenkategorien.
– Coole »Martini Bar & Crush« mit gefrorener Bartheke aus Eis.
– Der völlige Verzicht auf BordDurchsagen trägt viel zum unaufgeregten Lebensgefühl der Celebrity-Schiffe bei.

Routen ★★★★☆☆
Im Winter kreuzen die »Infinity« und ihre drei Schwesterschiffe vorwiegend in der Karibik, im Sommer im Mittelmeer und in Nordeuropa. Auch einzelne Seereisen in Neuengland, Kanada, an Nordamerikas Westküste, vor Alaska und in Südamerika stehen auf dem Programm. Zu den Klassikern zählt die Panamakanaltour von Fort Lauderdale nach San Diego.

Landausflüge ★★☆☆☆☆
Breites, etwas banales Angebot an organisierten Ausflügen.

Preis-Leistungs-Verhältnis
★★★★★★
Passagiertag ab ca. 100 Euro (exklusive Trinkgelder und Getränke)

Wenn doch nur ... die Pflegeprodukte im Spa den erholungssuchenden Passagieren nicht gar so nachdrücklich zum Kauf empfohlen würden.

MSC Fantasia

Besonders geeignet für: Sport- & Wellnessfans
Auch attraktiv für: Familien mit Kindern

Gesamtwertung: **38**/60

Reederei: MSC Crociere
Baujahr: 2008
Tonnage: 133 500 BRZ
Länge: 333 m, Breite: 38 m
Passagierdecks: 13
Kabinen: 1637
Passagiere: 3274
Passagier-Platz-Verhältnis: 40,8
Crew: 1325
Passagier-Crew-Verhältnis: 2,5
Bordsprache: Italienisch, Englisch, Deutsch, Französisch

Schwesterschiffe: MSC Divina, MSC Preziosa, MSC Splendida
Infos: www.msc-kreuzfahrten.ch, www.msc-kreuzfahrten.de

Ambiente ★★★★☆☆
Das Flaggschiff von MSC Crociere ist das grösste Kreuzfahrtschiff, das je von einer europäischen Reederei gebaut wurde – mit entsprechendem Rummel italienischer Prägung ist an Bord zu rechnen. Anspruchsvolle Schiffsreisende, die zwar das vielfältige Angebot eines Giga-Kreuzers schätzen, aber dennoch ihre Ruhe und Privatsphäre haben möchten, buchen ihre Kabine im elegant gestylten MSC Yacht Club, ein spezieller, für Normalpassagiere unzugänglicher Schiff-im-Schiff-Bereich mit Butler-Service, eigener Lounge-Bar, exklusivem Pool- und Sonnendeck, separater Rezeption, Butler-Service und diversen Vorzugsbehandlungen, vom frühzeitigen Check-in über kostenlose Getränke (auch Tischweine und Spirituosen) bis zur morgens frisch ausgedruckten Tageszeitung nach Wahl. Wer den Gang ins weitläufige Spa antritt, kann dort vielerlei für Körper und Schönheit tun.

Kabinen ★★★★☆☆
1637 zweckmässig eingerichtete, farbenfroh gestaltete Kabinen (13 bis 53 m^2), davon 1354 Aussenkabinen (mehrheitlich mit Balkon) und 99 komfortable Kabinen in der gediegenen Sonderzone des MSC Yacht Club auf den beiden obersten Frontdecks.

Essen & Trinken ★★★★☆☆
5 Restaurants, 16 Bars und Lounges. Hauptrestaurant mit mediterraner und internationaler Küche (zwei Tischzeiten mit fest zugewiesenem Platz). Italienische, französische und mexikanische Spezialitätenrestaurants (zuschlagspflichtig). Buffetrestaurant. Weinbar »La Cantina Toscana« mit Häppchen verschiedener italienischer Regionen.

Service ★★★☆☆☆
Mehrheitlich freundlich und hilfsbereit, öfter aber durch den Massenandrang der Passagiere heillos überfordert. Im Yacht Club ist der Service naturgemäss besser, aber nicht immer auf der Höhe der MSC-Werbesprüche.

Wellness & Sportangebot ★★★★★★
3 Freibäder, Hallenbad, Kinderbecken, 12 Whirlpools, Sauna,

Dampfbad. Grosses Spa mit klassischen und fernöstlichen Body- und Beautybehandlungen. Fitnessraum, Gymnastik- und Entspannungslektionen, Basketball-/Volleyballplatz, Minigolf, Golfabschlagplatz, Joggingpfad.

Unterhaltung ★★★★☆☆
Grosses Theater mit qualitativ sehr unterschiedlichen Shows und Darbietungen. Rund um die Uhr vielfältige Aktivitäten, Veranstaltungen und Wettbewerbe für Kinder, Jugendliche und Erwachsene. 4D-Kino, Formel-1-Simulator. Workshops, Kurse, Vorträge zu diversen Themengebieten. Nightclub, Diskothek, Casino.

Extras ★★★☆☆☆
– MSC Yacht Club mit exklusiv zugänglichem Bereich und Butler-Service.
– Professionelle Kinder- und Jugendbetreuung in vier Altersklassen für 3- bis 17-jährige Kreuzfahrer. Die Teencard, eine Karte, die von den Eltern aufgeladen wird, ermöglicht es den Jugendlichen, sich unabhängiger zu bewegen.
– Bei Unterbringung von zwei Erwachsenen in einer Kabine reisen bis zu zwei Kinder unter 18 Jahren grundsätzlich kostenlos mit. Auch für das Essen brauchen sie nicht extra zu bezahlen. Falls die Eltern ihre private Kabine wollen, gibt es für die Kinder Tandemkabinen zu einem günstigen Sondertarif.

Routen ★★☆☆☆☆
Acht- bis zwölftägige Rundtouren im Mittelmeer und rund um die Kanarischen Inseln.

Landausflüge ★★☆☆☆☆
Etwas banale Standardprogramme. Zudem ist die Abwicklung der Landausflüge, wenn Hunderte von Leuten gleichzeitig auf die Busse stürzen, unbefriedigend.

Preis-Leistungs-Verhältnis ★★★★★★
Passagiertag ab ca. 70 Euro (exklusive Trinkgelder und Getränke)

Wenn doch nur ... an Bord nicht alles so dicht an dicht gedrängt wäre, dass man kaum ein Fleckchen zum wirklich ungestörten Relaxen findet (ausgenommen vom Yacht-Club-Bereich). Eine echte Belästigung sind die überaktiven Bordfotografen.

Carnival Magic

Besonders geeignet für: Sport- & Wellnessfans
Auch attraktiv für: Familien mit Kindern

Gesamtwertung: **36**/60

Reederei: Carnival Cruise Lines
Baujahr: 2011
Tonnage: 130 000 BRZ
Länge: 306 m, Breite: 38 m
Passagierdecks: 14
Kabinen: 1823
Passagiere: 3646
Passagier-Platz-Verhältnis: 35,7
Crew: 1369
Passagier-Crew-Verhältnis: 2,7
Bordsprache: Englisch
Schwesterschiffe: Carnival Breeze, Carnival Dream, Carnival Splendour
Infos: www.carnival.com, www.carnivalcruiselines.de

Ambiente ★★★☆☆☆
Die »Carnival Magic« ist in erster Linie ein riesiger Hotel- und Vergnügungskomplex und erst in zweiter Linie ein Schiff. Die marktführende Reederei aus Florida legt sich schwer ins Zeug, was die Unterhaltung angeht: Der Spass steht im Vordergrund. Rund um die Uhr und für drei Generationen. Die Kleiderordnung an Bord ist stark amerikanisch geprägt – an formellen Abenden dominieren Glitzer und Glamour wie bei »Dallas« und »Denver Clan«, ansonsten reichen selbst in den Restaurants Shorts, T-Shirt und Flipflops oder Jogginganzug.

Europäer mögen ob des wilden innenarchitektonischen Stilmixes und der schwindelerregenden Farbzusammenstellungen die Stirn runzeln, den anderen Passagieren gefällt es, und die sind klar in der Mehrheit: Über achtzig Prozent kommen aus den USA, zehn Prozent aus Asien und die übrigen aus dem Rest der Welt.

Kabinen ★★★☆☆☆
1823 funktional eingerichtete, tadellos saubere, doch ziemlich hellhörige Kabinen (17 bis 40 m^2), davon 1145 Aussenkabinen (mehrheitlich mit Balkon). Seltsam für ein neueres Schiff: Duschvorhänge im Bad.

Essen & Trinken ★★★★☆☆
7 Restaurants, 12 Bars und Lounges. Zwei Hauptrestaurants mit solider internationaler Küche (wahlweise mit festen Zeiten und Sitzplätzen oder mit freier Tisch- und Zeitwahl). Mehrere Spezialitäten- und Buffetlokale sowie eine Sushi-Bar (teilweise zuschlagspflichtig). In den Bars und Lounges Live-Musik in allen Geschmacksrichtungen von Salsa über Jazz bis Schlager (nur gute alte Klassik gibt es nicht auf den »Carnival«-Schiffen). Beliebtes Pub »The Red Frog«. Rund um die Uhr kostenloser Zimmerservice. Auf Wunsch Flatrate für alkoholfreie Getränke (rund 7 Dollar pro Tag/Person). Normales Wasser mit Eis wird den ganzen Tag kostenlos zur Verfügung gestellt.

Service ★★★☆☆☆
Mehrheitlich gut drauf und hilfsbereit, aber wenig individuell.

Wellness & Sportangebot ★★★★★★
2 Freibäder, 7 Whirlpools (davon ragen vier über die Schiffswand hinaus), Wassererlebnispark, Sauna, Dampfbad. Spa mit zahlreichen Body- und Beautybehandlungen, Thalassotherapien. Fitnessraum, Outdoor-Fitness-Circuit, Gymnastik- und Entspannungslektionen (einzelne davon kostenpflichtig). Basketball-/Volleyballfeld, Golfsimulator, Minigolfplatz, Joggingpfad, Hochseilgarten.

Unterhaltung ★★★★★☆
Im dreistöckigen Theater mit 1964 Sitzplätzen aufwendige Produktionen im Las-Vegas-Stil. Show-Lounge für Comedy und

Konzerte. Rund um die Uhr vielfältige Aktivitäten, Veranstaltungen und Wettbewerbe für Kinder, Jugendliche und Erwachsene. Workshops, Kurse und Vorträge. Nachtclub/Diskothek mit Innen- und Aussenbereich, Casino.

Extras ★★★★☆☆
- Ausgezeichnete Kinder- und Jugendbetreuung mit separaten Bereichen für drei Altersklassen.
- Grosser Wassererlebnispark mit einer 93 Meter langen und über vier Decks reichenden Rutsche.
- Erster Hochseilgarten auf See (70 Meter lang).
- Ruhe-Aussenbereich »Serenity« auf Deck 15 nur für Erwachsene.
- Freiluftkino und nächtliche Outdoor-Lasershows.
- Self-Service-Wäscherei mit Trockner und Bügelraum.

- Das Schiff eignet sich besonders gut für Rollstuhlfahrer.
- Umlaufendes, mit Deckchairs bestücktes Promenadendeck.

Routen ★☆☆☆☆☆
Die »Carnival Magic« und ihre Schwestern können wegen ihrer enormen Grösse nicht den Panamakanal passieren und kreuzen vorwiegend auf Rundtouren in der Karibik. Die im Jahr 2012 eingeweihte »Carnival Breeze« verbrachte ihren ersten Sommer im Mittelmeer.

Landausflüge ★☆☆☆☆☆
Die Landausflüge sind sterile Massenveranstaltungen. Immerhin: In jedem Hafen werden Shuttle-Busse ins Stadtzentrum angeboten.

Preis-Leistungs-Verhältnis ★★★★★★
Passagiertag ab ca. 90 Euro (exklusive Trinkgelder und Getränke)

Wenn doch nur ... das Ein- und Ausschiffungsprozedere nicht wäre – ein Greuel, wie auf allen amerikanischen Grossschiffen. Ausserdem: An Seetagen wird es an Bord eng.

Club Med 2

Besonders geeignet für: Sport- & Wellnessfans
Auch attraktiv für: Entdecker & Naturliebhaber

Gesamtwertung: **33**/60

Reederei: Club Med Cruises
Baujahr: 1992
Tonnage: 14 983 BRZ
Länge: 187 m, Breite: 20 m
Passagierdecks: 8
Kabinen: 184
Passagiere: 368
Passagier-Platz-Verhältnis: 41,7
Crew: 200
Passagier-Crew-Verhältnis: 1,8
Bordsprache: Französisch und Englisch
Infos: www.clubmed.com

Ambiente ★★★★☆☆
Die »Club Med 2« ist eines der beiden grössten Segelschiffe der Welt (das andere ist die von der Reederei Windstar Cruises betriebene »Wind Surf«, siehe Seite 196) – und zugleich ein schwimmendes »All-inclusive«-Clubdorf mit vielseitigem Wassersportangebot, gehoben-legerer Atmosphäre und vorwiegend jungem, mehrheitlich französischem Publikum. Was der Wind auf dem Hightech-Fünfmaster nicht schafft, macht die Maschine. »Hybrid-Segeln« nennt der Kapitän es elegant, wenn die 2500 Quadratmeter Segelfläche eher aus optischen Gründen oben sind, die Fahrt des Schiffes jedoch

von der Schraube besorgt wird, was jedoch keinen an Bord stört. »Wenn die Segel nicht wenigstens einmal am Tag hochgehen, riskiere ich eine Meuterei«, schmunzelt der Kapitän, der das Spektakel per Computer steuert. Wenn der Wind aber ordentlich aus dem richtigen Winkel weht, dann wird stolz über alle Lautsprecher vermeldet: »Achtung, die ›Club Med 2‹ läuft nur unter Segeln neun Knoten!«

Kabinen ★★★☆☆

173 komfortable, modern gestaltete Aussenkabinen (18 m^2) und 11 Suiten (36 bis 40 m^2).

Essen & Trinken ★★★☆☆

2 Restaurants, 4 Bars und Lounges. Freie Tischwahl in beiden Restaurants. Solide französische Küche mit asiatischen Einflüssen. Das Restaurant »La Méditerranée« hat eine grosse Panoramaterrasse. Room-Service ist nur für Suiten-Passagiere kostenlos.

Service ★★★★☆

Gut drauf und unkompliziert zuvorkommend.

Wellness & Sportangebot ★★★★☆

Kleines Spa mit Massagen und Kosmetikbehandlungen. Sauna, Fitnessraum, 2 Mini-Freibäder. Gymnastik- und Entspannungslektionen. Marina-Plattform mit bequemem Zugang zu verschiedenen Wassersportarten: 12 Surfbretter, 3 Segelschiffe, 6 Motorboote, diverse Kajaks und Schnorchelausrüstungen stehen kostenlos zur Verfügung. Ebenfalls kostenlos: Gruppenkurse für Wasserski, Wakeboard, Segeln und

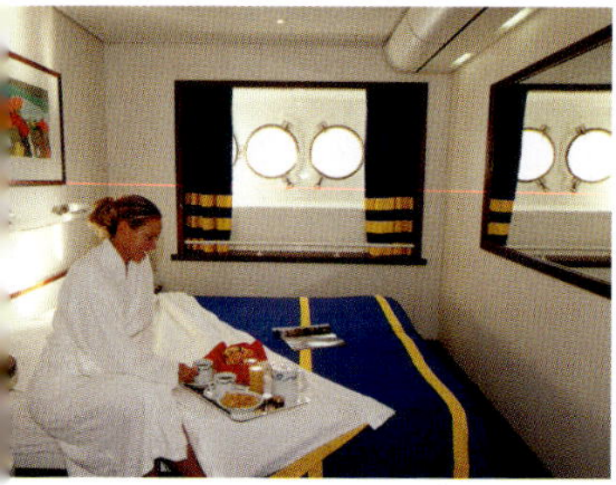

Windsurfen. Gebührenpflichtig sind Tauchkurse und Tauchexkursionen sowie der Golfsimulator.

Unterhaltung ★★☆☆☆
Bescheidene Abendshows, Live-Musik, Diskothek unter den Sternen.

Extras ★★☆☆☆
– Ebenso zahlreich wie die Verführungen, sich Kilos anzufuttern, sind die Möglichkeiten, sie wieder zu verwerten: Wassersport wird hier kultiviert wie auf kaum einem anderen Schiff.
– Trinkgelder werden nicht erwartet – das entspannt das Miteinander zwischen Passagieren und Schiffsmannschaft immens. Da auch die meisten Getränke (auch alkoholische) im Reisepreis eingeschlossen sind, werden die Service-Crews auch nicht auf brachiale Bordumsätze gedrillt.

Routen ★★★☆☆
In den Sommermonaten kreuzt die »Club Med 2« im Mittelmeer, im Winter in der Karibik. Das Segelschiff kann dort ankern, wo die Ozeanriesen nur vorbeiziehen.

Landausflüge ★★☆☆☆
Kleines Angebot organisierter Ausflüge.

Preis-Leistungs-Verhältnis ★★★★★☆
Passagiertag ab ca. 360 Euro (inkl. Trinkgelder und Getränke)

Wenn doch nur ... die beiden Pools etwas grösser wären. Diese dienen bestenfalls zur Abkühlung.

Four Seasons Explorer

Besonders geeignet für: Sport- & Wellnessfans
Auch attraktiv für: Entdecker & Naturliebhaber

Gesamtwertung: **28**/60

Reederei: Four Seasons Resorts
Baujahr: 2002
Tonnage: 592 BRZ
Länge: 39 m, Breite: 12 m
Passagierdecks: 3
Kabinen: 11
Passagiere: 22
Passagier-Platz-Verhältnis: 26,9
Crew: 20
Passagier-Crew-Verhältnis: 1,1
Bordsprache: Englisch
Infos:
www.fourseasons.com/maldivesfse

Ambiente ★★★★★★
Wer sich bei einem Malediven-Aufenthalt nicht zwischen den verschiedenen Luxusresort-Inseln entscheiden mag, ist auf der »Four Seasons Explorer« richtig: ein Fünfsternehotel in Katamaranform und zugleich das schnellste Schiff der Region. Es tourt mit maximal 22 Gästen auf drei-, vier- und

siebentägigen Kreuzfahrten zu den schönsten maledivischen Unterwasserwelten – und zwischen August und Oktober auf den Spuren der Mantarochen und Walhaie. Hat man dann, mit etwas Glück, einen der sanften Riesen gesichtet, schnappt die Stimmung an Bord über. Ungefähr so müssten sich die Romanhelden bei Jules Verne wohl im richtigen Leben gefühlt haben, wenn sie der »Nautilus« begegnet wären. Was für ein Erlebnis! Abends an der Schiffsbar wetteifern die Gäste dann untereinander mit ihren Geschichten, und der Walhai, ihr Walhai, wächst dabei Meter um Meter. Drei Tauchgänge pro Tag sind im Reisepreis eingeschlossen, ebenso die vollständige Ausrüstung und alle anderen Wassersportarten. Die »Explorer« ist ein Traum für jeden Taucher und jeden Schnorchler, doch reisen auch öfter wasserscheue Sonnenanbeter mit – sie geniessen die friedliche Atmosphäre an Bord und lesen täglich ein Buch, während der Horizont ganz leicht schwankt und ab und zu ein Crew-Mitglied vorbeihuscht, um nachzuschenken. Konsequente Hedonisten mit gut genährtem Sparschwein buchen die ganze »Explorer« für sich und laden maximal 21 Freunde ein: Rund 15 000 Euro kostet die Exklusivmiete »all inclusive« pro Tag. Kinder sind ab acht Jahren willkommen.

Kabinen ★★★★☆☆
10 komfortable Kabinen (je 20 m^2) und eine Suite (45 m^2).

Essen & Trinken ★★☆☆☆☆
1 Restaurant mit schöner Terrasse (genug Platz für alle Passagiere gleichzeitig), Bar-Lounge.

Service ★★★★★☆
Locker und sehr persönlich.

Wellness & Sportangebot ★★★☆☆☆
Asiatische Massagen (durch Vorhänge geschützt auf dem Aussendeck), Whirlpool. Direkt vom Wassersportdeck aus: Windsurfen, Segeln, Kajak, Wasserski, Tauch-Sessions.

Unterhaltung ★☆☆☆☆☆
An Bord befindet sich ein Meeresbiologe, der alles über das Leben im Indischen Ozean weiss und Schnorchel- und Tauchausflüge begleitet.

Extras ★☆☆☆☆☆
– Romantische Barbecue-Dinner am Strand.
– Fischen mit einem authentisch maledivischen Dhoni-Boot.

Routen ★★☆☆☆☆
Drei-, vier- und siebentägige Routen kreuz und quer durch die maledivische Inselwelt. Start und Ziel sind jeweils das »Four Seasons Resort Kuda Huraa« und das »Four Seasons Resort Landaa Giraavaru« (oder umgekehrt), weshalb sich alle Routen bestens mit einem Hotelaufenthalt verbinden lassen.

Landausflüge ★☆☆☆☆☆
Besuch einzelner bewohnter Malediveninseln sowie Strandnachmittage auf unbewohnten Inseln.

Preis-Leistungs-Verhältnis ★★★☆☆☆
Passagiertag ab ca. 700 Euro (exklusive Trinkgelder, inklusive alkoholfreie Getränke und Transfers vom/zum Flughafen)

Wenn doch nur ... mehr Auslauf an Bord der sportlichen Luxusjacht wäre. Dafür gibt es auf den Malediven nichts Zauberhafteres, als in der Abenddämmerung zwischen unbewohnten Inseln im türkisblauen Wasser zu schaukeln und am nächsten Tag mit den ersten Sonnenstrahlen über dem Riff einzutauchen.

Sea Cloud II © Sea Cloud Cruises

Die reizvollsten Expeditions- und Segelschiffe für Entdecker & Naturliebhaber

Hanseatic

Besonders geeignet für: Entdecker & Naturliebhaber
Auch attraktiv für: Weltenbummler

Gesamtwertung: **43**/60

Reederei: Hapag-Lloyd Kreuzfahrten
Baujahr: 1993
Tonnage: 8378 BRZ
Länge: 123 m, Breite: 18 m
Passagierdecks: 6
Kabinen: 92
Passagiere: 184
Passagier-Platz-Verhältnis: 45,5
Crew: 125
Passagier-Crew-Verhältnis: 1,5
Bordsprache: Deutsch
Infos: www.hlkf.de

Ambiente ★★★★☆☆
Von aussen keine Schönheit, entfaltet sich die Exklusivität dieses unlängst renovierten, vorwiegend deutschsprachig bevölkerten Expeditionsschiffs in einem einmaligen Mix aus Abenteuer und Komfort. Die meisten »Hanseatic«-Passagiere haben eine Passion für Neuland und nehmen eher das Fern- als das Champagnerglas zur Hand. Ungeahnte Naturerlebnisse an aussergewöhnlichen Destinationen, etwa in der Eiswelt von Arktis und Antarktis, im Inselmeer Mikronesiens oder an den Küsten Kamtschatkas, haben hier einen höheren Stellenwert als glanzvolle Auftritte und ein atemloses Unterhaltungsprogramm rund um die Uhr. Versierte Fachreferenten aus verschiedenen Fachgebieten eröffnen auf jeder Reise neue Horizonte, sei es der Orientalist für den Nahen Osten, der Meeresbiologe über die Südsee oder der Kunsthistoriker über den Mittelmeerraum – mit ihnen bleibt keine Frage unbeantwortet, kein Naturwunder unerklärt und kein Kunstwerk seelenlos.

Kabinen ★★★★☆☆
92 komfortable, wohnliche Aussenkabinen (davon 4 Suiten, 22 m^2 respektive 44 m^2), meist mit grossen Fenstern, jedoch keine Kabine mit eigenem Balkon. Schöne Bäder und ein modernes Infotainment-System mit kostenlosem Zugang zu über 100 Kino- und Dokumentarfilmen. Die Minibar wird jeden Tag kostenlos aufgefüllt.

Essen & Trinken ★★★★★☆
2 Restaurants, 3 Bars und Lounges. Ausgezeichnete Marktküche und Gourmet-Klassiker im Hauptrestaurant »Marco Polo«, regionale Ethno-Menüs im »Bistro Lemaire« mit grosser Heckterrasse (ohne Aufpreis). 24-Stunden-Room-Service (ohne Aufpreis). Alle Gäste finden gleichzeitig im Hauptrestaurant Platz (feste Sitzordnung). Sehr schöne Observation Lounge.

Service ★★★★★★
Das bestens geschulte Team lebt jeden Tag aufs Neue vor, wie man die Passagiere mit kleinen Annehmlichkeiten glücklich macht. Vorbildliches Housekeeping, grosse Rücksichtnahme auf Behinderte.

Wellness & Sportangebot ★★★☆☆☆
Kleines Freibad, Dampfbad, Whirlpool, Kosmetiksalon, Massagen. Fitnessraum, Morgengymnastik. Bordeigene Fahrräder und Schnorchelausrüstung zur kostenlosen Verfügung.

Unterhaltung ★★☆☆☆☆
Die Stars an Bord sind die Fachleute und Referenten: Biologen, Zoodirektoren, Archäologen, Kunsthistoriker und Ethnologen erklären den Passagieren die Welt, die draussen vorbeizieht. Wenn die »Hanseatic« nachmittags zur schwimmenden Volkshochschule wird, die Passagiere auf die kommenden Erlebnisse eingestimmt werden oder »Recaps« das eben Gesehene mit vertiefenden Erkenntnissen abrunden, lassen manche sogar den Afternoon Tea mit frischem Gebäck ausfallen.

Extras ★★★☆☆☆
– Die Passagiere des hervorragenden Expeditionsschiffes sind in das Geschehen an Bord und auf der Brücke, in die Ereignisse

von Wetter und Geografie miteinbezogen.

– Hauptattraktion sind die 14 Zodiac-Schlauchboote, die Jacques Cousteau einst für den Einsatz in der Antarktis erfand. Die ebenso robusten wie wendigen Boote mit den kräftigen Aussenbordmotoren bringen die Passagiere überall an Land, wo es etwas zu entdecken gibt.

– Aussergewöhnliche Destinationen erkunden, von versierten Experten neue Einblicke vermittelt bekommen – das bewährte Expeditionskonzept findet sich auch auf den »Reisen für junge Entdecker« wieder, die ein- bis zweimal jährlich auf der »Hanseatic« stattfinden. Bei der kleinen Nautikkunde mit dem Navigationsoffizier, auf Zodiac-Ausflügen, bei Wanderungen oder beim Mikroskopieren können Teenager zwischen 10 und 17 Jahren ihre ganz eigenen Expeditionserfahrungen machen. Für altersgerechte Wissensvermittlung und Begleitung ist gesorgt.

– Gut sortierte Bibliothek.

Routen ★★★★★★

Die »Hanseatic« eignet sich mit ihren faszinierenden Fahrgebieten in den entlegensten Winkeln dieser Erde für alle, die schon viel von der Welt gesehen haben, sich aber nie sattsehen können. Regelmässig im Reiseprogramm: Antarktis, Alaska, Nordwestpassage, Südsee, Westafrika, Süd- und Mittelamerika, Amazonas.

Landausflüge ★★★★★★

Die organisierten Landprogramme sind sorgfältig geplant und werden oft von den mitreisenden Fachleuten begleitet. Die Zodiac-Ausflüge sind im Reisepreis eingeschlossen.

Preis-Leistungs-Verhältnis ★★★★☆☆

Passagiertag ab ca. 420 Euro (inkl. Trinkgelder, exklusive Getränke)

Wenn doch nur ... mehr Zweiertische im Hauptrestaurant zur Verfügung stünden und die Aussendecks etwas eleganter miteinander verbunden wären.

Paul Gauguin

Besonders geeignet für: Entdecker & Naturliebhaber
Auch attraktiv für: Sport- & Wellnessfans

Gesamtwertung: **43**/60

Reederei: Paul Gauguin Cruises
Baujahr: 1998
Tonnage: 19 200 BRZ
Länge: 157 m, Breite: 22 m
Passagierdecks: 7
Kabinen: 166
Passagiere: 332
Passagier-Platz-Verhältnis: 57,8
Crew: 217
Passagier-Crew-Verhältnis: 1,5
Bordsprache: Englisch
Infos: www.pgcruises.com

Ambiente ★★★★★★
Widerstand ist zwecklos: Sobald man das speziell für Kreuzfahrten im Südpazifik konzipierte Schiff betritt und erste Blicke vom unaufdringlich eleganten Interieur und der natürlich strahlenden Crew erhascht, gehen die Mundwinkel nach oben. Nicht, dass hier etwas komisch oder zum Lachen wäre. Es ist vielmehr so, als würde plötzlich eine Legion Endorphine durch den Körper marschieren, wie nach dem Verzehr einer Erdbeerrahmschnitte. Die »Paul Gauguin« macht gute Laune – und dies mit Stil.

Kabinen ★★★★☆☆
166 komfortable, tadellos saubere Aussenkabinen (18 bis 54 m^2), mehrheitlich mit eigenem Balkon.

Essen & Trinken ★★★★★★
3 Restaurants, 3 Bars und Lounges. Lecker zubereitete Marktküche im Hauptrestaurant »L'Étoile« (freie Tisch- und Zeitwahl), französische und italienische Gourmetmenüs im Spezialitätenrestaurant »La Veranda« (ohne Aufpreis). Grill-Restaurant beim Pool (Dinner unter den Sternen). Softdrinks, Kaffee und Tee, Tischweine und Spirituosen sind auf der ganzen Reise im Reisepreis enthalten. Ebenfalls kostenlos: 24-Stunden-Room-Service.

Service ★★★★★★
Man könnte sich kaum in bessere Obhut begeben. Das warmherzige und hochmotivierte Serviceteam – darunter viele mit polynesischer Abstammung – betrachtet Spezialwünsche nicht als Belästigung, sondern als Herausforderung.

Wellness & Sportangebot
★★★★★☆
Freibad, Dampfbad, Spa mit zahlreichen Body- und Beautybehandlungen. Fitnessraum. Marina-Plattform auf Meereshöhe für verschiedene Wassersportarten (Kajak, Windsurfen, Wasserski). Tauch- und Schnorchelkurse sowie Tauchexkursionen (gebührenpflichtig).

Unterhaltung ★★☆☆☆☆
Bescheidenes abendliches Unterhaltungsangebot, Darbietungen polynesischer Musiker und Artisten, Vorträge über die Südsee und den Maler Paul Gauguin. Bibliothek, Casino.

Extras ★★☆☆☆☆
– Für Wasserratten lockt die ausfahrbare Marina-Plattform.
– Private Insel bei Taha'a (Tagesetappe ist bei den meisten Routen eingeplant).
– Für die maximal 332 Passagiere gibt es viel Platz an Bord. Es wird ihnen ein einmaliger Mix aus familiärem Luxus und betörender Südseeszenerie geboten.

Routen ★★★★☆☆
Die Heimat der »Paul Gauguin« ist die Südsee. Die acht- bis dreizehntägigen Reiserouten starten und enden meist in Papeete (der Hauptstadt von Tahiti), mit Tagesetappenzielen in Bora Bora, Raiatea, Moorea und Taha'a, die längeren Touren mit Abstechern auf die Marquesas-Inseln (hierher flüchtete der Maler Gauguin, nach dem das Schiff benannt ist).

Landausflüge ★★★★☆☆
Gut organisierte Landprogramme. Man kommt aber auch individuell einfach zu den schönsten Stränden. Für Taucher ist das Schiff optimal: von der Marina ins Tauchboot steigen und direkt zu den Korallenriffen fahren.

Preis-Leistungs-Verhältnis
★★★★☆☆
Passagiertag ab ca. 480 Euro (inkl. Trinkgelder und die meisten Getränke)

Wenn doch nur ... die lange Anreise nicht wäre – weiter geht es ab Mitteleuropa kaum. So mancher Passagier verbindet die Schiffstour deshalb mit einer Weltreise.

Silver Explorer

Besonders geeignet für: Entdecker & Naturliebhaber

Gesamtwertung: **43**/60

Reederei: Silversea Cruises
Baujahr: 1989/Umbau 2008
Tonnage: 6072 BRZ
Länge: 108 m, Breite: 16 m
Passagierdecks: 5
Kabinen: 66
Passagiere: 132
Passagier-Platz-Verhältnis: 46,0
Crew: 111
Passagier-Crew-Verhältnis: 1,2
Bordsprache: Englisch
Infos: www.silversea.com, www.silversea.com

Ambiente ★★★★★☆
Das Expeditionsschiff der höchsten Eisklasse für Passagierdampfer (eisfester ist nur der Eisbrecher) ist viel hübscher, als sein Lebenslauf mit zahlreichen Besitzerwechseln in den letzten zwanzig Jahren vermuten liesse. Elegant und zurückhaltend zugleich präsentiert sich die mit 30 Millionen US-Dollar aufgetakelte Entdeckerin, die seit 2008 zur Nobelreederei Silversea Cruises gehört und auf Abenteuer de luxe setzt. Im Mittelpunkt stehen die angesteuerten Ziele – oft fernab von konventionellen Häfen. Mit den robusten Zodiac-Schlauchbooten sind selbst unzugänglichste Buchten zu erreichen. Ein halbes Dutzend Fachreferenten und Naturkundler hält auch an Seetagen die Passagiere auf Trab und sorgt dafür, dass sie nicht nur beobachten, sondern auch wissen, was sie da sehen. Ausser interessanten Vorträgen, feiner Küche und zuvorkommendem Service ist an Bord jedoch nicht viel Abwechslung zu erwarten. Kreuzfahrten-Abenteurer, die sich ganz sicher sind, genau das zu suchen, werden auf der »Silver Explorer« mit einem wunderbaren Gesamterlebnis belohnt.

Kabinen ★★★★☆☆
66 angenehme Aussenkabinen und Suiten (16 bis 63 m²), acht davon mit Balkon. Einige Kabinen mit Verbindungstür.

Essen & Trinken ★★★★★☆
2 Restaurants, 3 Bars und Lounges. Im Hauptrestaurant, wo eine tadellos zubereitete inter-

nationale Küche serviert wird, hat es Platz für alle Passagiere gleichzeitig (freie Tischwahl). An warmen Tagen gibt es als Alternative Grill-Spezialitäten unter freiem Himmel. Alle Getränke inklusive Tischweine, Champagner und Spirituosen (auch an der Bar) sind im Reisepreis inbegriffen. Ebenfalls kostenlos: der 24-Stunden-Zimmerservice. Während allen Reisen ist legere, informelle Kleidung üblich (keine formellen Abende).

Service ★★★★★★
Unaufdringlich aufmerksam, in jeder Hinsicht überdurchschnittlich.

Wellness & Sportangebot
★★☆☆☆☆
Kleines Spa mit Massagen und Beautybehandlungen.
2 Whirlpools, Fitnessraum.

Unterhaltung ★★☆☆☆☆
Anstelle eines Theaters gibt es eine »Lecture Lounge«, in der fach- und ortskundige Referenten – teilweise auch namhafte Wissenschafter – die Passagiere auf die Natur- und Kulturerlebnisse an Land vorbereiten. Die Lounge dient abends manchmal auch als Kino.

Extras ★★★☆☆☆
– Zodiac-Schlauchboote bringen die Passagiere in entlegeneren Regionen ohne Weg und Steg an Land.
– Gut sortierte Bücher- und DVD-Bibliothek.
– Suiten-Passagiere profitieren von kostenlosen Zusatzleistungen: Wäscheservice und Trockenreinigung, zwei Stunden Internetzugang pro Tag, pro Reise zwei Stunden weltweites Telefonieren aus der Suite.

Routen ★★★★★★
Die »Silver Explorer« erkundet unter anderem Antarktis und Arktis, Nordmeer, Spitzbergen, Karibik, Süd- und Mittelamerika, West- und Südafrika.

Landausflüge ★★★★★☆
Individuelle, sorgfältig organisierte Landprogramme (teilweise kostenlos). Alle Zodiac-Ausflüge sind im Reisepreis inbegriffen, ebenso Rucksäcke und wasserdichte Expeditionsparkas.

Preis-Leistungs-Verhältnis
★★★★★☆
Passagiertag ab ca. 375 Euro (inkl. Trinkgelder und Getränke)

Wenn doch nur ... mehr Auslauf an Bord wäre.

Sea Cloud II

Besonders geeignet für: Entdecker & Naturliebhaber
Auch attraktiv für: Sport- & Wellnessfans

Gesamtwertung: **37**/60

Reederei: Sea Cloud Cruises
Baujahr: 2001
Tonnage: 3849 BRZ
Länge: 117 m, Breite: 16 m
Passagierdecks: 4
Kabinen: 47
Passagiere: 94
Passagier-Platz-Verhältnis: 40,9
Crew: 60
Passagier-Crew-Verhältnis: 1,6
Bordsprache: Deutsch und Englisch
Infos: www.seacloud.de

Ambiente ★★★★★☆
Die junge Schwester der über achtzigjährigen »Sea Cloud«, die im Jahr 2001 erbaute Dreimastbarke »Sea Cloud II«, hat etwas mehr Tonnage und etwas weniger Charme und Charakter als die legendäre Oldtimer-Lady, bietet aber ebenfalls ein einzigartiges Gesamterlebnis für alle, die in familiärem Kreis eine Segelkreuzfahrt unternehmen und dabei Ruhe und Erholung finden wollen. Zudem ist das neuere Schiff in mancher Hinsicht komfortabler – so sind etwa alle Bereiche innen miteinander verbunden, das heisst bei starkem Wind oder Regen kann man das Restaurant von seiner Kabine aus trockenen Fusses erreichen. Die »Sea Cloud II« präsentiert sich auch optisch anders als die einstige Privatjacht aus den Dreissigerjahren, mit rundem Heck und höherer Bord-
wand. Doch die Faszination des traditionellen Segelns bleibt dieselbe. Wenn zum Beispiel am frühen Morgen die Matrosen hoch oben im Mast die Tampen lösen und die Segel setzen, sind dies Momente, die jedem Segelenthusiasten ein Kribbeln im Bauch entfachen. Das Entertainment an Bord der beiden Windjammer sind, anders als auf Schiffen mit 4000 Passagieren üblich, weder Eislaufbahn noch Broadway-Show, sondern mehrere tausend Quadratmeter Segelfläche.

Kabinen ★★★☆☆☆
45 geschmackvoll traditionell gestaltete Aussenkabinen (12 bis 23 m^2) und 2 luxuriöse Eignersuiten (je 27 m^2). Alle Kabinen sind mit Video-Player ausgestattet.

Essen & Trinken ★★★★☆☆
1 Restaurant, 2 Bars und Lounges. Im zeitlos eleganten Restaurant wird eine kreativ zubereitete Marktküche mit Schwerpunkt Fisch serviert. Alle Passagiere können gleichzeitig und in freier Sitzplatzwahl speisen. Softdrinks, Bier und Tischweine sind zu den Mahlzeiten inbegriffen, ebenfalls sämtliche alkoholfreien Getränke während der Reise. Festliche Garderobe wird nur zum

Welcome- und zum Farewell-Dinner erwartet.

Service ★★★★★★
Der Passagier steht im Mittelpunkt aller Überlegungen, und unkonventionelle Lösungen zu seinen Gunsten machen hier niemand nervös.

Wellness & Sportangebot ★★★☆☆☆
Massagen, Sauna, Fitnessraum, Badeplattform, Gymnastiklektionen. Diverse kostenlose Wassersportmöglichkeiten (Wasserski, Windsurfen, Schnorcheln).

Unterhaltung ★☆☆☆☆☆
Pianospieler. Vorträge.

Extras ★★☆☆☆☆
– Segelromantiker kommen voll auf ihre Kosten: Auf der »Sea Cloud II« haben sie eine der ganz seltenen Möglichkeiten, das Segelsetzen und alle Segelmanöver in echter Handarbeit und ohne Knopfdruck zu erleben.
– Wie die antike »Sea Cloud« hat auch die siebzig Jahre jüngere Schwester einen sehr besonderen, individuellen Stil, der auch durch die Menschen, die sich für diese einzigartigen Schiffe entscheiden, geprägt wird. Das Gespräch, der Kontakt zu internationalen Reisenden und die legere Atmosphäre unter Gleichgesinnten spielen eine wichtige Rolle an Bord.
– Ausser bei schwerer See oder Hafenmanövern steht die Brücke den Passagieren jederzeit offen.
– Gut sortierte Bibliothek.
– Drei Zodiac-Boote für spontane Anlandungen. Sehr beliebt auch bei allen, die »ihr« Schiff unter vollen Segeln fotografieren möchten.
– Der mit Liegesofas ausgestattete Outdoor-Lounge-Bereich ist ein wunderbarer Platz, um den Abend ausklingen zu lassen und entspannte Sternstunden zu erleben.
– Auf ausgewählten Fahrten steht jeweils ein Kontingent an Einzelkabinen ohne Zuschlag zur Verfügung.

Routen ★★★☆☆☆
Der »Sea Cloud II« stehen viele Häfen und Buchten offen, die grösseren Ozeankreuzern verschlossen bleiben. In den Sommermonaten kreuzt sie im Mittelmeer, im Winter in der Karibik und in Mittelamerika. Da das Schiff wenn immer möglich unter Segeln statt mit Diesel fährt, behält sich der Kapitän das Recht vor, die Reiseroute je nach Wind und Wetterverhältnissen kurzfristig zu ändern.

Landausflüge ★★★★★☆
Individuelle Landprogramme mit sorgfältig ausgewählten Highlights (bei manchen Reisen im Kreuzfahrtenpreis inbegriffen).

Preis-Leistungs-Verhältnis ★★★★★☆
Passagiertag ab ca. 350 Euro (exklusive Trinkgelder, inklusive die meisten Getränke)

Wenn doch nur ... die Badezimmer (drei Quadratmeter) etwas geräumiger wären. Auch das Versprechen, »Wohnkomfort auf höchstem Niveau« zu bieten, ist bei den mehrheitlich sehr kleinen, wenn auch qualitativ hochwertigen Kabinen etwas übertrieben.

Bremen

Besonders geeignet für: Entdecker & Naturliebhaber
Auch attraktiv für: Weltenbummler

Gesamtwertung: **36**/60

Reederei: Hapag-Lloyd Kreuzfahrten
Baujahr: 1990
Tonnage: 6752 BRZ
Länge: 111 m, Breite: 17 m
Passagierdecks: 6
Kabinen: 82
Passagiere: 164
Passagier-Platz-Verhältnis: 41,2
Crew: 100
Passagier-Crew-Verhältnis: 1,6
Bordsprache: Deutsch
Infos: www.hlkf.de

Ambiente ★★★☆☆☆
Das Lieblingsland der »Bremen« ist Neuland. Das einfachere Pendant zur luxuriöseren »Hanseatic« tourt mit maximal 164 Passagieren durch die grosse Welt. Das unprätentiöse, sympathische Expeditionsschiff möchte nicht vorgeben, mehr zu sein, als es ist, und scheint zu wissen, dass seine Trümpfe die Grossartigkeit der Fahrtgebiete auf seinem Routenplan sind und nicht unbedingt die Einrichtungen an Bord. Statt Shows und lärmiger Betriebsamkeit erlebt man – neben spannenden Vorträgen von Fachreferenten und Experten verschiedener Fachrichtungen – auf die Destinationen abgestimmte Aktivitäten an Land. Die Idee der Expedition steht im Mittelpunkt. Auf der »Bremen« geht es oft unkonventionell und in jedem Fall ungezwungen zu – ganz gleich, ob man im Zodiac-Schlauchboot auf Entdeckungstour in schmale Flussarme des Amazonas geht oder auf Deck nach Robben auf vorbeiziehenden Eisschollen Ausschau hält. Eine gute Portion Spontaneität ist wesentlicher Bestandteil jeder Reise: Nicht der Fahrplan entscheidet, sondern der Augenblick.

Kabinen ★★★☆☆☆
Die 82 angenehmen, funktional ausgestatteten Aussenkabinen (davon 2 Suiten) haben 18 m^2 respektive 24 m^2 Fläche, 16 Kabinen mit eigenem Balkon. Alle Kabinen

sind mit DVD-Player (grosse Auswahl an kostenlosen DVDs in der Filmothek) und WiFi-Empfang ausgestattet. Die Minibar wird jeden Tag kostenlos aufgefüllt.

Essen & Trinken ★★★☆☆☆
1 Restaurant, 2 Bars und Lounges. Gut zubereitete, abwechslungsreiche Marktküche im Restaurant (freie Zeitwahl mit fester Tischordnung, kaum Zweiertische). Frühstück und Mittagessen in der Club-Lounge oder auf dem Lido-Deck (Barbecue unter freiem Himmel).

Service ★★★★★☆
Liebenswürdig professionell und mit bemerkenswertem Improvisationstalent. Die persönliche und entspannte Atmosphäre an Bord verbindet Crew und Passagiere und ist der Grund dafür, dass viele Passagiere immer wiederkommen.

Wellness & Sportangebot ★★☆☆☆☆
Kleines Freibad, Sauna, Kosmetiksalon, Massagen, Fitnessraum mit Meerblick. Bordeigene Fahrräder, Schnorchel- und Nordic-Walking-Ausrüstung zur kostenlosen Verfügung.

Unterhaltung ★★☆☆☆☆
Hochqualifizierte Referenten und ortskundige Expeditionsleiter eröffnen auf jeder Reise neue Horizonte. Hin und wieder Darbietungen mit Seemannsliedern durch den Crew-Chor. Kleine Bibliothek.

Extras ★★☆☆☆☆
– Die Expeditionen mit den 12 Zodiac-Schlauchbooten (im Reisepreis eingeschlossen) sorgen für hautnahe Naturerlebnisse und machen den Unterschied zu einer gewöhnlichen Kreuzfahrt aus.

Routen ★★★★★★
Die »Bremen« folgt den Spuren der Wunder dieser Erde rund um den Globus. Zu den Spezialitäten gehören die Polarregionen rund um Grönland, Spitzbergen, Island, das Weisse Meer im Norden Russlands sowie antarktische Gewässer. Zwischendurch stehen auch wärmere Gefilde wie Borneo, die Kanaren oder die Azoren auf dem Reiseplan.

Landausflüge ★★★★★★
Im Zentrum aller Aktivitäten steht das Entdecken und Erleben der angepeilten Destinationen. Entsprechend vielseitig und interessant sind die Landausflüge (teilweise mit den Zodiacs), die durch ein Team von Experten verschiedener Wissensgebiete begleitet werden.

Preis-Leistungs-Verhältnis ★★★★☆☆
Passagiertag ab ca. 380 Euro (inkl. Trinkgelder, exklusive Getränke)

Wenn doch nur ... das Schaukeln nicht wäre. Die »Bremen« ist stärker Wind und Wellen ausgesetzt als grössere Schiffe, was eine gewisse Seetauglichkeit der Passagiere erfordert.

Orion

Besonders geeignet für: Entdecker & Naturliebhaber

Gesamtwertung: **36**/60

Reederei: Orion Expedition Cruises
Baujahr: 2003
Tonnage: 4050 BRZ
Länge: 103 m, Breite: 14 m
Passagierdecks: 5
Kabinen: 53
Passagiere: 106
Passagier-Platz-Verhältnis: 38,2
Crew: 75
Passagier-Crew-Verhältnis: 1,4
Bordsprache: Englisch
Infos: www.orionexpeditions.com, www.vistatravel.de

Ambiente ★★★★☆☆

Entdeckungsfreudigen Geniessern bietet die »Orion« eine ideale Möglichkeit, touristisch wenig erschlossene Gebiete rund um Australien und in Asien zu erkunden, von denen die meisten Menschen noch nie gehört haben. Auf den beiden komfortablen Expeditionsschiffen stehen weder Shows noch schicke Abendgesellschaften auf dem Programm, und auch das Wellnessangebot ist mit einem Whirlpool, einer Sauna und einem Massageraum überschaubar. Stattdessen werden die Passagiere von erfahrenen Fachreferenten und Expeditionsleitern auf die Erlebnisse an Land vorbereitet und tiefgreifend über Flora und Fauna, Geschichte und Kultur der anstehenden Destinationen informiert. Viele Landgänge erfolgen in Zodiac-Schlauchbooten, die Anlandungen unabhängig von Häfen und Kaimauern ermöglichen. Weder Schiffsarchitektur noch Innendesign verdienen einen Schönheitspreis, doch das stilechte Abenteuer einer Expeditionskreuzfahrt weitab vom touristischen Mainstream macht diesen Makel definitiv wett.

Kabinen ★★★☆☆☆

53 komfortable Aussenkabinen (16 bis 32 m^2), 9 davon mit Balkon. Alle Kabinen mit DVD-Player.

Essen & Trinken ★★★★☆☆

2 Restaurants, 3 Bars und Lounges. Im Hauptrestaurant, wo eine tadellos zubereitete australische Marktküche serviert wird, hat es Platz für alle Passagiere gleichzeitig (freie Tischwahl). An warmen Tagen gibt es als Alternative

Barbecue-Spezialitäten unter freiem Himmel.

Service ★★★☆☆☆

Die vorwiegend philippinische Service-Crew sorgt für eine angenehme Ferienatmosphäre, ist jedoch hier und da etwas überfordert und im Detail auch nicht besonders feinsinnig.

Wellness & Sportangebot ★★☆☆☆☆

Whirlpool, Massagen, Kosmetiksalon, Sauna, Fitnessraum. Bade-

plattform. 10 Kajaks. Schnorchelausrüstung.

Unterhaltung ★★☆☆☆☆
Fundierte Vorträge von Biologen, Botanikern, Anthropologen, Zoologen und Historikern. Live-Musik, Kino.

Extras ★★★☆☆☆
– Dank der kompakten Grösse und dem geringen Tiefgang (3,8 Meter) kann der smarte Cruiser Ziele ansteuern, die für die meisten anderen Schiffe tabu sind. Dabei spielt die Nachhaltigkeit der Exkursionen, die Umwelttechnologie des Schiffs und die Qualität der Beziehungen zur lokalen Bevölkerung für die Reederei eine herausragende Rolle.
– Zehn Zodiac-Schlauchboote mit starken Aussenbordmotoren bringen die Passagiere überall an Land, wo es etwas zu entdecken gibt.

Routen ★★★★★★
Zu den geografischen Spezialitäten zählen die Inselwelt von Papua-Neuguinea, Borneo, Mikronesien, Melanesien, Neuseeland, Tasmanien, die australische Kimberley-Region sowie Vietnam, Thailand und Kambodscha.
Kaum ein anderes Schiff sucht die Landkarten so konsequent nach unberührten Orten und unentdeckten ozeanischen Wundern ab.

Landausflüge ★★★★★☆
Dass Orion Expedition Cruises ganz spezielle Landprogramme anbietet, versteht sich von selbst. Auf der »Orion« sollen die Passagiere in die Destinationen eintauchen und diese erleben können. Alle Zodiac-Ausflüge sind vom bordeigenen Expeditionsteam begleitet und im Reisepreis inbegriffen.

Preis-Leistungs-Verhältnis
★★★★☆☆
Passagiertag ab ca. 550 Euro (exklusive Trinkgelder und Getränke)

Wenn doch nur ... die Kabinen nicht so hellhörig wären – insbesondere die lauten Toilettenspülungen der umliegenden Kabinen können für unruhigen Schlaf sorgen.

Celebrity Xpedition

Besonders geeignet für: Entdecker & Naturliebhaber

Gesamtwertung: **32**/60

Reederei: Celebrity Cruises
Baujahr: 2001
Tonnage: 2842 BRZ
Länge: 89 m, Breite: 14 m
Passagierdecks: 4
Kabinen: 45
Passagiere: 90
Passagier-Platz-Verhältnis: 31,6
Crew: 64
Passagier-Crew-Verhältnis: 1,4
Bordsprache: Englisch
Infos: www.celebritycruises.com, www.celebritycruises.de

Ambiente ★★★★☆☆
Auf diesem kompakten Entdeckerschiff mit dem Flair eines familiären Privatclubs wird die Abenteuerlust und der Forscherdrang der Mitreisenden geweckt. Die »Celebrity Xpedition« tourt ausschliesslich um die Galapagos-Inseln, wo Tier- und Pflanzenarten existieren, die es nirgends sonst auf der Welt gibt – entsprechend steht das Naturerlebnis im Mittelpunkt jeder Reise. Die wenigen für Galapagos zugelassenen touristischen Schiffe müssen hohe Anforderungen in punkto Naturschutz erfüllen und ihre Passagiere über die dort geltenden strengen Verhaltensregeln aufklären. So haben Tiere beispielsweise immer Vorrang vor dem Menschen, und es darf nichts an Land gelassen oder von dort mitgenommen werden. Eine gleichwertige Alternative zur »Celebrity Xpedition« ist die etwas kleinere »National Geographic Islander«.

Kabinen ★★★☆☆☆
45 funktionale Aussenkabinen (15 bis 43 m^2), davon 8 mit eigenem Balkon.

Essen & Trinken ★★★☆☆☆
2 Restaurants, 2 Bars und Lounges. Gemütliches »Darwin's Restaurant« mit freier Tisch- und Zeitwahl und solider Marktküche. Kleines Selbstbedienungsrestaurant mit Teakmöbeln auf dem Aussendeck. Softdrinks, Hausweine, Champagner und Spirituosen sind im Reisepreis inbegriffen. Keine Kleiderordnung.

Hanse Explorer

Besonders geeignet für: Entdecker & Naturliebhaber

Gesamtwertung: **31**/60

Reederei: Oceanstar
Baujahr: 2006
Tonnage: 850 BRZ
Länge: 48 m, Breite: 10 m
Passagierdecks: 4
Kabinen: 6
Passagiere: 12
Passagier-Platz-Verhältnis: 70,8
Crew: 6 (+12 Trainees)
Passagier-Crew-Verhältnis: 2,0
Bordsprache: Deutsch
Infos: www.oceanstar.de

Service ★★★★★☆
Das unkompliziert professionelle, stets gut gelaunte Serviceteam scheint in jedem Moment zu wissen, was die Passagiere drei Minuten später wünschen.

Wellness & Sportangebot ★☆☆☆☆☆
Whirlpool, Fitnessraum, Sauna, Massagen, Beautybehandlungen.

Unterhaltung ★★☆☆☆☆
Keinerlei Showprogramm. Fach- und ortskundige Referenten und Biologen bereiten die Passagiere auf die Geheimnisse und Besonderheiten des Galapagos-Archipels vor.

Extras ★★☆☆☆☆
– Zodiac-Schlauchboote für alle Passagiere und erfahrene ecuadorianische Expeditionsleiter lassen jede Reise zu einem tiefgreifenden Erlebnis werden.
– Gut sortierte Bibliothek.

Routen ★★☆☆☆☆
Alle Seereisen der »Xpedition« steuern das Naturparadies der Galapagos-Inseln an.

Landausflüge ★★★★★☆
Sorgfältig ausgesuchte und gut moderierte Landausflüge.

Preis-Leistungs-Verhältnis ★★★★★☆
Passagiertag ab ca. 330 Euro (exklusive Trinkgelder, inklusive Getränke)

Wenn doch nur ... etwas mehr Auslauf an Bord wäre.

Ambiente ★★★★★☆
Die »Hanse Explorer« ist das erste Schiff, das Expedition, Ausbildung und Komfort verbindet. Der Reeder Peter Harren will mit dieser Jacht einerseits die professionelle Ausbildung von Seeleuten aktiv unterstützen, andererseits den Passagieren ein Erlebnis ganz besonderer Art bieten. Ob Bordmanöver oder Feuerlöschübung, Routenplanung oder Schiffsmanagement – die maximal zwölf Mitreisenden (neben zwölf Trainees und sechs Crew-Mitgliedern) werden in die Geheimnisse der Seefahrt und Nautik eingeweiht. Obschon die »Explorer« nur 48 Meter lang ist, entspricht die Schiffstechnik jener, die heute auf den grossen Tankern und Frachtern zu finden ist. Wer

nur die frische Seeluft und die angepeilten Ziele rund um den Erdball geniessen will, kann sich rund um die Uhr verwöhnen lassen. Hier trifft der Begriff des »Zuhauses auf Zeit« wirklich zu: Alles, was sich an Bord befindet, steht den Passagieren zur freien Verfügung. Es wird weder für die Internet-Nutzung noch für die Tischweine oder die Sauna eine Rechnung gestellt. Man fühlt sich wie auf dem eigenen Schiff. Vor jedem Landgang werden den Passagieren unterschiedliche Vorschläge unterbreitet, und jeder kann individuell entscheiden, wonach ihm der Sinn steht. Das ermöglicht unerwartete Erlebnisse, wie etwa eine spontane Zeltübernachtung am Fjord. Vielleicht wird auch kurzfristig die Fahrtroute geändert, weil der Kapitän erfahren hat, dass abseits der geplanten Strecke gerade Eisbären zu sehen sind. Aus diesem Grund gibt es auch keinen festen Fahrplan, sondern nur einen ungefähren Verlauf für jede Reise. Der Wermutstropfen für alle Interessierten: Die »Hanse Explorer« steht nur noch für private Schiffscharterer zur Verfügung. Doch viel schwieriger als ein Auto zu mieten ist das nicht – auf der Website ist das Vorgehen exakt beschrieben. Man braucht

bloss seine besten Freunde oder seine Familie – maximal zwölf Personen – aufzubieten und sie für ein paar Tage aufs Schiff zu entführen. Zugegeben, etwas mehr als für die Jolle auf Mallorca muss man schon ausgeben, aber das massgeschneiderte Schiffserlebnis auf der exklusiven 48-Meter-Jacht kostet insgesamt kaum mehr als sechs Kabinen auf einem Luxusliner.

Kabinen ★★★☆☆☆
6 helle, freundliche Kabinen.

Essen & Trinken ★☆☆☆☆☆
1 Restaurant, 1 Lounge-Bar. Fixe Mittags- und Abendmenüs mit Alternativen. Die Mahlzeiten werden gemeinsam an einem grossen Tisch eingenommen.

Service ★★★★★☆
Sehr persönlich und individuell. Man fühlt sich bestens aufgehoben und umsorgt. Kleine Patzer der Trainees bei ihrem »learning by doing« an Bord tragen zur netten Ambiance bei.

Wellness & Sportangebot ★☆☆☆☆☆
Sauna mit Bullaugen.

Unterhaltung ☆☆☆☆☆☆
Keinerlei Animationsprogramm – hier gilt: Naturspektakel statt Bühnenshow.

Extras ★★☆☆☆☆
– Es gibt Laptops zum Ausleihen, der Internetzugang ist im Reisepreis eingeschlossen.
– An Bord befindet sich ein Räucherofen, um die im hohen Norden frisch gefangenen Lachse zu räuchern.
– Von der Lounge-Ecke kann man dem Kapitän beim Manövrieren über die Schulter schauen.

Routen ★★★★★★
Das eistaugliche Schiff, das nur noch für Vollcharter zur Verfügung steht, muss sich nicht einem Fahrplan, sondern lediglich einer Revierplanung unterordnen – nur die Ein- und Ausschiffungshäfen stehen im Voraus fest. Zur groben Übersicht des Reiseprogramms: Die Jacht hält sich im Sommer in Nordeuropa auf, im Winter in arktischen und antarktischen Gewässern.

Landausflüge ★★★☆☆☆
Neben den regelmässigen Zodiac-Anlandungen gibt es kaum organisierte Landausflüge. Die »Hanse Explorer« eignet sich insbesondere für Menschen, die ihr Landprogramm selbst gestalten wollen und Lust haben, Orte auf eigene Faust zu entdecken.

Preis-Leistungs-Verhältnis ★★★★★☆
Passagiertag ab ca. 500 Euro (inkl. Trinkgelder und Getränke)

Wenn doch nur ... das Schiff bei unruhiger See nicht so arg schaukeln würde. Dafür kommt es mit nur 3,5 Meter Tiefgang fast überall hin.

Le Ponant

Besonders geeignet für: Entdecker & Naturliebhaber
Auch attraktiv für: Sport- & Wellnessfans

Gesamtwertung: **31**/60

Reederei: Compagnie du Ponant
Baujahr: 1991
Tonnage: 1489 BRZ
Länge: 88 m, Breite: 12 m
Passagierdecks: 3
Kabinen: 32
Passagiere: 64
Passagier-Platz-Verhältnis: 23,3
Crew: 32
Passagier-Crew-Verhältnis: 2,0
Bordsprache: Französisch und Englisch
Infos: www.ponant.com

Ambiente ★★★★★★
Sehr französisch, unkompliziert familiär und auf diskrete Art très chic: Die schmale, 88 Meter lange Dreimast-Jacht mit 1500 Quadratmeter Segelflächen verfügt über verhältnismässig grosse Sonnendecks und erfreut mit zurückhaltend eleganten Interieurs und einer sportlich-maritimen Aura, die echte Feriengefühle aufkommen lässt. Das besondere Augenmerk liegt auf dem Segel- und Naturerlebnis – auch wenn die maximal 64 Passagiere aus Sicherheitsgründen nicht an den Segelmanövern teilnehmen dürfen. Kleine Häfen und idyllische Buchten dominieren das Programm.

Kabinen ★★☆☆☆☆
32 naturgemäss klein dimensionierte, doch funktionell ausgestattete und heiter stimmende Kabinen (alle 13 m^2).

Essen & Trinken ★★★☆☆☆
2 Restaurants, 2 Bars und Lounges. Sehr gut zubereitete französische Marktküche im gemütlichen Hauptrestaurant (freie Tisch- und Zeitwahl für alle Passagiere gleichzeitig). Aussenrestaurant für Frühstück, Mittagessen und Buffet-Dinners. In jedem angesteuerten Hafen kauft die Besatzung frische Produkte ein.

Service ★★★★★☆
Die gut motivierte Crew passt sich individuell dem Pulsschlag der Passagiere an und bleibt auch bei Sonderwünschen angenehm gelassen.

Wellness & Sportangebot
★★☆☆☆☆
Wassersportplattform zum Schwimmen, Windsurfen, Wasserskifahren, Schnorcheln und Tauchen (Letzteres pro Tauchsession extra verrechnet).

Unterhaltung ★☆☆☆☆☆
Bordpianist an der Bar. Hauptereignisse sind das Leben auf See und das französisch zelebrierte Abendessen. Hin und wieder gibt es kleine spontane Darbietungen der Crew.

Extras ★☆☆☆☆☆
– Marina mit diversen kostenlosen Wassersportmöglichkeiten.
– Die Küchencrew serviert ihre Gerichte auch mal spontan am Strand.
– Die Brücke steht interessierten Passagieren stets offen (ausser in den Häfen).

Routen ★★★★☆☆
In den Sommermonaten steht das Mittelmeer auf dem Reiseplan, im Winter die Karibik, zwischendurch geht es auch mal nach Südamerika, Kanada oder Nordeuropa.

Landausflüge ★★☆☆☆☆
Kleines Angebot gut organisierter Ausflüge.

Preis-Leistungs-Verhältnis
★★★★★☆
Passagiertag ab ca. 330 Euro (inklusive Trinkgelder und Getränke zu den Mahlzeiten)

Wenn doch nur ... mehr Sprachenvielfalt an Bord wäre. Bei den vorwiegend französischen Passagieren ist man ein Outsider, wenn man kein Französisch spricht.

Wind Surf

Besonders geeignet für: Entdecker & Naturliebhaber
Auch attraktiv für: Sport- & Wellnessfans

Gesamtwertung: **31**/60

Reederei: Windstar Cruises
Baujahr: 1990
Tonnage: 14 745 BRZ
Länge: 187 m, Breite: 20 m
Passagierdecks: 7
Kabinen: 156
Passagiere: 312
Passagier-Platz-Verhältnis: 47,3
Crew: 191
Passagier-Crew-Verhältnis: 1,6
Bordsprache: Englisch
Infos: www.windstarcruises.com

Ambiente ★★★★☆☆
1990 als Schwesterschiff der »Club Med 2« gebaut (siehe Seite 174 und inzwischen mehrmals renoviert, ist die »Wind Surf« eines der zwei grössten Segelschiffe der Welt. Wenn ihre Segel (elektronisch!) ausgerollt werden, die fünfzig Meter hohen Aluminiummasten vielstimmig knarren und das Tuch knattert, laufen selbst eingefleischten Landratten wohlige Schauer über den Rücken. Das Interieur der »Wind Surf« ist modern und trifft den europäischen Geschmack. Die Atmosphäre ist auf gepflegte Weise entspannt, Jacket und Abendkleid können zu Hause bleiben. Unter den Passagieren kennt man sich schnell. Es wird gelacht, herzlich gegrüsst, hier und da kurz verweilt, um sich gegenseitig einen Schwank aus dem Leben zu erzählen. Spätestens am dritten Tag sind alle Unterschiede zwischen den Passagieren vergessen – ausser vielleicht zu den beiden kanadischen Weltenbummlerinnen, die ein offenbar blühendes Immobilienbüro betreiben und gerade den fünf-

zigsten Tag an Bord feiern.
Im Gegensatz zur »Club Med 2« bietet die »Wind Surf« etwas grosszügigere Platzverhältnisse in den öffentlichen Bereichen, weniger Party-Rummel und die feinere Küche. Die »Club Med 2« trumpft hingegen mit dem insgesamt attraktiveren Wassersportangebot auf und mit einer natürlicher strahlenden Crew.

Kabinen ★★★☆☆☆
123 komfortable, modern gestaltete Aussenkabinen (18 m^2) und 33 Suiten (35 bis 46 m^2). Keine Kabine mit eigenem Balkon. Alle Kabinen mit DVD-CD-Player (grosse Auswahl an DVDs und CDs in der Bibliothek).

Essen & Trinken ★★★★☆☆
4 Restaurants, 3 Bars und Lounges. Hauptrestaurant mit freier Tischwahl und kalifornischer Küche. Mediterranes Spezialitätenrestaurant. Zwei Openair-Restaurants (Steaks und Seafood). Kostenloser 24-Stunden-Room-Service.

Service ★★★☆☆☆
Die mehrheitlich indonesischen und philippinischen Service-Mitarbeiter sind freundlich und hilfsbereit, aber nicht immer der Situation gewachsen.

Wellness & Sportangebot ★★★★☆☆
Sauna, Fitnessraum, 2 Mini-Freibäder, 2 Whirlpools. Kleines Spa mit Massagen und Kosmetikbehandlungen. Gymnastik- und Entspannungslektionen. Marina-Plattform mit bequemem Zugang zu verschiedenen Wassersportarten: Windsurfen, Segeln, Wasserski, Schnorcheln, Kajak – alles kostenlos. Nur Tauchen kostet extra.

Unterhaltung ★☆☆☆☆☆
Keine Show-Lounge und keine festen Aktivitäten (ausgenommen von gelegentlichen Cocktailpartys und täglicher Einstimmung auf das nächste Reiseziel). Live-Musik. Casino.

Extras ★★★☆☆☆
– Bemerkenswertes Wassersportangebot, ideal für sportliche Geniesser.
– Die Brücke steht interessierten Passagieren stets offen (ausser in den Häfen).
– Originell ist die »Cuisine de l'Amour«: ein fünfgängiges Auswahlmenü, das ohne Aufpreis für zwei Personen in der Kabine serviert wird – inklusive Kerzenlicht.
– Kostenloser Verleih von iPods.
– Überdurchschnittlich viele Zweiertische in den Restaurants – das Schiff will seinem romantischen Image gerecht werden.

Routen ★★★☆☆☆
In den Sommermonaten kreuzt die »Wind Surf« im Mittelmeer und in der Ostsee, im Winter in der Karibik.

Landausflüge ★★☆☆☆☆
Kleines Angebot organisierter Ausflüge.

Preis-Leistungs-Verhältnis ★★★★☆☆
Passagiertag ab ca. 200 Euro (exklusive Trinkgelder und Getränke)

Wenn doch nur ... die Routen nicht so hafenlastig wären: tagsüber im Hafen, nachts auf hoher See – es ist wie bei einem »normalen« Kreuzfahrtschiff ohne Segel.

Fram

Besonders geeignet für: Entdecker & Naturliebhaber

Gesamtwertung: **28**/60

Reederei: Hurtigruten
Baujahr: 2007
Tonnage: 11 647 BRZ
Länge: 114 m, Breite: 20 m
Passagierdecks: 5
Kabinen: 136
Passagiere: 280
Passagier-Platz-Verhältnis: 41,6
Crew: 70
Passagier-Crew-Verhältnis: 4,0
Bordsprache: Norwegisch, Englisch, Deutsch
Infos: www.hurtigruten.de

Ambiente ★★★☆☆☆
Unprätentiöses, auf die Polarregionen spezialisiertes Expeditionsschiff der höchsten Eisklasse – offiziell gehört es sogar zur Flotte der Postschiffe, welche die Reederei Hurtigruten in Norwegen betreibt. Die »Fram« ist eher praktisch als schön und erinnert von aussen mehr an eine Fähre als an einen Ozeankreuzer. Die Interieurs sind spartanisch eingerichtet, die Atmosphäre ist skandinavisch leger, eine Kleiderordnung gibt es nicht. Qualitativ hochwertig ist das Begleitprogramm: Geologen, Biologen und Historiker begleiten einen auf Schritt und Tritt, halten Vorträge und weisen die Passagiere darauf hin, wo in diesem endlosen Meer gerade ein Wal mit der Flosse wedelt. Sie bringen einem bei, dass die Trottellumme (ein Vogel) zur Familie der Alken gehört, dass das Geweih eines Rentiers pro Tag bis zu zwei Zentimeter wächst und die Shetlandinseln im Rahmen der kaledonischen Gebirgsbildung entstanden sind. Expeditionsneulinge seien gewarnt: Ewiges Eis und klirrende Kälte sind nicht jedermanns Sache – Reisen in die Polarregionen sind ein Nischenprodukt im Kreuzfahrtenmarkt und nur faszinierend für Leute mit einer gewissen Abenteuerlust und Seefestigkeit. Wer sich jedoch auf das Naturerlebnis einlässt, wird

unvergesslichen Begegnungen mit Eisbären, Seelöwen, Walen oder Pinguinen und atemberaubende Eindrücke von Eismeer-Landschaften im mehr oder weniger häufig erscheinenden Polarlicht mit nach Hause nehmen.

Kabinen ★★★☆☆☆
136 sehr unterschiedlich ausgestattete, tadellos saubere Kabinen (10 bis 40 m^2), davon 112 Aussenkabinen. Die 6 Heckkabinen auf Deck 5 und 6 teilen sich jeweils einen Balkon über die ganze Schiffsbreite. Nachteil aller Heckkabinen: Das Brummen der Antriebsmotoren kann nerven.

Essen & Trinken ★★☆☆☆☆
1 Restaurant mit rund 150 Plätzen (freie Tischwahl), die bei Vollbelegung allerdings nicht ausreichen. Das Abendessen wechselt zwischen Buffet, Menü und Barbecue. Die Küche ist klassisch nordeuropäisch. Gläserner Panorama-Salon mit Bar (über der Brücke).

Service ★★☆☆☆☆
Unkompliziert freundlich, ohne höhere Ambitionen zu raffinierterer Gästepflege.

Wellness & Sportangebot
★☆☆☆☆☆
Zwei Whirlpools, Panorama-Sauna, Fitnessraum.

Unterhaltung ★☆☆☆☆☆
Die erfahrenen Fachreferenten an Bord bieten interessante Vorträge über Biologie, Geschichte und Geologie in englischer und zum Teil auch in deutscher Sprache. Gelegentlich folkloristische Darbietungen.

Extras ★★☆☆☆☆
– Fahrten mit dem speziell für die Eismeere entwickelten Polarcirkel-Booten und diverse geführte Landgänge sind im Reisepreis inbegriffen, ebenso wind- und regenabweisende Jacken.
– Jede Art von Abfall wird an Bord gelagert und an Land sachgerecht entsorgt. Die Reederei Hurtigruten agiert auch sonst umweltbewusst und legt ihren Passagieren bei Landausflügen den Grundsatz ans Herz: »Hinterlasse nichts als Fussspuren und nimm nichts mit ausser Erinnerungen und Fotos!«

Routen ★★★★★★
Die »Fram« besucht die unberührtesten Küsten der Welt, zum Beispiel in Grönland, Spitzbergen oder (in den Wintermonaten) in der Antarktis.

Landausflüge ★★★★★☆
Individuelle, sorgfältig organisierte Landprogramme (meist kostenlos).

Preis-Leistungs-Verhältnis
★★★☆☆☆
Passagiertag ab ca. 500 Euro (inkl. diverse Ausflüge, exklusive Trinkgelder und Getränke)

Wenn doch nur ... die Wartezeiten auf einen Restaurantplatz nicht wären. Hat man dann endlich einen freien Platz ergattert, sitzt man Ellenbogen an Ellenbogen. Ausserdem: Die Preise sämtlicher alkoholischer Getränke an Bord regen nicht unbedingt zu Ausschweifungen an.

Star Clipper

Besonders geeignet für:
Entdecker & Naturliebhaber
Auch attraktiv für: Sport- & Wellnessfans

Gesamtwertung: **28**/60

Reederei: Star Clippers
Baujahr: 1992
Tonnage: 2298 BRZ
Länge: 116 m, Breite: 15 m
Passagierdecks: 4
Kabinen: 85
Passagiere: 170
Passagier-Platz-Verhältnis: 13,5
Crew: 74
Passagier-Crew-Verhältnis: 2,3
Bordsprache: Englisch
Schwesterschiff: Star Flyer
Infos: www.starclippers.com

Ambiente ★★★★★☆
Die beiden baugleichen Viermaster »Star Clipper« und »Star Flyer« sind nicht nur schön anzuschauen, sondern bieten pures Yachting-Flair und ermöglichen hautnahes Erleben von Wind und Wellen. Wenn sich Tausende Quadratmeter weisses Segeltuch über den Köpfen von maximal 170 Passagieren im Wind blähen, lebt die Romantik des Segelzeitalters neu auf, und mancher mag sich wie ein Reisender im siebten Himmel fühlen. Im Gegensatz zu vielen anderen Grossseglern werden die Segelmanöver auf der »Star Clipper« und der »Star Flyer« nicht per Computer, sondern von professionellen Crew-Händen ausgeführt. Die Tradition der legendären Windjammer wird auf den beiden Jachten in jedem Zentimeter polierten Messings und glänzendem Mahagoni hochgehalten – wie auf den Seglern von einst sind aber auch die meisten Kabinen seemännisch klein, die Treppen eng und steil, und auf dem Aussendeck hat es wegen der vielen Seile wenig Platz. Eigentliche Zwänge gibt es keine an Bord: Lediglich beim abendlichen Dinner sind Shorts tabu, dafür muss man sich aber weder eine Krawatte umbinden noch hochhackig daherstöckeln.

Kabinen ★★☆☆☆☆
»Star Clipper« und »Star Flyer« verfügen jeweils über 6 Innen- und 79 Aussenkabinen, alle traditionell maritim eingerichtet und mehrheitlich sehr klein dimensioniert (9 bis 21 m^2). Keine Kabine mit eigenem Balkon, auch die Bullaugen lassen sich nicht öffnen. DVD-Player und Verleih von zahlreichen Filmen.

Essen & Trinken ★★☆☆☆☆
1 Restaurant, 2 Bars. Hauptrestaurant mit freier Sitzordnung und durchschnittlicher Allerweltsküche.

Service ★★★☆☆☆
Lässig und unkompliziert, hin und wieder etwas übertrieben jovial.

Wellness & Sportangebot ★★☆☆☆☆
2 Mini-Freibäder, Morgengymnastik, Massagen. Kostenlose

Wassersportmöglichkeiten: Segeln, Wasserski, Kajak, Windsurfen, Schlauchboote, Bananaboat, Schnorcheln. Kostenlose Segelkurse. Gebührenpflichtig: Tauchgänge und Tauchkurse.

Unterhaltung ★☆☆☆☆
Kein Theater und keine festen Aktivitäten (ausgenommen die tägliche »Captain's Story Time«). Hauptunterhaltung an Bord ist das Segelsetzen der professionellen Schiffsmannschaft. Hin und wieder gibt es kleine spontane Darbietungen der Crew, Nautik- und Knotenkunde sowie Performances lokaler Artisten. Schöne Bibliothek im edwardischen Stil mit Kamin.

Extras ★★★☆☆☆

– Auf einer typischen einwöchigen Tour wird viel gesegelt. Die beiden Clipper-Schiffe legen meist früh in den Häfen ab, um den Sonnenuntergang unter vollem Segel zu erleben.
– Zu den Highlights zählen die tägliche »Captain's Story Time« mit Informationen zu den angelaufenen Destinationen sowie Geschichte und Anekdoten rund ums Segeln.
– Wer möchte, darf der Mannschaft »zur Hand gehen« und – gut gesichert – hinauf zur mittleren Plattform klettern.
– Die Brücke steht interessierten Passagieren stets offen (ausser in den Häfen).
– Ausklappbare Marina mit zahlreichen kostenlosen Wassersportmöglichkeiten.
– Beach-Barbecues an paradiesischen Karibikstränden.
– Auf der »Star Flyer« fahren Kinder in den Sommerferien kostenfrei mit.

Routen ★★★☆☆☆
Die Routen führen zu manchen Häfen, Buchten und Stränden, wo grosse Kreuzer nicht ankern können. In den Sommermonaten steht das Mittelmeer auf dem Reiseplan, im Winter die Karibik und Mittelamerika.

Landausflüge ★★☆☆☆☆
Solide Landprogramme – nicht mehr und nicht weniger.

Preis-Leistungs-Verhältnis
★★★★★☆
Passagiertag ab ca. 240 Euro (exklusive Trinkgelder und Getränke)

Wenn doch nur ... die in der Eigenwerbung angepriesenen »kulinarischen Höhepunkte« in der Realität besser überzeugen würden. Zudem liegt der Lärmpegel im Speisesaal an der Schmerzgrenze für stille Geniesser.

True North

Besonders geeignet für: Entdecker & Naturliebhaber

Gesamtwertung: **28**/60

Reederei: North Star Cruises Australia
Baujahr: 2005
Tonnage: 600 BRZ
Länge: 50 m, Breite: 10 m
Passagierdecks: 3
Kabinen: 18
Passagiere: 36
Passagier-Platz-Verhältnis: 16,7
Crew: 20
Passagier-Crew-Verhältnis: 1,8
Bordsprache: Englisch
Infos:
www.northstarcruises.com.au

Ambiente ★★★★☆☆
Dieses Mini-Kreuzfahrtschiff ist eine der exklusivsten Möglichkeiten, Australien zu entdecken – unter anderem dank des bordeigenen Helikopters, der jederzeit für Ausflüge bereitsteht. Ein fünf- bis dreizehntägiges Erlebnis für sportlich orientierte Seereisende, die mehr das luxuriöse Abenteuer als die klassische Kreuzfahrt suchen. Maximal 36 Passagiere fahren mit, eine gute Portion Spontaneität ist wesentlicher Bestandteil jeder Reise. Nicht der Fahrplan entscheidet, sondern der Augenblick.

Kabinen ★★☆☆☆☆
18 funktionale Aussenkabinen (12 bis 15 m^2). Die ganz unten liegenden Kabinen (»Ocean Class«) verfügen über sehr kleine Bullaugen, die Kabinen auf den beiden oberen Decks (»River Class« und »Explorer Class«) über Badezimmer mit Fenstern.

Essen & Trinken ★★☆☆☆☆
1 Restaurant, 1 Lounge-Bar, 1 Aussenbar. Im Restaurant mit freier Tisch- und Zeitwahl wird einfach und gut gekocht: viel (frisch gefangener) Fisch und allerlei Seafood, aber auch stets Fleisch- und vegetarische Gerichte.

Service ★★★☆☆☆
Man wird von gutgelaunten jungen Menschen umsorgt.

Wellness & Sportangebot ★☆☆☆☆☆
Sauna. Kostenlose Schnorchelausrüstung. Manche Passagiere haben ihre eigene Tauchausrüstung dabei, das Schiff verfügt über keinen entsprechenden Verleih.

Unterhaltung ★☆☆☆☆☆
Landeskundliche Vorträge. Professionelle Fischerausrüstung (das Schiff hat eine Fischerei-Lizenz für alle australischen Gewässer, und die Reiseleiter sind Experten im Fischen jeglichen Kalibers – Anfänger werden mit den Grundtechniken vertraut gemacht).

Extras ★★★☆☆☆
– Der bordeigene Helikopter ist ein einzigartiges Alleinstellungsmerkmal in der Kreuzfahrtenbranche und eröffnet naturbegeisterten Schiffsreisenden eine neue Dimension. Die Ausflüge sind jedoch nicht im Reisepreis inbegriffen.
– 6 Expeditionsboote für hautnahe Wildniserlebnisse und geruhsame Angelnachmittage (kostenlos).
– Barbecue-Picknicks an landschaftlich einmaligen Orten.
– Der extrem geringe Tiefgang (2,2 Meter) ermöglicht das Ansteuern der entlegensten Winkel.

Wind Star

Besonders geeignet für: Entdecker & Naturliebhaber
Auch attraktiv für: Sport- & Wellnessfans

Gesamtwertung: **28**/60

Reederei: Windstar Cruises
Baujahr: 1986
Tonnage: 5350 BRZ
Länge: 134 m, Breite: 16 m
Passagierdecks: 5
Kabinen: 74
Passagiere: 148
Passagier-Platz-Verhältnis: 36,1
Crew: 88
Passagier-Crew-Verhältnis: 1,7
Bordsprache: Englisch
Schwesterschiff: Wind Spirit
Infos: www.windstarcruises.com

Ambiente ★★★★☆☆
Sensoren und Computer kontrollieren die Segel und den Schiffsmotor, was zwar bestmögliches Dahingleiten ermöglicht, aber die Abenteuerromantik eines »echten« Segelschiffes etwas mindert. Ansonsten ist die »Wind Star« – wie auch ihre baugleiche Schwester »Wind Spirit« – ein rundum angenehmes, sportlich-elegantes Schiff mit entspannter, freundschaftlicher Atmosphäre und kosmopolitisch zusammengesetztem Publikum. Wie auf den meisten Seglern steht auch die Brücke der »Wind Star« den Passagieren stets offen (ausser in den Häfen). Und wie auf allen Seglern braucht man einen

Routen ★★★★★☆
Zum Reiseangebot gehören die gesamte australische Küste sowie die Inselwelten von Indonesien und Papua-Neuguinea. Spezialität sind Kreuzfahrten in die nordwestaustralische Kimberley-Wildnis mit spektakulären Schluchten und Wasserfällen.

Landausflüge ★★★★☆☆
Geführte Naturexpeditionen und Wanderungen. Hubschrauberausflüge.

Preis-Leistungs-Verhältnis ★★★☆☆☆
Passagiertag ab ca. 750 Euro (inkl. Trinkgelder und alkoholfreie Getränke)

Wenn doch nur ... die Fenster in den 18 Kabinen zu öffnen wären.

gewissen Grad an Geselligkeit und Kommunikationsbereitschaft, um das Schiff wirklich geniessen zu können.

Kabinen ★★★☆☆☆

74 komfortable, modern gestaltete Aussenkabinen (17 bis 23 m^2), alle Kabinen mit zwei (nicht zu öffnenden) Bullaugen zum Meer, Video-/CD-Player (grosse Auswahl an Videos und CDs in der Bibliothek) sowie iPod-Docking-Station. Keine Kabine mit eigenem Balkon.

Essen & Trinken ★★★☆☆☆

2 Restaurants, 2 Bars. Hauptrestaurant mit zeitgemässer Marktküche im kalifornischen Stil und freier Platzwahl zu jeder gewünschten Zeit. Regelmässig Dinner unter den Sternen auf dem Aussendeck mit Fisch und Steaks vom Grill. Kostenloser 24-Stunden-Room-Service.

Service ★★★☆☆☆

Freundlich und hilfsbereit, gelegentlich etwas nachlässig und im Detail nicht besonders aufmerksam.

Wellness & Sportangebot ★★★☆☆☆

Mini-Freibad, Whirlpool, Sauna, Fitnessraum. Kleines Spa mit Massagen und Kosmetikbehandlungen. Kleine Marina-Plattform mit Zugang zu verschiedenen Wassersportarten: Windsurfen, Segeln, Wasserski, Schnorcheln, Kajak, Bananaboat – alles kostenlos. Nur Tauchen kostet extra.

Unterhaltung ★☆☆☆☆

Keine Show-Lounge und keine festen Aktivitäten (ausgenommen von gelegentlichen Cocktailpartys und täglicher Einstimmung auf das nächste Reiseziel). Live-Musik. Kleine Bibliothek. Casino.

Extras ★★☆☆☆☆

– Ein Highlight des schnittigen Viermasters ist die ausklappbare Marina mit diversen kostenlosen Wassersportmöglichkeiten.
– Originell ist die »Cuisine de l'Amour«: ein fünfgängiges Auswahlmenü, das ohne Aufpreis für zwei Personen in der Kabine serviert wird – inklusive Kerzenlicht.

Routen ★★★☆☆☆

In den Sommermonaten kreuzen die »Wind Star« und ihr Schwesterschiff »Wind Spirit« im westlichen und östlichen Mittelmeer, im Winter in der Karibik und vor Mittelamerika.

Landausflüge ★★☆☆☆
Kleines Angebot organisierter Ausflüge.

Preis-Leistungs-Verhältnis
★★★★☆☆
Passagiertag ab ca. 200 Euro (exklusive Trinkgelder und Getränke)

Wenn doch nur ... der Weinumsatz im Restaurant weniger penetrant gepuscht würde. Ausserdem: Wegen der vielen Seile ist wenig Platz auf dem Aussendeck – besonders, wenn das Schiff voll belegt ist.

Die Kreuzfahrtschiffe nach Gesamtpunktzahl

Jedes Schiff wurde mit einem einheitlichen Bewertungssystem anhand von zehn Kriterien kritisch durchleuchtet. Ob das Schiff mit seiner besonderen Atmosphäre, seinen Kabinen, seinem Service, seiner Gastronomie, seinem Freizeit- und Unterhaltungsangebot oder mit seinen Routen punktet oder auch mit einem ausgezeichneten Preis-Leistungs-Verhältnis überrascht, ist mit dem Sechs-Sterne-Schema (von ★ für schwach bis ★★★★★★ für einmalig) in den Schiffsporträts rasch ersichtlich.

Die Gesamtpunktzahl der einzelnen Ozeandampfer (z. B. 47/60, das heisst 47 von maximal möglichen 60 Punkten) gibt einen ersten Anhaltspunkt über den Qualitätsstandard an Bord. Die Schiffe mit den höchsten Gesamtpunktzahlen sind die aktuellen Flaggschiffe der Kreuzfahrtenwelt, die in allen Bereichen Spitzenleistungen bieten. Wer jedoch auf das eine oder andere Kriterium weniger Wert legt, findet selbstverständlich auch unter den tiefer bewerteten Hochseekreuzern aussergewöhnliche Schiffe, mit denen sich stil- und genussvoll über die Weltmeere touren lässt.

44/60 Punkte

Le Boreal (+ L'Austral, Le Soléal), Seite 56
Nautica (+ Regatta), Seite 168
Norwegian Epic, Seite 62
Norwegian Gem (+ Norwegian Jade, Norwegian Jewel, Norwegian Pearl), Seite 124
Prinsendam, Seite 110

43/60 Punkte

Allure of the Seas (+ Oasis of the Seas), Seite 157
Deutschland, Seite 75
Hanseatic, Seite 178
Mein Schiff 1 (+ Mein Schiff 2), Seite 160
Nieuw Amsterdam (+ Eurodam, Noordam, Oosterdam, Westerdam, Zuiderdam), Seite 77
Paul Gauguin, Seite 181
Silver Explorer, Seite 183

42/60 Punkte

Azamara Journey (+ Azamara Quest), Seite 112
Rotterdam, Seite 80

41/60 Punkte

Disney Dream (+ Disney Fantasy), Seite 127
Disney Wonder (+ Disney Magic), Seite 129

40/60 Punkte

AIDAmar (+ AIDAblu, AIDAsol), Seite 163
Celebrity Infinity (+ Celebrity Constellation, Celebrity Millennium, Celebrity Summit), Seite 165

39/60 Punkte

AIDAluna (+ AIDAbella, AIDAdiva), Seite 131
Amadea, Seite 114
Costa Favolosa (+ Costa Fascinosa, Costa Fortuna, Costa Magica, Costa Pacifica, Costa Serena), Seite 134
Hamburg, Seite 116

38/60 Punkte

Liberty of the Seas (+ Freedom of the Seas, Independence of the Seas), Seite 136
MSC Fantasia (+ MSC Divina, MSC Splendida), Seite 167

37/60 Punkte

Sea Cloud, Seite 84
Sea Cloud II, Seite 185

36/60 Punkte

Astor, Seite 82
Bremen, Seite 187
Carnival Magic (+ Carnival Breeze, Carnival Dream, Carnival Splendour), Seite 170
Orion, Seite 189

35/60 Punkte

AIDAaura (+ AIDAvita), Seite 138
Artania, Seite 118

34/60 Punkte

Caribbean Princess (+ Emerald Princess, Golden Princess, Grand Princess, Star Princess), Seite 141
Carnival Freedom (+ Carnival Conquest, Carnival Destiny, Carnival Glory, Carnival Liberty, Carnival Triumph, Carnival Valor, Carnival Victory), Seite 144
Pride of America, Seite 146

33/60 Punkte

Club Med 2, Seite 172

32/60 Punkte

Albatros, Seite 120
Celebrity Xpedition, Seite 191
MSC Poesia (+ MSC Magnifica, MSC Musica, MSC Orchestra), Seite 148

31/60 Punkte

Costa Classica, Seite 121
Hanse Explorer, Seite 192
Le Ponant, Seite 194
Royal Clipper, Seite 87
Wind Surf, Seite 196

28/60 Punkte

Four Seasons Explorer, Seite 175
Fram, Seite 198
Star Clipper (+ Star Flyer), Seite 200
True North, Seite 202
Wind Star (+ Wind Spirit), Seite 203

© Seabourn

Flussreisen

- Die schönsten Reviere von der Donau biz zum Nil
- Die Top-Flussschiffe im Test

Die schönsten Reviere von der Donau bis zum Nil

© Delfin Amazonas Cruises

© A-ROSA

Amazonas

Den Amazonas mit einem Schiff zu befahren macht Fernseher überflüssig – so abwechslungsreich und eindrucksvoll ist der tropische Regenwald, durch den sich der mächtige Strom windet. Kristallklares Wasser darf man nicht erwarten, eher schon eine bräunliche Brühe. Doch Flora und Fauna mit der weltweit höchsten biologischen Artendichte machen diesen Schönheitsfehler wett. Gute Einblicke in den sattgrünen, undurchdringlichen Dschungel geben Touren in die weit verzweigten Nebenflüsse, wie sie etwa Delfin Amazon Cruises anbietet. Regenzeit ist zwischen Januar und Mai.

Beste Reisezeit: Juni bis Dezember

In diesem Führer präsentiertes Schiff:

Delfin I (Seite 227)

Donau

Passau, Wien, Bratislava, Budapest und wieder zurück nach Passau. So die klassische, meist fünf- bis siebentägige Route der Flusskreuzfahrtschiffe – mit dem landschaftlich einmaligen, rund dreissig Kilometer langen Abschnitt der Wachau (zwischen Linz und Wien). Doppelt so lang ist die Fahrt über Serbien, Rumänien und Bulgarien bis ins Donaudelta am Schwarzen Meer. Durch den 171 Kilometer langen Main-Donau-Kanal in Bayern ist die Donau wiederum mit dem Rhein verbunden. So kann man per Schiff quer durch Europa reisen – von der Nordsee bei Rotterdam bis Sulina oder Constanta am Schwarzen Meer.

Beste Reisezeit: Mai bis Oktober

In diesem Führer präsentierte Schiffe:

Amadeus Brilliant (Seite 230)
A-ROSA Mia (Seite 231)
River Cloud II (Seite 224)
The Royal Crown (Seite 222)
TUI Queen (Seite 219)

Douro

Die Faszination Nordportugals erleben Natur-, Kultur- und Weinliebhaber am spektakulärsten auf einer Flussreise durchs Dourotal. Bizarre Felslandschaften,

© Nicko Tours

charaktervolle Orte (wie Sao Salvador do Mundo oder Sao Joao de Pasquaira), Paläste und Burgen, Weinberge und Olivenhaine wechseln sich zwischen der historischen Hafenstadt Porto am Atlantischen Ozean und der Grenze zu Nordwestspanien ab.
Beste Reisezeit: Mai bis Oktober
In diesem Führer präsentiertes Schiff:
Douro Queen (Seite 241)

Elbe, Havel und Oder

Von den Kreidefelsen um Dresden über die ursprüngliche Auenlandschaft im Naturpark Elbtalaue bis hinunter an die Elbemündung hinter Hamburg erlebt man auf einer Elbe-Flussreise friedliche Ferientage. Auch Prag ist von Dresden über die Elbe und deren Nebenfluss Moldau leicht zu erreichen. Dank Elbe-Havel-Kanal, Havel-Oder-Kanal und Oder-Spree-Kanal sind zudem Kombinationstouren nach Potsdam, Berlin sowie nach Usedom, Rügen und Hiddensee an der Ostsee möglich.
Beste Reisezeit: Mai bis Oktober
In diesem Führer präsentiertes Schiff:
Frédéric Chopin (Seite 237)

© Nicko Tours

© Orient Express Hotels

Irrawaddy (Burma)

Zurück auf der touristischen Landkarte nach Jahren der Repression und Isolation (seit November 2010 gibt es trotz diktatorisch regierender Generalsclique wieder freie Wahlen und dank der burmesischen Widerstandskämpferin Aung San Suu Kyi eine spürbare Wende zum Besseren), ist Burma eines der aktuellen Insider-Reiseziele. Umrahmt von Thailand, Laos, China, Indien und Bangladesch scheint es aus der Zeit gefallen zu sein. »Burma ist wie Thailand vor fünfzig Jahren«, schreibt die englische Financial Times. »Wer das wahrhaft authentische Asien erleben will, muss jetzt hin.« Da das geschundene Land nicht gut erschlossen ist und viele Dörfer nur äusserst strapaziös auf holprigen Lehmpfaden zu erreichen sind, bereist man Burma (offiziell: Myanmar) am bequemsten auf dem Flussweg. Der Irrawaddy ist die wichtigste Verkehrsader, die durch mystische Landschaften mit pittoresk ärmlichen strohgedeckten Häuschen neben goldenen Prachtpagoden und Relikten alter Königreiche führt.
Beste Reisezeit: Oktober bis März
In diesem Führer präsentiertes Schiff:
Road to Mandaley (Seite 221)

© Sea Cloud Cruises

Kroatische Adriaküste

Entlang der kroatischen Küste wechseln sich malerische historische Städte, schroffe Felswände mit romantischen Buchten und tief ins Land reichende Fjorde mit mediterraner Vegetation ab. Die »Belle de l'Adriatique« – halb Flussschiff, halb Hochseekreuzer und damit ein Exot in diesem Kapitel – wurde speziell für Touren durch die kroatische Inselwelt konzipiert. Auch Abstecher ins benachbarte Montenegro gehören zum Reiseprogramm.

Beste Reisezeit: Mai bis September

In diesem Führer präsentiertes Schiff:

Belle de l'Adriatique (Seite 243)

Main, Mosel und Neckar

Die Nebenflüsse des Rheins werden wiederentdeckt: Bei Koblenz biegt man in südwestlicher Richtung zur Mosel ab, die zu den Winzerorten Traben-Trarbach und Bernkastel sowie nach Trier führt. Bei Mainz geht es die Donau hinauf Richtung Frankfurt, Wertheim und Würzburg. Und von Mannheim schlängelt sich der Neckar wenige Flusskilometer bis Heidelberg.

Beste Reisezeit: Mai bis Oktober

In diesem Führer präsentierte Schiffe:

A-ROSA Viva (Seite 234)

River Cloud II (Seite 224)

The Royal Crown (Seite 222)

TUI Queen (Seite 219)

Mekong

Die Lebensader Südostasiens lässt sich auf diversen Flusskreuzfahrtabschnitten in Vietnam und Kambodscha entdecken. Die Paradestrecke führt von Ho-Chi-Minh-Stadt (Saigon) nach Siem Reap (Tempelanlagen von Angkor Wat) oder umgekehrt, am stilvollsten natürlich mit einem der nostalgisch-authentischen Teakholzschiffe.

Beste Reisezeit: November bis Februar

In diesem Führer präsentiertes Schiff:

Lan Diep (Seite 228)

© Lan Diep / Phoenix Reisen

Nil

Das Massengeschäft lässt vergessen, dass eine Kreuzfahrt auf dem Nil bis vor nicht allzu langer Zeit den »Happy few« vorbehalten war, wie dies etwa Agatha Christie in ihrem Kriminalroman »Tod auf dem Nil« vortrefflich beschrieben hat. Filmreif ist eine Nilkreuzfahrt noch immer, insbesondere zur Zeit der Morgen- und der Abenddämmerung. Wie in den Tagen der Pharaonen ist der Nil noch immer die Lebensader des zu über neunzig Prozent aus Wüste bestehenden Landes, und noch immer sorgt er dafür, dass der Esstisch der Ägypter das ganze Jahr gut gedeckt bleibt. Höhepunkt jeder Nilschifffahrt sind die Tagesausflüge zu den kulturellen Schönheiten: Die Pyramiden von Gizeh, Memphis und Sakkara, das Tal der Könige, die Tempel von Luxor, Dendera und Abu Simbel – all das weckt Orientträume, die man einmal im Leben wahr machen möchte. Zu den Neuheiten am Nil zählt die Wiedereröffnung des Abschnitts zwischen Kairo und Luxor, der aus Angst vor Anschlägen von 1994 bis 2012 für Flusskreuzfahrtschiffe gesperrt war. Einzelne Anbieter wie etwa Phoenix Reisen haben die Route Kairo–Assuan wieder im Programm.

Beste Reisezeit: Oktober bis April

In diesem Führer präsentierte Schiffe:

Nile Excellence (Seite 225)
The Oberoi Zahra (Seite 218)

Po und Lagune von Venedig

Der grösste Strom Italiens wird meist nur auf einem kleinen Stück von Venedig aus befahren (bis Polesella bei Ferrara). Die Ausflüge nach Verona, Padua und Ferrara sowie zu den venezianischen Inseln Murano und Burano lohnen allein schon die Reise. Zwischen Land und offenem Meer touren die Flussschiffe in der Lagune von Venedig, weshalb es schon mal heftig schaukeln kann.

Beste Reisezeit: Mai bis Oktober

In diesem Führer präsentiertes Schiff:

Bellissima (Seite 238)

Rhein

Es ist der Reiz der abwechslungsreichen Szenerien, der eine Flussreise zwischen Basel und Amsterdam so faszinierend macht. Entlang Deutschlands längstem Strom reihen sich Städte wie Strassburg, Mainz, Köln und Düsseldorf, romantische Abschnitte mit Burgen und Schlössern, Ruhrgebiet und Weinlandschaften sowie landschaftlich reizvolle Nebenflüsse wie Main, Mosel und Neckar.

Beste Reisezeit: Mai bis Oktober

In diesem Führer präsentierte Schiffe:

A-ROSA Viva (Seite 234)
River Cloud II (Seite 224)

The Royal Crown (Seite 222)
TUI Queen (Seite 219)

Rhein-Maas-Delta

Das Mündungsgebiet von Rhein und Maas in die Nordsee ist für die Flussschifffahrt ausgebaut und angeschlossen an diverse weitere niederländische und belgische Wasserläufe wie Lek, Waal, Schelde und Albert-Kanal (zwischen Maastricht und Antwerpen).

Beste Reisezeit: Mai bis September

In diesem Führer präsentierte Schiffe:

A-ROSA Viva (Seite 234)
River Cloud II (Seite 224)
The Royal Crown (Seite 222)
TUI Queen (Seite 219)

Rhône und Saône

Von Lyon aus geht es auf der Rhône südwärts über dreihundert Flusskilometer bis zur Mündung ins Mittelmeer bei Port St-Louis (mit Stationen in Avignon, Arles und Châteauneuf-du-Pape). Von Lyon Richtung Norden führt die Saône in die beschaulichen Weinregionen des Beaujolais und Burgund (mit Stopps in Chalon-sur-Saône, Tournus und Mâcon). Oft verbinden die Flusskreuzfahrten die Rhône-Route mit der Sâone, sodass man innerhalb ein bis zwei Wochen ein facettenreiches Frankreich-Panorama erleben kann, ohne ständig die Koffer packen zu müssen.

Beste Reisezeit: Mai bis Oktober

In diesem Führer präsentierte Schiffe:

A-ROSA Stella (Seite 233)
Excellence Rhone (Seite 240)

© Nicko Tours

Seine

Flusskreuzfahrten auf der Seine beginnen und enden meist in Paris, von dort ziehen die Schiffe während einer Woche durch die sanfte Grünlandschaft der Normandie (inklusive Giverny mit Monets Garten) bis nach Rouen, Caudebec-en-Caux nahe Honfleur sowie der Atlantikmündung und wieder zurück nach Paris.
Beste Reisezeit: Mai bis Oktober
In diesem Führer präsentiertes Schiff:
Cézanne (Seite 244)

Wolga und Newa

Ein Trend im Flussreisenmarkt: Die rund dreizehntägige Passage von St. Petersburg nach Moskau – auf

einer reizvollen Wasserstrasse, die bereits von Peter dem Grossen geplant, aber erst 1937 vollendet wurde.
Beste Reisezeit: Juni bis September
In diesem Führer präsentiertes Schiff:
Viking Truvor (Seite 236)

Yangtse

Der Yangtse ist mit einer Länge von 6300 Kilometern der längste Fluss Asiens und nach Nil und Amazonas der drittlängste Strom der Welt. Abermillionen Menschen arbeiten und leben an seinen Ufern, nutzen sein Wasser und transportieren Güter auf ihm. Als Flussreiseziel ist der Yangtse im Kommen – die klassische Route erstreckt sich auf 2400 Kilometern zwischen Chongqing und Shanghai (8 bis 9 Tage). Die besten Schiffe sind die »Century Diamond« (Veranstalter: Nicko Tours), die »President No. 3« (Plantours) und die »Viking Emerald« (Viking Flusskreuzfahrten).
Beste Reisezeit: März bis Dezember

Die Top-Flussschiffe im Test

The Oberoi Zahra

Fahrtgebiet: Nil

Gesamtwertung: **38**/42

Veranstalter: Oberoi Hotels & Resorts
Baujahr: 2007
Länge: 72 m, Breite: 14 m
Kabinen: 27
Passagiere: 54
Crew: 42
Passagier-Crew-Verhältnis: 1,3
Bordsprache: Englisch
Infos: www.oberoizahra.com

Ambiente ★★★★★★

Ein schwimmendes Fünfsternehotel auf dem Nil: In Luxor oder Assuan schifft man für die achttägige Flussfahrt ein, und der Kontrast zur ägyptischen Realität könnte kaum markanter sein: Das Interieur ist von schlicht-schöner Modernität und in seiner klaren Linienführung geradezu revolutionär in der oft etwas biederen Flusskreuzfahrtenbranche. So schnell sich das Auge an das Tohuwabohu auf den ägyptischen Strassen gewöhnt hat, so rasch passt es sich nun dem trendsetzenden Luxus-Styling der »Oberoi Zahra« an. Die Türen der staubigen Transferlimousinen öffnen sich, flinke Hände kümmern sich ums Gepäck, und es werden kühle Drinks gereicht. Die 25 Kabinen sind 26 Quadratmeter gross und erfreuen mit Holzfussböden und grossen Panoramafenstern, auch in den Badezimmern. Die zwei Suiten verfügen darüber hinaus über einen separaten Wohn- und Schlafraum und eine private Terrasse mit eigenem Jacuzzi. Jeder der maximal 54 Passagiere hat auf den fünf Decks mehr als genug Raum für seine Privatsphäre. Und trotzdem ist alles so familiär, als wäre man beim Schiffseigner zu Gast. Die Ruhe, die der träge dahinziehende Fluss ausstrahlt, prägt die Atmosphäre auf dem ganzen Schiff. Ein wahres Privileg gegenüber den Massentouristen auf den grossen Nilpötten, die besonders in den Wintermonaten zu Hunderten zwischen Luxor und Assuan ver-

kehren. Und zwar meist doppelt so schnell und dreimal so laut wie die »Zahra«. Bei den täglichen, im Preis inbegriffenen Ausflügen zu den Schönheiten entlang der 210 Kilometer langen Route taucht man von Tempel zu Tempel immer tiefer ein in eine der faszinierendsten Kulturen der Erde – und findet bei der Rückkehr auf die »Zahra« einen sicheren Hafen in dieser für Europäer oft fremden Welt.

Kabinen ★★★★★★
25 luxuriöse Aussenkabinen ($26\ m^2$) und zwei Suiten ($50\ m^2$), Letztere mit separatem Wohnraum und privater Terrasse mit Openair-Jacuzzi. Alle Kabinen mit DVD-/CD-Player und kostenlosem WiFi-Internetzugang.

Essen & Trinken ★★★★★★
Auf dem edelholzbeplankten Sonnendeck und im Restaurant wird mehrmals täglich vom Besten aufgetischt, was die Küchen dieser Welt zu bieten haben. Bar, Cigar-Lounge.

Service ★★★★★★
Mit erfahrenem Blick für das Wohl anspruchsvoller Passagiere geführt. Man merkt, dass hinter der »Zahra« die Hotelgruppe Oberoi steht.

Freizeitangebot ★★★★☆☆
Sonnendeck mit Pool, Spa mit zahlreichen Body- und Beautyanwendungen (vier Behandlungsräume), Fitnessraum. Jeden Abend vermittelt eine audio-visuelle Präsentation Wissen zum Programm des folgenden Tages. Bibliothek.

Routen & Landausflüge ★★★★★☆
Das Nilschiff schippert während acht Tagen von Luxor nach Assuan oder in umgekehrter Richtung. Die professionellen Reiseführer kennen die Geschichte ihres Landes bestens, können Hieroglyphen entziffern und bringen den jeweils maximal neun Passagieren pro Ausflugsgruppe sowohl die Welt der alten Ägypter als auch deren Vorstellungen vom Jenseits nahe. Die täglichen, vom Schiff organisierten Exkursionen sind im Reisepreis inbegriffen.

Preis-Leistungs-Verhältnis ★★★★★☆
Passagiertag ab ca. 350 Euro (inkl. Trinkgelder, Vollpension und Ausflüge, exklusive Getränke)

Wenn doch nur ... das Schiff öfter auf wirklicher Nilfahrt wäre. Die »Zahra« liegt den grössten Teil der Woche an Anlegeplätzen, geniesst jedoch das Privileg eines privaten Anlegeplatzes in den meisten Häfen (alle anderen Schiffe liegen parallel aneinandergereiht an den Piers, sodass man sein eigenes Schiff nur erreicht, indem man die Decks der anderen überquert).

TUI Queen

Fahrtgebiete: Rhein, Main, Donau

Gesamtwertung: **36**/42

Veranstalter: TUI Deutschland
Baujahr: 2008
Länge: 135 m, Breite: 11 m
Kabinen: 51
Passagiere: 102
Crew: 50
Passagier-Crew-Verhältnis: 2,0
Bordsprache: Deutsch
Infos: www.tui-flussgenuss.de

Ambiente ★★★★★★
Während die anderen TUI-Flusskreuzer (»Allegra«, »Melodia« und »Sonata«) bei gleicher Schiffsgrösse 76 Passagiere mehr befördern, bietet die »Queen« überraschend viel Platz und Privatsphäre – und alle Annehmlichkeiten eines schwimmenden Grand Hotels. Ursprünglich als »Premicon Queen« unterwegs, fährt sie seit Sommer 2012 unter der Flagge von TUI. Zu den Highlights zählt das voll verglaste Restaurant, das sich über zwei Decks erstreckt und Ausblicke nach drei Seiten ermöglicht. Die Panorama-Lounge mit ihrem abgestuften »Theatron« wird abends zur Showbühne. Es gibt einen historischen Dampfschiffsalon und einen Smoker's Clubraum mit Humidor. Auf dem weitläufigen windgeschützten Sonnendeck laden verschiedene Liege- und Sitzlandschaften zum Entspannen und Sonnen ein. Die vergleichsweise riesigen Kabinen

Fitnessraum, Gymnastik- und Entspannungslektionen (Tai-Chi) auf dem Sonnendeck. Coiffeur. Kleine Show-Darbietungen, Bordmusiker, Bibliothek.

haben ein wohnliches Ambiente – das Schönste jedoch erlebt man erst, wenn die »Queen« volle Fahrt aufgenommen hat: die ausnahmslos bodentiefen Fensterfronten. An ihnen zieht die Rhein- oder Donaulandschaft vorbei, ab und zu ein anderes Schiff, Menschen winken. Eine unbezahlbare Aussicht, die immer wieder wechselt, man schaut stundenlang hin – und wird innerlich so ruhig wie seit Monaten nicht mehr. Die »TUI Queen« ist als Twin-Cruiser gebaut, das heisst Maschinen- und Kabinenbereich sind getrennt und das Schiff wird vom Heck aus angeschoben.

Kabinen ★★★★★★
51 luxuriös ausgestattete Kabinen (18 bis 30 m^2), davon 4 mit Balkon. Sämtliche Kabinen mit bis zum Boden reichenden Panoramaglastüren zum Öffnen (französischer Balkon).

Essen & Trinken ★★★★★☆
Spektakulär gestaltetes Hauptrestaurant mit ambitionierter Marktküche (teilweise mittags zusätzlich Buffetvariationen und Live-Cooking). Panorama-Lounge, Bar, Raucher-Lounge, Wienercafé.

Service ★★★★★☆
Auch bei Vollbelegung sicher und zuvorkommend. Der Passagier spürt, dass man an ihn denkt und sich bemüht, ihn stets auf Neue zu überraschen.

Freizeitangebot ★★★★☆☆
Spa mit diversen Body- und Beautybehandlungen, grossem Whirlpool und Sauna (beide mit Blick aufs Wasser). Teak-Sonnendeck mit Golf-Putting-Green.

Routen & Landausflüge ★★★★☆☆
Zwei- bis siebzehntägige Routen auf Rhein, Main und Donau. Solides Angebot leicht überteuerter Landprogramme.

Preis-Leistungs-Verhältnis ★★★★★★
Passagiertag ab ca. 160 Euro (inklusive Vollpension, exklusive Trinkgelder und Getränke)

Wenn doch nur ... die markanten Last-Minute-Rabatte der Reisebüros nicht wären, die eine Beleidigung für jeden Katalogpreis-Vollzahler sind. Ausserdem: Kleinlich bei einem Luxusschiff wie der »TUI Queen« mutet das kostenpflichtige WLAN an.

Road to Mandaley

Fahrtgebiet: Irrawaddy

Gesamtwertung: **35**/42

Veranstalter: Orient Express Hotels, Trains & Cruises
Baujahr: 1964 (Renovation: 2009)
Länge: 102 m, Breite: 12 m
Kabinen: 43
Passagiere: 82
Crew: 75
Passagier-Crew-Verhältnis: 1,1
Bordsprache: Englisch
Infos: www.orient-express.com/web/rtm/road_to_mandalay.jsp

Ambiente ★★★★★★
Das Nobel-Flussschiff lässt die Reisenden sich wie in einer Novelle von Somerset Maugham durch die mystische Landschaft von Burma träumen. Nach vielen Jahren der Militärherrschaft und der touristischen Isolation gibt es seit November 2010 wieder freie Wahlen im Land. Zum Glück ist der Luxus an Bord der stilvollen »Road to Mandaley« dezent und mit der burmesischen Tradition verwoben, sodass man angesichts der Kontraste zwischen den Welten nicht allzu nachdenklich gestimmt wird. Die Gegensätze sind nicht nur bei den Landausflügen zu spüren: Der Grossteil des alltäglichen Lebens spielt sich am Ufer des Irrawaddy ab, weil Fischerei und Teakholz-Handel die wichtigsten Einnahmequellen sind. Die erhöhte Position auf dem Sonnendeck verschafft den Reisenden einen Überblick mit Breitleinwand-Effekt über die sich gemächlich vorbeischiebende Szenerie. Selbst unverbesserliche Hektiker beugen sich spätestens am zweiten Tag dem trägen Rhythmus des Flusses. Jene, die von ihrem Smartphone nicht lassen können, werden gezwungenermassen durch unzuverlässige Verbindungen von ihren Workaholic-Gewohnheiten abgebracht. Markenzeichen des Schiffs sind die zeitlos gediegenen Interieurs, die feinsinnige Küche und die engagierten Fachreferenten, dank denen keine Frage unbeantwortet, keine der buddhistischen Stupas unerklärt und kein Tempel seelenlos bleibt. Betrieben wird das Schiff von der Hotelgruppe Orient Express, die für unaufdringliche Serviceperfektion an den schönsten Orten der Welt steht. Ausgangspunkt der vier- bis zwölftägigen Touren ist meist Mandaley

oder Bagan. Oft buchen die Passagiere des Schiffes gleich einen weiteren Südostasien-Klassiker mit: den »Eastern & Oriental Express«, der die Ära der gloriosen Zugreisen des frühen 20. Jahrhunderts wieder aufleben lässt und in drei bis vier Tagen zwischen Bangkok und Singapur verkehrt.

Kabinen ★★★★★☆
43 komfortable Aussenkabinen in fünf Kategorien (11 bis 29 m^2).

Royal Crown

Fahrtgebiete: Rhein, Main, Donau

Gesamtwertung: **35**/42

Veranstalter: Hebridean Island Cruises
Baujahr: 1996
Länge: 110 m, Breite: 11 m
Kabinen: 42
Passagiere: 79
Crew: 42
Passagier-Crew-Verhältnis: 1,9
Bordsprache: Englisch
Infos: www.hebridean.co.uk

Ambiente ★★★★★★
Einst das fünf Jahre ältere Schwesterschiff der »River Cloud II« von Sea Cloud Cruises (siehe Seite 224), bietet die ähnlich konzipierte, den Dreissigerjahren nachempfundene »Royal Crown« klassisches Yachting-Flair. Die Gesamtästhetik ist einmalig – selten findet man ein Flussschiff, das in einem so einheitlichen Stil durchgestaltet ist wie dieses und zudem über eine umlaufende Teakholz-Promenade verfügt. Der Service hält mit: Spezialwünsche werden hier nie als Belästigung, sondern als Herausforderung betrachtet. Und die englische Reederei Hebridean Island Cruises sorgt dafür, dass der Traum vom perfekten aquatischen Leben auf Rhein und Donau nirgends abbricht. Und man versteht, weshalb der Schriftsteller Thomas Mann vor siebzig Jahren anlässlich einer Flussreise jeden Zweifel darüber

Essen & Trinken ★★★★★★
Der kulinarische Verwöhnanspruch im Restaurant ist so hoch wie bei den terrestrischen Orient Express Hotels. Pianobar, Observation Lounge, Cocktailbar auf dem Sonnendeck. Alkoholfreie Getränke sind auf dem ganzen Schiff jederzeit kostenlos.

Service ★★★★★★
Sehr persönlich und in seiner Art kaum zu übertreffen. Die liebenswerte, vorwiegend asiatische Crew sorgt dafür, dass es an nichts für einen erfreulichen Aufenthalt fehlt.

Freizeitangebot ★★★★☆☆
Sonnendeck mit Pool, diverse Body- und Beautybehandlungen, kleiner Fitnessraum. Landeskundliche Vorträge, Folklore-Darbietungen vom Marionettentheater bis zu traditionellen Tänzen, Bibliothek.

Routen & Landausflüge ★★★★☆☆
Von September bis März befährt das Schiff auf vier- bis zwölftägigen Routen den burmesischen Fluss Irrawaddy zwischen Mandaley und Bagan – zur Regenzeit im Frühherbst wird auch der Oberlauf bis Bhamo angesteuert. Tadellos organisierte Ausflüge (im Reisepreis inbegriffen).

Preis-Leistungs-Verhältnis ★★★★☆☆
Passagiertag ab ca. 450 Euro (inkl. Trinkgelder, Vollpension, alkoholfreie Getränke, Transfers und Ausflüge)

Wenn doch nur ... die Preise der Weine im Restaurant nicht so schwindelerregend wären.

ausräumte, ob es entlang der Rheinstrecke nicht auch eine Reise auf Schienen getan hätte, die ja oft ebenfalls dem Flusslauf folgen: »Schön und doch stolz ist das Dahinziehen so eines Schiffes durch die Horizonte, als Bewegungsart würdiger, entschieden, als das Um-die-Kurven-Rasen der Schnellzüge.«

Kabinen ★★★★★☆
42 komfortable, sehr gepflegte Kabinen (12 bis 19 m^2), verteilt auf Kabinendeck (mit Bullaugen) und Promenadendeck (mit Panoramafenster).

Essen & Trinken ★★★★★☆
Ambitionierte Marktküche im gediegenen Restaurant (teilweise mittags zusätzlich Buffetvariationen und Live-Cooking). Lounge-Bar mit Bordpianist. Lido-Bar auf dem Sonnendeck. Afternoon-Tea. Sämtliche Getränke, einschliesslich Weine, Spirituosen und Champagner, sind während der Reise kostenlos.

Service ★★★★★★
Individuell, persönlich, in jeder Hinsicht überdurchschnittlich. Die aufmerksame Crew scheint in jedem Moment zu wissen, was die Passagiere drei Minuten später wünschen.

Freizeitangebot ★★★☆☆☆
Sonnendeck mit Teakholzmobiliar und Putting Green. Fitnessraum, Sauna, Beauty-Salon. Landeskundliche Vorträge, Bibliothek. Kostenlose Fahrräder für individuelle Landgänge.

River Cloud II

Fahrtgebiete: Rhein, Main, Donau

Gesamtwertung: **34**/42

Veranstalter: Sea Cloud Cruises
Baujahr: 2001
Länge: 103 m, Breite: 10 m
Kabinen: 44
Passagiere: 88
Crew: 35
Passagier-Crew-Verhältnis: 2,5
Bordsprache: Deutsch, Englisch
Infos: www.seacloud.de

Routen & Landausflüge

★★★★★☆

Fahrgebiete sind Rhein, Main und Donau. Der Klassiker ist die einwöchige Route von Amsterdam nach Basel (und umgekehrt). Ebenfalls beliebt: die einwöchigen Touren von Nürnberg über Regensburg, Passau und Wien nach Budapest. Zuverlässig organisierte, aber etwas banale Landprogramme.

Preis-Leistungs-Verhältnis

★★★★★☆

Passagiertag ab ca. 440 Euro (inklusive Vollpension, sämtliche Getränke, einschliesslich Weine, Spirituosen und Champagner, sowie alle Ausflüge und Trinkgelder)

Wenn doch nur ... die Tische im Restaurant nicht ausschliesslich Vierer- und Achtertische wären, sodass man auch einmal ein Dinner zu zweit geniessen könnte.

Ambiente ★★★★★★

Besonders schöne, den Dreissigerjahren nachempfundene Flussjacht. Edle Stoffe und Hölzer verleihen ihr ein unaufdringlich elegantes Ambiente. Bereist werden Rhein, Main und Donau, darunter sind viele Themenreisen, beispielsweise zu europäischer Kunst, Architektur und Musik. Auch die Erkundung bekannter Weinregionen oder spezifische Garten-Kreuzfahrten sprechen ein Nischenpublikum an, das besondere Interessen hat und dabei den sehr individuellen, qualitäts-

bewussten Stil der »River Coud II« schätzt. Das entspannte Gespräch unter Gleichgesinnten spielt denn auch eine nicht unwesentliche Rolle an Bord. Beim Welcome- und Farewell-Kapitänsdinner ist elegante Abendkleidung respektive Jackett und Krawatte erwünscht. Die Brücke steht den Passagieren jederzeit offen – wie auf den beiden Grossseglern »Sea Cloud« und »Sea Cloud II« (siehe Seiten 82 und 185 derselben Hamburger Reederei. Auf ausgewählten Fahrten steht jeweils ein Kontingent an Einzelkabinen ohne Zuschlag zur Verfügung.

Kabinen ★★★★☆☆
44 komfortable, sehr gepflegte, aber ziemlich kleine Kabinen (11 bis 14 m^2), verteilt auf Kabinendeck (mit Bullaugen) und Promenadendeck (mit Panoramafenster). Alle Kabinen mit DVD-Player (zahlreiche DVDs in der Bibliothek).

Essen & Trinken ★★★★★★
Marktfrische Gourmetküche im gediegenen Restaurant mit offener Tischordnung. Lunch-Buffets und abendliche Barbecues auf dem Sonnendeck. Lounge-Bar mit Bordpianist. Klassische Tea-Time. Alle Softgetränke, Kaffee und Tee während der Reise sind kostenlos, ebenso Tischweine und Bier zum Mittag- und Abendessen.

Service ★★★★★★
Die Crew ist so zuvorkommend und taktvoll um die Passagiere bemüht, dass man sich unweigerlich fragt, wie man jemals mit weniger zufrieden sein konnte.

Freizeitangebot ★★☆☆☆☆
Sonnendeck mit Putting Green. Gute Vorträge versierter Fachreferenten. Gelegentlich Konzerte. Bibliothek. Bordeigene Fahrräder stehen zur kostenlosen Verfügung. Coiffeur.

Routen & Landausflüge ★★★★★★
Rhein, Main, Donau. Sorgfältig ausgesuchte und tadellos organisierte Landprogamme. Auf einzelnen Themenreisen Landausflüge im Reisepreis inbegriffen.

Preis-Leistungs-Verhältnis ★★★★☆☆
Passagiertag ab ca. 280 Euro (inklusive Vollpension, Tischweine und alle Softgetränke, exklusive Trinkgelder)

Wenn doch nur ... ein Pool auf dem Sonnendeck zur Verfügung stünde.

Nile Excellence

Fahrtgebiet: Nil

Gesamtwertung: **33**/42

Veranstalter: Nicko Tours
Baujahr: 2008
Länge: 63 m, Breite: 11 m
Kabinen: 30
Passagiere: 56
Crew: 60
Passagier-Crew-Verhältnis: 0,9
Bordsprache: Deutsch, Englisch
Infos: www.nicko-tours.de

Ambiente ★★★★★☆
Nur gut, dass man sich auf der »Nile Excellence« nicht zwischen kultureller Spurensuche und gemütlichem Dolce-far-niente entscheiden muss: Es bleibt genug Zeit sowohl für unvergessliche Besuche der Pyramiden und Tempel als auch für Entspannung an Bord. Neben Pool und Massagen locken geräumige, geschmackvoll eingerichtete Aussenkabinen, Vorträge und Folklore-Darbietungen. Zudem kennt nach ein, zwei Tagen an Bord jedes Crewmitglied jeden Passagier mit Namen. Wie die meisten Nilschiffe wird auch die »Nile Excellence« nicht von einer Flussreederei geführt, sondern von Reiseveranstaltern gechartert. Mit Nicko Tours ist ein Flussreisen-spezialist am Ruder, der für professionelle Beratung und zuverlässige Abwicklung bekannt ist.

Kabinen ★★★★★☆
29 komfortable, lichtdurchflutete Aussenkabinen (20 bis 28 m^2), alle mit bodentiefen Fenstertüren. 1 Suite mit Balkon.

Essen & Trinken ★★★★☆☆
Orientalisch-mediterrane Crossover-Küche im Restaurant, Barbecues und Cocktailbar auf dem Sonnendeck. Panoramasalon mit Bar.

Service ★★★★★☆
Der Crew gelingt es, stets präsent zu sein, ohne um die Passagiere herumzuscharwenzeln.

Freizeitangebot ★★★☆☆☆
Sonnendeck mit Pool, Massagen, landeskundliche Vorträge, Folklore-Darbietungen, Tanzabend.

Routen & Landausflüge ★★★★★☆
Die »Nile Excellence« fährt die klassische einwöchige Route von Luxor nach Assuan und wieder zurück nach Luxor. Professionell durchgeführte Ausflugsprogramme (mehrheitlich im Reisepreis inbegriffen). Ein Team deutschsprachiger Reiseleiter steht während der Reise mit Rat und Tat zur Seite. Flussreisen mit der »Nile Excellence« können nur als Paket mit einem viertägigen Vorprogramm in Kairo gebucht werden.

Preis-Leistungs-Verhältnis ★★★★★★
Passagiertag ab ca. 180 Euro (inkl. Trinkgelder, Vollpension und die meisten Ausflüge, exklusive Getränke)

Wenn doch nur ... die überteuerte und wenig inspirierte Weinkarte nicht so sehr zu wünschen übrig liesse.

Delfin I

Fahrtgebiet: Amazonas

Gesamtwertung: **30**/42

Veranstalter: Delfin Amazon Cruises
Baujahr: 2010
Länge: 21 m, Breite: 11 m
Kabinen: 4
Passagiere: 8
Crew: 8
Passagier-Crew-Verhältnis: 1,0
Bordsprache: Englisch
Schwesterschiff: Delfin II
Infos: www.delfinamazoncruises.com

Ambiente ★★★★★★
Das stilvollste Schiff auf dem Amazonas bietet nur vier Designkabinen, die jeweils 32 bis 34 Quadratmeter gross sind und über fast ebenso grosse private Sonnendecks verfügen. Die vier- bis fünftägige Reise auf dem peruanischen Teil des Amazonas beginnt bei Iquitos. Dort vereinen sich die beiden Quellflüsse Maranon und Ucayali, und dort lebte einst Brian Sweeny Fitzgerald, das Vorbild für Fitzcarraldo, der durch Werner Herzogs Filmklassiker in die Kinogeschichte einging. Der peruanische Regenwald und das Naturschutzgebiet Pacaya Samiria zählen zu den artenreichsten Regionen der Welt. Dementsprechend stehen Flora und Fauna im Vordergrund der Tour. Sie wird von einem Amazonas-Spezialisten begleitet, der die Zusammenhänge des sensiblen Ökosystems erklärt und die täglichen Expeditionen mit kleinen Motorbooten, Kajaks oder zu Fuss durch den Regenwald leitet. Einer der Höhepunkte der Reise ist das Schwimmen mit grauen und pinkfarbenen Delfinen im El Dorado River, einem kleinen Seitenarm des Amazonas. Schwesterschiff »Delphin II« bietet ein vergleichbares Programm, ist aber mit 14 Kabinen für 28 Passagiere etwas weniger exklusiv – der Reisepreis ist entsprechend rund ein Fünftel günstiger.

Kabinen ★★★★★★
4 luxuriöse Kabinen (32 bis 34 m^2), alle mit funktionstüchtiger Klimaanlage, bodentiefer Fensterfront und privater Terrasse, zwei davon mit eigenem Jacuzzi.

Lan Diep

Fahrtgebiet: Mekong

Gesamtwertung: **28**/42

Veranstalter: Phoenix Reisen
Baujahr: 2007
Länge: 50 m, Breite: 10 m
Kabinen: 22
Passagiere: 44
Crew: 22
Passagier-Crew-Verhältnis: 2,0
Bordsprache: Englisch
Infos: www.phoenixreisen.com, www.cfmekong.com/en/mekong-boats/landiep-river-boat.html

Ambiente ★★★★★☆
Die Tempel von Angkor Wat. Der Zauber von Kambodscha und Vietnam. Südostasiens boomende Städte Saigon und Phnom Penh. Alles bequem vom Flussschiff aus, und nicht einmal besonders teuer: Der stilvoll-nostalgische Teakholz-Kreuzer »Lan Diep« macht es dank seiner verhältnismässig komfortablen Ausstattung und dem extrem geringen Tiefgang (ein Meter!) zwischen Mitte August und Ende April möglich. Nur reservieren sollte man frühzeitig – die Mekong-Reisen sind insbesondere in den Wintermonaten meist ausgebucht.

Kabinen ★★★☆☆☆
22 komfortable Aussenkabinen im traditionellen asiatischen Bootsstil, ausgestattet mit viel Tropenholz (je 13 m^2).

Essen & Trinken ★★★★☆☆
Solide peruanische Küche. Kulinarische Spezialwünsche (Kinder, Vegetarier, Allergiker) werden berücksichtigt, allerdings nur auf frühzeitige Vorankündigung, weil das Schiff in entlegenen Regionen unterwegs ist. Bar auf dem Observation Deck. Softdrinks und Hausweine sowie die Spirituosen an der Bar sind im Reisepreis eingeschlossen.

Service ★★★★★☆
Familiär freundlich und jederzeit hilfsbereit.

Freizeitangebot ★☆☆☆☆☆
Massagen auf einem geschützten Aussendeck. Bibliothek.

Routen & Landausflüge ★★★★☆☆
Vier- bis fünftägige Routen von Iquitos nach Nauta City – von dort geht es mit dem Bus zurück nach Iquitos. Geführte Dschungelexpeditionen mit kleinen Motorbooten und Kajaks.

Preis-Leistungs-Verhältnis ★★★★☆☆
Passagiertag ab ca. 750 Euro (inkl. Trinkgelder, Vollpension, alle Getränke, Ausflüge und Transfers)

Wenn doch nur ... die Moskitos nicht wären.

Essen & Trinken ★★★☆☆☆
Restaurant (freie Tisch- und Zeitwahl) mit internationaler Küche sowie Spezialitäten aus Kambodscha und Vietnam. Salon und Freiluftsalon mit Bar-Service.

Service ★★★★☆☆
Die ausgesprochen liebenswürdige Crew mag gelegentlich den falschen Hauptgang servieren oder Mühe mit dem Korkenzieher haben, dem wunderbaren Gesamterlebnis tut dies keinen Abbruch.

Freizeitangebot ★★☆☆☆☆
Sonnendeck. Landeskundliche Vorträge, folkloristische Darbietungen.

Routen & Landausflüge ★★★★★☆
Zweiwöchige Flusstouren von Siem Reap (Tempel von Angkor Wat) über den Tonle-Sap-Fluss und Mekong nach Saigon (Ho-Chi-Minh-Stadt) oder umgekehrt. Je nach Wasserstand muss der erste respektive letzte Streckenabschnitt (zwischen Siem Reap und Kampong Chanaag) mit dem Bus absolviert werden. Erfahrene deutsche Reiseleiter begleiten zahlreiche Ausflüge zu Kulturdenkmälern, ursprünglichen Dörfern und boomenden Städten (mehrheitlich im Reisepreis inbegriffen). Weitere Landerkundungen sowie Vor- und Nachprogramme werden von der Phoenix-Reiseleitung professionell vermittelt.

Preis-Leistungs-Verhältnis ★★★★★★
Passagiertag ab ca. 120 Euro (inkl. Vollpension und diverse Ausflüge, exklusive Trinkgelder, Visagebühren und alkoholische Getränke)

Wenn doch nur ... das dröhnende Motorengeräusch in den Kabinen im hinteren Bereich des Schiffs nicht wäre.

Amadeus Brilliant

Fahrtgebiete: Rhein, Donau

Gesamtwertung: **27**/42

Veranstalter: Lüftner Cruises
Baujahr: 2011
Länge: 110 m, Breite: 11 m
Kabinen: 76
Passagiere: 152
Crew: 40
Passagier-Crew-Verhältnis: 3,8
Bordsprache: Deutsch
Schwesterschiffe: Amadeus, Amadeus Classic, Amadeus Diamond, Amadeus Elegant, Amadeus Princess, Amadeus Rhapsody, Amadeus Royal, Amadeus Symphony
Infos: www.lueftner-cruises.com

Ambiente ★★★★☆☆

»Die Welt eilt, wir reisen.«
Das Credo der österreichischen Familienreederei Lüftner Cruises passt auch auf das jüngste Schiff der Amadeus-Flotte. 152 Passagiere können mitfahren; sie finden geräumige, überdurchschnittlich geschmackvoll eingerichtete Kabinen vor, auf den beiden oberen Decks mit französischen Balkonen. Auch die öffentlichen Bereiche präsentieren sich in zeitgemässer Eleganz mit subtilen innenarchitektonischen Details. An Bord sind viele Stammgäste, die mit den Amadeus-Schiffen mehr Flussmeilen zurückgelegt haben als manch einer aus der Crew. Und Meilen machen anspruchsvoll, zum Glück aber nicht alle zu Nörglern. 2013 startet die Reederei mit der »Amadeus Silver« in eine neue Klasse: Das 135-Meter-Schiff (bisher gewohnt waren 110 Meter Länge) wird mit noch grosszügigeren Kabinen (teilweise mit absenkbarer Panorama-Fensterfront respektive begehbarem Aussenbalkon) und einem puristisch-urbanen Styling überraschen. Ebenfalls bemerkenswert: Lüftner Cruises zeigt Respekt für die Umwelt und ressourcenschonende Fortbewegung und ist die einzige Flussreederei in Europa, die das einschlägige ökologische Gütesiegel »Green Globe Certifications« führen darf.

Kabinen ★★★★☆☆

76 komfortable Kabinen (15 bis 22 m^2), die allermeisten mit bodentiefen Fenstern.

Essen & Trinken ★★★☆☆☆

Etwas beengtes Restaurant mit gut zubereiteter Allerweltsküche und regionalen Spezialitäten. Lounge-Bar mit Panoramadeck am Bug. Amadeus-Club mit Internetcafé am Heck. Lido-Bar auf dem Sonnendeck. Zum Abendessen werden kostenlos Tischweine ausgeschenkt. Auch Kaffee und Tee nach dem Mittag- und Abendessen sowie der Nachmittagstee sind im Reisepreis inbegriffen.

Service ★★★☆☆☆
Freundlich leger, mit kleinen Nachlässigkeiten.

Freizeitangebot ★★★☆☆☆
Sonnendeck mit Golf-Putting-Green. Fitnessraum, Massagen, Coiffeur, Morgengymnastik auf dem Sonnendeck. Folkloristische Darbietungen, Bordmusiker.

Routen & Landausflüge ★★★★★☆
Achttägige Touren von Amsterdam via Volendam, Arnheim, Maastricht, Antwerpen, Gent, Kinderdijk, Utrecht zurück nach Amsterdam. Die neun Schwesterschiffe sind auf wechselnden Routen und für verschiedene Veranstalter in ganz Europa unterwegs. Gut organisierte Ausflugsprogramme zu fairen Preisen.

Preis-Leistungs-Verhältnis ★★★★★☆
Passagiertag ab ca. 240 Euro (inklusive Vollpension und Tischweine zum Abendessen, exklusive Trinkgelder)

Wenn doch nur … einzelne Landausflüge wegen zu geringer Teilnehmerzahl nicht so kurzfristig gestrichen würden. Und: Die Bibliothek entpuppt sich als kleine Vitrine, die ein Sammelsurium zerfledderter Bücher enthält.

A-ROSA Mia

Fahrtgebiet: Donau

Gesamtwertung: **27**/42

Veranstalter: A-ROSA Flussschiff GmbH
Baujahr: 2003
Länge: 125 m, Breite: 14 m
Kabinen: 100
Passagiere: 242
Crew: 52
Passagier-Crew-Verhältnis: 4,7
Bordsprache: Deutsch
Schwesterschiffe: A-ROSA Bella, A-ROSA Donna, A-ROSA Riva
Infos: www.a-rosa.de

Ambiente ★★★☆☆☆
Die »A-ROSA Mia« und ihre drei Schwestern zählen zu den grössten Schiffen auf der Donau. Das Innendesign präsentiert sich farbenfroh in einem entschärften Las-Vegas-Chic, dennoch ist alles rund und in sich stimmig. Die Atmosphäre an Bord ist sehr entspannt, es gibt keine feste Kleider- oder Sitzplatzordnung, und mit den anderen Passagieren kommt man rasch ins Gespräch. Das Buffetsystem im Restaurant mag nicht jedermanns Sache sein, dafür ist das Preis-Leistungs-Verhältnis ausgezeichnet. Abgerundet wird das Angebot zudem durch einen Wellnessbereich mit zwei Saunas (eine davon mit Donaublick) und zahlreichen Wohlfühltherapien.

Kabinen ★★★★☆☆
100 komfortable, tadellos saubere Aussenkabinen (15 bis 17 m^2), davon die Hälfte mit bodentiefen Fenstertüren. Die Fenster in den unteren Kabinen lassen sich nicht öffnen.

Essen & Trinken ★★★☆☆☆
Buffet-Restaurant mit Live-Cooking und speziellen Themenabenden, Weinlokal, Bar-Lounge. An warmen Tagen gibt es Barbecues auf dem Sonnendeck.

Zu den Hauptmahlzeiten ist Mineralwasser im Reisepreis inbegriffen. Kostenlos ist auch der Nachmittagskuchen mit Tee und Kaffee.

Service ★★★☆☆☆
Das mehrheitlich osteuropäische Personal ist meist freundlich und hilfsbereit, hin und wieder auch etwas mürrisch und nachlässig. Die Kabine wird zweimal täglich gereinigt, der Schlafanzug wird abends zu immer neuen Figuren drapiert.

Freizeitangebot ★★★★☆☆
Sonnendeck mit Putting Green und kleinem Pool. Kleines Spa mit finnischer Panoramasauna, Dampfsauna und diversen Body- und Beautybehandlungen. Gelegentlich kleine Show-Darbietungen, Konzerte, literarische Lesungen und landeskundliche Vorträge. Fitnessraum, Gymnastik- und Entspannungslektionen, geführte Nordic-Walking-Touren. Verleih von Fahrrädern für individuelle Landgänge.

Routen & Landausflüge
★★★★☆☆
Vier- bis achttägige Touren auf der Donau, mit den Starthäfen Passau und Wien. So führt zum Beispiel die Route »Donau Klassiker« ab Passau über Wien, Esztergom, Budapest, Bratislava, Krems und Melk zurück nach Passau. Die elftägige Route «Donau Delta» führt ab Oltenita (Bukarest) über Izmail, Vilkovo, Galati, Oltenita, Giurgiu, Rousse, Belgrad, Mohacs, Budapest, Wien, Krems und Melk nach Passau (oder umgekehrt). Solides Programm organisierter Stadt- und Landausflüge.

Preis-Leistungs-Verhältnis
★★★★★★
Passagiertag ab ca. 120 Euro (inkl. Trinkgelder und Vollpension, exklusive Getränke)

Wenn doch nur ... die Massagetermine nicht schon ausgebucht wären, bevor das Schiff überhaupt ablegt. Auch die Gymnastiklektionen sind rar, weil der Fitnesstrainer zugleich auch die Velotouren betreut.

A-ROSA Stella

Fahrtgebiete: Rhône und Sâone

Gesamtwertung: **27**/42

Veranstalter: A-ROSA Flussschiff GmbH
Baujahr: 2005
Länge: 126 m, Breite: 11 m
Kabinen: 86
Passagiere: 174
Crew: 46
Passagier-Crew-Verhältnis: 3,8
Bordsprache: Deutsch
Schwesterschiffe: A-ROSA Luna
Infos: www.a-rosa.de

Ambiente ★★★☆☆☆
Die »A-ROSA Stella« bietet wie Schwesterschiff »A-ROSA Luna« einen angenehm zwanglosen Rahmen zur langsamen Erfahrung der Rhône und ihres Nebenflusses Sâone. Entlang den beiden Strömen locken die Weinberge des Burgunds und die Schönheiten Südfrankreichs. Zwischen Lyon und der Rhônemündung ins Mittelmeer bei Port St-Louis passiert das Schiff ein Dutzend Schleusen – jede einzelne wird zum Ereignis. Zum Wohlfühlen tragen zwei Restaurants (eines mit Buffet, das andere mit servierten mediterranen Gerichten), ein kleines Spa mit Panoramasauna und bordeigene Fahrräder für individuelle Landgänge bei. In Arles, Avignon und Chalon-sur-Saône haben die »Stella« und die »Luna« zentrale Liegeplätze, von denen man in wenigen Gehminuten im historischen Stadtzentrum ist.

Kabinen ★★★★☆☆
86 komfortable, in harmonischen Farbtönen gestaltete Aussenkabinen (15 bis 17 m^2), davon zwei Drittel mit bodentiefen Fens-

tertüren. Die untersten Kabinen dicht über der Wasserlinie verfügen über Bullaugen, die nicht geöffnet werden können.

Essen & Trinken ★★★☆☆☆
Buffet-Restaurant mit Live-Cooking und speziellen Themenabenden, Wine & Dine Restaurant, Bar-Lounge. An warmen Tagen gibt es Barbecues und leichte Sommergerichte auf dem Sonnendeck. Zu den Hauptmahlzeiten ist Mineralwasser im Reisepreis inbegriffen. Kostenlos ist auch der Nachmittagskuchen mit Tee und Kaffee.

Service ★★★☆☆☆
Immer für Überraschungen gut, im Positiven wie im Negativen.

Freizeitangebot ★★★★☆☆
Sonnendeck mit Putting Green und beheiztem Pool. Kleines Spa mit finnischer Panoramasauna, Biosauna und diversen Body- und Beautybehandlungen. Gelegentlich kleine Show-Darbietungen, Konzerte und landeskundliche Vorträge. Fitnessraum, Gymnastik- und Entspannungslektionen, geführte Nordic-Walking-Touren, Fahrradverleih.

Routen & Landausflüge
★★★★☆☆
Touren auf Rhône und Sâone, stets mit Ausgangs- und Zielpunkt Lyon. Zum Beispiel die sechstägige »Route Vin & Primeur« (Lyon, Vienne, Avignon, Viviers, La Voulte, Mâcon, Lyon) oder die fünfzehntägige »Route Intensive« (Lyon, Chalon-sur-Saône, Tournus, Mâcon, Trévoux, Viviers, Port St-Louis, Arles, Avignon, Châteauneuf-du-Pape, Tournon, Vienne, Lyon). Solides Programm organisierter Stadt- und Landausflüge, teilweise mit Oldtimer-Jeeps und auf dem Rücken von Camargue-Pferden.

Preis-Leistungs-Verhältnis
★★★★★★
Passagiertag ab ca. 100 Euro (inkl. Trinkgelder und Vollpension, exklusive Getränke)

Wenn doch nur ... das dauernde Gedränge am Buffet nicht wäre. Die Musikuntermalung während der Essenszeiten ist Geschmacksache, die überteuerte Weinkarte eher nicht.

A-ROSA Viva

Fahrtgebiete: Rhein, Mosel, Main

Gesamtwertung: **27**/42

Veranstalter: A-ROSA Flussschiff GmbH
Baujahr: 2009
Länge: 135 m, Breite: 11 m
Kabinen: 100
Passagiere: 204
Crew: 54
Passagier-Crew-Verhältnis: 3,8
Bordsprache: Deutsch
Schwesterschiffe: A-ROSA Aqua, A-ROSA Brava, A-ROSA Silva
Infos: www.a-rosa.de

Ambiente ★★★☆☆☆
Mit 135 Meter Länge zählt dieses Flussschiff zu den grössten auf dem Rhein. Das Interieur erinnert mit seinem heiteren Farbkonzept an die AIDA-Hochseekreuzer, ebenso der Kussmund am Bug, was mit den gemeinsamen Wurzeln der beiden Unternehmen zu tun hat. Die Atmosphäre an Bord ist sehr leger, es gibt keine feste Kleider- oder Sitzplatzordnung, und wer noch mehr Entspannung braucht, findet ein respektables Spa mit verglaster Sauna, Aussen-Whirlpool und breitem Angebot an Behandlungen. Während auf der »Viva« und ihren beiden Schwesterschiffen »Aqua« und »Brava« alle Kabinen die gleiche Grösse haben, gibt es auf der 2012 hinzugekommenen »A-ROSA Silva« auch Juniorsuiten.

Kabinen ★★★★☆☆
100 komfortable, tadellos saubere Aussenkabinen (15 m^2), davon zwei Drittel mit bodentiefen Fenstertüren (Deck 2 und 3), ein Drittel mit Bullaugen (Deck 1). Auf der »A-ROSA Silva« stehen auch Juniorsuiten (21 bis 29 m^2) auf Deck 3 zur Verfügung.

Essen & Trinken ★★★☆☆☆
Buffet-Restaurant mit Live-Cooking und speziellen Themenabenden, Wine & Dine Restaurant, Bar-Lounge. An warmen Tagen gibt es Barbecues auf dem Sonnendeck. Zu den Hauptmahlzeiten ist Mineralwasser im Reisepreis inbegriffen. Kostenlos ist auch der Nachmittagskuchen mit Tee und Kaffee.

Service ★★★☆☆☆
Die Crew ist bei Vollbelegung manchmal überfordert, bleibt dabei aber stets freundlich.

Freizeitangebot ★★★★☆☆
Sonnendeck mit Putting Green. Kleines Spa mit Whirlpool, Panoramasauna und diversen Body- und Beautybehandlungen. Gelegentlich kleine Show-Darbietungen, literarische Lesungen und landeskundliche Vorträge. Fitnessraum, Gymnastik- und Entspannungslektionen, geführte Nordic-Walking-Touren, Verleih von Fahrrädern für individuelle Landgänge.

Routen & Landausflüge

★★★★☆☆

Fünf- bis zehntägige Touren auf Rhein, Mosel, Main mit den Starthäfen Köln und Frankfurt. Zum Beispiel »Kurs Süd ab Frankfurt« (Frankfurt, Basel, Strassburg, Köln, Koblenz, Loreley, Rüdesheim, Frankfurt) oder »Kurs Nord ab Köln« (Köln, Antwerpen, Brüssel, Amsterdam, Düsseldorf, Köln). Als Spezialität gibt es auch verschiedene »Grand Tours«, etwa die Tour »Nord & Meer«: Köln, Markermmer/Ijsselmeer, Hoorn, Harlingen, Wattenmeer, Amsterdam, Rotterdam, holländisches Delta, Gent, Westerschelde, Antwerpen, Jijmegen, Köln. Solides Programm organisierter Stadt- und Landprogramme, für Individualausflügler fehlt jedoch jegliche Information zu den angepeilten Destinationen.

Preis-Leistungs-Verhältnis

★★★★★★

Passagiertag ab ca. 130 Euro (inkl. Trinkgelder und Vollpension, exklusive Getränke)

Wenn doch nur ... die Restaurantterrasse am Heck bei Rückenwind nicht von Motorenqualm eingenebelt würde. Ausserdem: Was aus der Küche kommt, ist okay, entfacht aber keine Begeisterungsstürme. Und: Bei Vollbelegung hat es an Sommertagen zu wenig Liegen auf dem Sonnendeck.

Viking Truvor

Fahrtgebiete: Wolga und Newa

Gesamtwertung: **26**/42

Veranstalter: Viking Flusskreuzfahrten
Baujahr: 1988, Umbau: 2009
Länge: 129 m, Breite: 17 m
Kabinen: 106
Passagiere: 210
Crew: 114
Passagier-Crew-Verhältnis: 1,8
Bordsprache: Deutsch, Englisch
Infos: www.viking-flusskreuzfahrten.de

Ambiente ★★★☆☆☆

Die »Viking Truvor« (zuvor »Viking Kirov«) bietet die komfortabelste Möglichkeit, Russland zwischen Moskau und St. Petersburg zu bereisen. Anders als die meist erstaunlich klapprigen Flusskreuzer aus Sowjetzeiten, verfügt die »Truvor« über geräumige, modern ausgestattete Kabinen, eine zuverlässige deutschsprachige Crew und gute Vorträge zu Kultur und Geschichte Russlands. Etwas preisgünstigere Alternativen auf Wolga und Newa sind die »Andrey Rublev« (Veranstalter: Plantours) und die »Ivan Bunin« (Phoenix Reisen).

Kabinen ★★★★☆☆

106 komfortable, skandinavisch inspirierte Aussenkabinen (13 bis 27 m^2).

Essen & Trinken ★★☆☆☆☆
Restaurant mit internationaler Küche und landestypischen Spezialitäten. Aussichtssalon mit Bar, Lounge-Bar. Kaffee und Tee sowie Mineralwasser in der Kabine sind im Reisepreis inbegriffen.

Service ★★★★★☆
Die überaus freundliche Crew sorgt dafür, dass man mit sich und der Welt zufrieden ist.

Freizeitangebot ★★★☆☆☆
Sonnendeck. Russisch-Sprachkurse, Kochvorführungen, Wodka-Verkostung, folkloristische Darbietungen, Bordmusiker, Vorträge zu Land und Leuten, Bibliothek.

Routen & Landausflüge ★★★★☆☆
Die »Viking Truvor« fährt in 13 Tagen auf Wolga und Newa von Moskau nach St. Petersburg (und retour), mit deutschsprachig geführten Ausflügen in Uglitsch, Jaroslawl, Kuzino (Kirillo-Belozerskij-Kloster), der Museumsinsel Kishi und Mandrogi.

Preis-Leistungs-Verhältnis ★★★★★☆
Passagiertag ab ca. 180 Euro (inkl. Vollpension, exklusive Trinkgelder und Getränke)

Wenn doch nur ... das Essen besser wäre.

Frédéric Chopin

Fahrtgebiete: Elbe, Moldau, Oder, Havel

Gesamtwertung: **24**/42

Veranstalter: Nicko Tours
Baujahr: 2002
Länge: 83 m, Breite: 10 m
Kabinen: 42
Passagiere: 80
Crew: 21
Passagier-Crew-Verhältnis: 3,8
Bordsprache: Deutsch
Schwesterschiff: Katharina von Bora
Infos: www.nicko-tours.de

Ambiente ★★★★☆☆
Das mit historischem Flair gestaltete, bis 2008 zur Reederei Deilmann gehörende und heute von Nicko Tours betriebene Schiff verbreitet eine friedliche und entspannte Atmosphäre wie anno dazumal. Zum Abendessen ist gepflegte Kleidung erwünscht, es gibt einen Begrüssungs- und einen Abschiedscocktail, und auch Kapitänsdinner und abendliche Tanzmusik gehören zum Programm. Das Ganze erinnert ein wenig an eine Klassenfahrt, und der Hotelmanager, der zwischendurch per Lautsprecherdurchsage auf landschaftliche Besonderheiten entlang der Ufer von Elbe und Oder hinweist, ist gewissermassen der Lehrer. Man muss und kann sich um nichts kümmern, gleitet dahin wie das Schiff. Wer ein klassisches Flusserlebnis mit alteuropäischem Charme zu einem guten Preis-Leistungs-Verhältnis sucht, ist auf der »Frédéric Chopin« und Schwesterschiff »Katharina von Bora« gut aufgehoben.

Kabinen ★★★☆☆☆
42 stilvoll eingerichtete, ziemlich kleine Aussenkabinen (9 bis 13 m^2), davon knapp die Hälfte mit französischem Balkon (Ober-

Bellissima

Fahrtgebiete: Venezianische Lagune und Po

Gesamtwertung: **23**/42

Veranstalter: Nicko Tours
Baujahr: 2004
Länge: 110 m, Breite: 11 m
Kabinen: 66
Passagiere: 134
Crew: 30
Passagier-Crew-Verhältnis: 4,5
Bordsprache: Deutsch
Infos: www.nicko-tours.de

Ambiente ★★☆☆☆☆
Hier zählt weniger das Schiff (obschon sich die »Bellissima« in ihrer klassischen Art innen wie aussen sehen lassen kann), sondern mehr die Destination: Venedig und die norditalienischen Städte entlang dem Po stehen im Mittelpunkt des Interesses. Die legendäre Stadt auf Pfählen lässt sich während vier von insgesamt sieben Reisetagen ausführlich von der Basisstation »Bellissima« aus erkunden. Dabei gehört es dazu, sich immer wieder mal in den Gassen zu verirren – ohne Verlaufen schaffen es von einem Ortsende zum anderen nicht einmal die Einheimischen. Und auch Padua, Verona und Ferrara haben ihren ganz besonderen Reiz für kultur- und genussorientierte Italienliebhaber. Ein stimmiges Gesamterlebnis, auch wenn die Momente in voller Fahrt verglichen mit anderen Flussreisen rar sind.

deck-Kabinen). Die Hauptdeck-Kabinen haben nicht zu öffnende Fenster, weil sie direkt auf der Wasserebene liegen.

Essen & Trinken ★★☆☆☆☆
Restaurant mit durchschnittlicher deutscher und internationaler Küche. Salon mit Bar und Bordpianist.

Service ★★★★☆☆
Die Crew gibt ihr Bestes, ist jedoch personell unterbesetzt und bei Vollbelegung hier und da überfordert.

Freizeitangebot ★☆☆☆☆☆
Sonnendeck, Tanzmusik, gelegentlich kleine Darbietungen der Crew.

Routen & Landausflüge ★★★★☆☆
Die Fahrtgebiete sind Elbe, Moldau, Oder und Havel. Routenbeispiele: in acht Tagen von Potsdam durch das Elbtal nach Prag (und umgekehrt). In acht Tagen von Potsdam auf Flüssen und Kanälen nach Usedom, Rügen, Hiddensee und Stralsund (und umgekehrt). Schwesterschiff »Katharina von Bora« tourt auch zwischen Dresden und Hamburg. Ordentliches, wenn auch wenig überraschendes Ausflugsprogramm.

Preis-Leistungs-Verhältnis ★★★★★★
Passagiertag ab ca. 120 Euro (inkl. Vollpension, exklusive Trinkgelder und Getränke)

Wenn doch nur ... die Kabinen etwas weniger hellhörig wären. Die Unterdrucktoiletten der Nachbarkabinen saugen so heftig ab, dass man sich reflexartig am Bettpfosten festhält und hofft, nicht selbst in irgendeinem Schiffsschlund zu verschwinden.

Kabinen ★★★☆☆☆
66 funktionelle, ziemlich kleine, etwas hellhörige Aussenkabinen (jeweils 13 m^2, mit Ausnahme einer Luxuskabine von 24 m^2), davon knapp die Hälfte mit französischem Balkon (Oberdeck-Kabinen). Die Kabinen im unteren Hauptdeck haben nicht zu öffnende Fenster, weil sie direkt auf der Wasserebene liegen. Der Stauraum ist für zwei Personen knapp bemessen.

Essen & Trinken ★★★☆☆☆
Restaurant mit fester Sitzordnung und gutbürgerlicher italienischer Küche – bei den Hauptmahlzeiten mit vier Gängen wird ein Fleisch-, ein Fisch- und ein vegetarisches Gericht angeboten. Individuelle Wünsche werden ohne Aufhebens im Rahmen des Möglichen erfüllt. Salon mit Bar. Sonnendeck-Bar.

Service ★★★★☆☆
Freundlich, aufmerksam, überdurchschnittlich.

Freizeitangebot ★★☆☆☆☆
Sonnendeck mit Whirlpool. Bordmusiker.

Routen & Landausflüge
★★★☆☆☆
Das Fahrgebiet ist immer gleich und stets von Neuem faszinierend, nämlich die venezianische Lagune und der Po (bis Polesella bei Ferrara), mit viel Zeit für Venedig und Ausflügen nach Padua, Verona, Ferrara, Murano und Burano. Saison ist von Mitte April bis Ende Oktober. Die Landausflüge sind ordentlich organisiert. Die angelaufenen Orte können jedoch problemlos auf eigene Faust entdeckt werden.

Preis-Leistungs-Verhältnis
★★★★★★
Passagiertag ab ca. 120 Euro (inkl. Vollpension, exklusive Trinkgelder und Getränke)

Wenn doch nur ... die musikalische Dauerbeschallung nicht wäre – weich wie Eierlikör zwar, doch mit der Zeit an der Grenze des Erträglichen. Melodien wie »Autumn Leaves«, »Yesterday«, »Ballade pour Adeline« und »My Heart Will Go On« wechseln sich ab und beginnen dann wieder von vorn. Wenn dazu noch Handy-Klingeltöne der Gäste (von »Ave Maria« bis Nussknackersuite) diesem Audiokitsch Konkurrenz machen, reisst einem fast der Geduldsfaden.

Excellence Rhône

Fahrtgebiete: Rhône und Saône

Gesamtwertung: **22**/42

Veranstalter: Reisebüro Mittelthurgau
Baujahr: 2006
Länge: 110 m, Breite: 11 m
Kabinen: 71
Passagiere: 142
Crew: 34
Passagier-Crew-Verhältnis: 4,2
Bordsprache: Deutsch
Infos: www.mittelthurgau.ch, www.execellence.ch

Ambiente ★★★☆☆☆
Das stilvoll modern gestaltete, unter Schweizer Flagge fahrende Schiff tourt auf Rhône und Saône durch die Regionen Camargue, Provence und Burgund. Die Mittel- und Oberdeckkabinen haben französische Balkone, das heisst bodentiefe Fenstertüren und davor ein Balkongitter. Auf dem grossflächigen Sonnendeck mit verglastem Wintergarten direkt hinter der Brücke gibt es genügend Liegen und Stühle. Auf manchen Streckenabschnitten wird das Sonnendeck jedoch zugeklappt, weil niedrige Brücken unterquert werden müssen. Die meisten Passagiere sind pensioniert, und die wenigen Jüngeren passen sich dem gemächlichen Tempo jener an, die im Alltag nicht mehr von Termin zu Termin hetzen. Eine Arche der Entschleunigung, die eine gediegene Gemütlichkeit mit niedrigem Geräuschpegel ausstrahlt: keine lauten Handygespräche von Geschäftsleuten, keine krakeelenden Kinder. Wenn nur der Bordmusiker nicht wäre ...

Kabinen ★★★★☆☆
71 komfortable, freundliche Aussenkabinen (12 bis 18 m^2), davon zwei Drittel mit bodentiefen Fenstertüren. Die beiden Kabinen auf dem Oberdeck hinten (329 und 330) haben ihren eigenen Balkon.

Essen & Trinken ★★☆☆☆☆
Restaurant mit fest zugewiesenen Tischen, französisch-interna-

tionaler Küche sowie Vorspeisen- und Käsebuffet. Panorama-Lounge mit Bar.

Service ★★★★☆☆
Freundlich und hilfsbereit, auch wenn an manchen Serviceabläufen noch etwas gefeilt werden könnte.

Freizeitangebot ★☆☆☆☆☆
Sonnendeck. Bordmusiker.

Routen & Landausflüge
★★★☆☆☆
Achttägige Touren von Avignon über Arles und Port St-Louis zurück nach Avignon über Vivier, Tournon, Lyon, Mâcon, Tournus bis Chalon-sur-Saône (und umgekehrt). Fünftägige Touren von Beaune über Chalon, Tournus (Cluny), Mâcon, Lyon, Vienne, Chavanay zurück nach Lyon. Zuverlässig organisierte, doch etwas banale Ausflugsprogramme.

Preis-Leistungs-Verhältnis
★★★★★☆
Passagiertag ab ca. 170 Euro (inkl. Vollpension sowie An- und Rückreise mit dem Car, exklusive Trinkgelder und Getränke)

Wenn doch nur ... das Frühstück etwas länger als bloss bis neun Uhr morgens serviert würde. Ausserdem: Die Fenster der Kabinen auf dem Hauptdeck lassen sich nicht öffnen.

Douro Queen

Fahrtgebiet: Douro

Gesamtwertung: **20**/42

Veranstalter: Nicko Tours
Baujahr: 2005
Länge: 78 m, Breite: 11 m
Kabinen: 65
Passagiere: 130
Crew: 30
Passagier-Crew-Verhältnis: 4,3
Bordsprache: Portugiesisch, Englisch, Deutsch
Infos: www.nicko-tours.de

Ambiente ★★☆☆☆☆
Das Dourotal mit seinen steilen Hängen und grandiosen Rebterrassen zählt zu den weltweit spektakulärsten Weinbaugebieten und gehört zum Unesco-Weltkulturerbe. Zudem hat sich Porto, Portugals zweitgrösste Stadt und Umschlagplatz des Portweins (der entlang dem Rio Douro reift), von einer heruntergekommenen Hafenstadt zu einer der spannendsten Metropolen Südeuropas entwickelt. Auch die mittelalterliche Universitätsstadt Salamanca liegt als unbedingt lohnender Tagesausflug auf dem Weg einer Flussreise mit der »Douro Queen«, die in einer Woche von Porto in Richtung Spanien und wieder zurück fährt. Die Interieurs des mittelgrossen, im Jahr 2005 eingeweihten Schiffs sind etwas gar nüchtern in ältlich wirkenden Brauntönen gestaltet und zudem noch schummrig beleuchtet, doch für portugiesische Verhältnisse ist alles ordentlich sauber, zudem vermittelt die mehrheitlich heimische Crew Freude und gute Laune. Luxuriösere Alternativen für Flussreisen im Portweingebiet gibt es derzeit nicht – ein weitgehend identisches Schiff ist die von Plantours gecharterte »Douro Cruiser«.

Kabinen ★★★☆☆☆
65 solide, ziemlich hellhörige Aussenkabinen (15 m^2), diejenigen auf dem Oberdeck sind alle mit einem kleinen begehbaren Balkon ausgestattet.

Essen & Trinken ★★☆☆☆☆
Restaurant mit international-portugiesischer Küche und Themenbuffets. Gelegentlich Barbecues auf dem Sonnendeck. Panoramasalon mit Bar.

Service ★★★★☆☆
Auf dem ganzen Schiff erwarten den Reisenden ein ehrliches Lächeln und eine freundliche Kompetenz.

Freizeitangebot ★☆☆☆☆☆
Sonnendeck mit Pool. Gelegentlich folkloristische Darbietungen, Bordmusiker.

Routen & Landausflüge ★★★★☆☆
Einwöchige Douro-Tour von Mitte April bis Ende Oktober: Porto, Regua (Besichtigung Mateuspalast in Vila Real), Pinhao (Besuch der lokalen Quinta mit Weinprobe), Barca d'Alva (mit Tagesausflug Salamanca), Vega Terron (mit Ausflug nach Figueira de Castelo Rodrigo), Regua (mit Ausflug nach Lamego), Bitetos (Abendessen im Kloster Alpendurada), Porto. Zuverlässig organisierte Ausflugsprogramme (teilweise im Reisepreis inbegriffen). Ein Team deutschsprachiger Reiseleiter steht während der Reise mit Rat und Tat zur Seite. Die Flussreisen mit der »Douro Queen« können nur als Paket mit einem vorgängigen viertägigen Aufenthalt in Lissabon gebucht werden.

Preis-Leistungs-Verhältnis ★★★★☆☆
Passagiertag ab ca. 150 Euro (exklusive Trinkgelder und Getränke, inklusive Vollpension und einzelne Ausflüge)

Wenn doch nur ... die Fenster der Kabinen auf dem Hauptdeck geöffnet werden könnten. Hier ist man der Klimaanlage ausgeliefert.

Belle de l'Adriatique

Fahrtgebiet: Kroatische Küste

Gesamtwertung: **18**/42

Veranstalter: CroisiEurope/1AVista Reisen
Baujahr: 2007
Länge: 110 m, Breite: 13 m
Kabinen: 100
Passagiere: 200
Crew: 50
Passagier-Crew-Verhältnis: 4,0
Bordsprache: Kroatisch, Französisch, Deutsch
Infos: www.croisieurope.com, www.1avistareisen.de

Ambiente ★★★☆☆☆
Die Metamorphose des Billigreiselands Jugoslawien in das sommerliche Trendziel Kroatien ist auf besten Wegen. Die konsequente Verbesserung der touristischen Infrastruktur an der lange wenig bekannten Adriaküste hat den Blick für die Schönheit dieser einst blühenden Mittelmeerlandschaft geschärft. Anteil an dieser Entwicklung nimmt die »Belle de l'Adriatique«, die – halb Flussschiff, halb Hochseekreuzer – speziell für Touren durch die kroatische Inselwelt konzipiert wurde. Allzu hohe Ansprüche an Kabinen, Restaurant und Service sollte man nicht mitbringen, der eigentliche Luxus der Reise ist das fahrende Panorama: An der Küste wechseln sich pittoreske historische Städte, schroffe Felswände mit romantischen Buchten und tief ins Land reichende Fjorde mit mediterraner Vegetation ab.

Kabinen ★★☆☆☆☆
100 funktionelle Kabinen (12 bis 15 m^2), auf den beiden oberen Decks mit Panoramafenster, auf den beiden unteren Decks mit Bullaugen.

Essen & Trinken ★★☆☆☆☆
Restaurant mit ordentlichen mediterranen Menüs ohne Wahlmöglichkeiten. Lounge-Bar, Sonnendeck-Bar (Drinks und Snacks). Tischgetränke (Mineralwasser, Säfte, Wein, Bier, Kaffee) sind zum Mittag- und Abendessen inbegriffen.

Cézanne

Fahrtgebiet: Seine

Gesamtwertung: **18**/42

Veranstalter: Nicko Tours
Baujahr: 1993
Länge: 118 m, Breite: 12 m
Kabinen: 51
Passagiere: 102
Crew: 35
Passagier-Crew-Verhältnis: 2,9
Bordsprache: Französisch
Infos: www.nicko-tours.de

Ambiente ★★☆☆☆
Eine Flussreise in Paris zu beginnen und dann sechs Tage durch die Gartenlandschaft der Normandie zu schippern, ist schon etwas Besonderes. Da macht es auch nichts, wenn die einst zur Flussschiffreederei Deilmann gehörende »Cézanne« schlicht und einfach ordentliches Mittelmass ist. Ob Service, Küche oder Kabinen: Nichts ist schlecht, aber alles eher durchschnittlich. Und eine Panoramalounge mit Blick nach vorn sucht man vergeblich. Geschmacksache ist das äussere Schiffsdesign: Die einen sprechen vom »hässlichen Entlein auf der Seine«, die andern lieben den nostalgischen Look der zwanzigjährigen »Cézanne«.

Kabinen ★★★☆☆
51 komfortable, tadellos saubere Aussenkabinen (rund 15 m^2) mit angenehmen Bädern. Auf dem Oberdeck haben alle Kabinen relativ grosse, nicht zu öffnende Fenster, auf dem Hauptdeck nicht zu öffnende Bullaugen.

Essen & Trinken ★★☆☆☆
Restaurant mit französischer und internationaler Küche (freie Zeitwahl mit fest zugewiesenen Plätzen während der ganzen Reise). Salon mit Bar.

Service ★★☆☆☆
Mal besser, mal schlechter, je nach Crew-Mitglied und Tageslaune. Glücksache sind auch die Organisation von Transfers oder Mietwagen.

Freizeitangebot ★★☆☆☆
Sonnendeck mit 2 Whirlpools, Bordmusiker.

Routen & Landausflüge ★★★☆☆
Einwöchige Touren entlang der kroatischen Küste (Dubrovnik, Mljet, Korcula, Brac, Sibenik, Vis, Hvar, Montenegro, Dubrovnik). Banale Landprogramme.

Preis-Leistungs-Verhältnis ★★★★☆
Passagiertag ab ca. 180 Euro (inkl. Vollpension und Tischgetränke, exklusive Trinkgelder)

Wenn doch nur ... mehr Stauraum fürs Gepäck vorhanden wäre. Auch im Restaurant und auf dem Sonnendeck wird es bei Vollbelegung eng.

Service ★★★☆☆☆
Freundlich und hilfsbereit. Französischkenntnisse sind von Vorteil, auch wenn ein deutsch sprechender Reiseleiter an Bord ist.

Freizeitangebot ★☆☆☆☆☆
Sonnendeck. Bordmusiker/Alleinunterhalter. Quiz- und Bingo-Veranstaltungen.

Routen & Landausflüge
★★★☆☆☆
Die Route führt in sechs Tagen von Paris über Les Andelys (Ausflug Château Gaillard), Caudebec-en-Caux (Ausflug St-Wandrille und St-Martin de Boscherville sowie Honfleur), Rouen, Vernon (Ausflug ins nahegelegene Giverny mit Monet-Haus) zurück nach Paris. Saison ist von Mitte April bis Ende Oktober. Da das Schiff meist mitten im Ort anlegt, braucht man sich nicht unbedingt den organisierten Ausflügen anzuschliessen und kann manches leicht auf eigene Faust unternehmen.

Preis-Leistungs-Verhältnis
★★★★☆☆
Passagiertag ab ca. 170 Euro (inkl. Vollpension, exklusive Trinkgelder und Getränke)

Wenn doch nur … die Kabinen nicht so hellhörig wären – und manche leiden zusätzlich noch unter dem Motorenlärm.

© MSC Crociere

Die führenden Schifffahrtsunternehmen:
Ein Überblick von AIDA bis Windstar Cruises

Wer gehört zu wem? Das globale Kreuzfahrtengeschäft wird heute von einer Handvoll Reedereien dominiert, die sich zu drei Gruppierungen konsolidiert haben. Klare Nummer eins in der Branche ist die in Miami beheimatete, börsennotierte **Carnival Corporation** mit insgesamt 100 Schiffen folgender Reedereien: Carnival Cruise Lines, Holland America Line, Princess Cruises, Costa Crociere, AIDA Cruises, P&O Cruises, Cunard Line, Iberocruceros, Seabourn und Windstar Cruises. Zur zweiten Gruppe, **RCL Cruises,** ebenfalls mit Basis in Miami, gehören derzeit 40 Schiffe der Marken Royal Caribbean International, Celebrity Cruises, Azamara Club Cruises und Pullmantour Cruises. Die dritte Kraft ist **NCL Norwegian Cruise Line,** die zu je fünfzig Prozent im Besitz der beiden Investment-Unternehmen Genting, Hongkong, und Apollo Management, New York, ist. Zu Genting gehört zudem die malaysische Star Cruises, zu Apollo im weiteren Oceania Cruises und Regent Seven Seas Cruises. Inzwischen gesellt sich auch die in Genf domizilierte italienische **MSC Crociere** zu den wichtigsten Cruise-Anbietern – sie ist weltweit die grösste Schifffahrtslinie in Privatbesitz.

AIDA Cruises

Noch vor wenigen Jahren galten Kreuzfahrten bei der Mehrheit der Mitteleuropäer als spiessig, steif und langweilig. AIDA Cruises steht das Verdienst zu, diese Klischees und Vorurteile als deutscher Pionierbetrieb über Bord geworfen zu haben – heute wächst die Reederei doppelt so schnell wie der Markt und lässt keinen Zweifel an der strahlenden Zukunft der Kreuzfahrt. Knapp die Hälfte der deutschen Seereisenden verbringt ihre Ferien auf einem AIDA-Clubschiff. Das klingt ein wenig nach Hollywood, ist aber die Geschichte einer Unternehmenskarriere aus der Pionierzeit der Privatisierung in Mecklenburg-Vorpommern. AIDA Cruises ging aus der einst sozialistischen Deutschen Seereederei in Rostock hervor. Als diese 1996 das erste AIDA-Clubschiff lancierte, wurde das ehrgeizige Tourismusprojekt von den Mitbewerbern mehrheitlich belächelt und verspottet. Tatsächlich verlief der Start alles andere als problemlos. Doch in den darauffolgenden Jahren trug die innovative, tadellos gemanagte und inzwischen zum amerikanischen Carnival-Konzern gehörende Reederei wesentlich zu einem neuen Zeitalter im Tourismus bei: nach der Pauschal- und Fernreise jetzt die Kreuzfahrt als Massenphänomen. Die derzeit zehn AIDA-Schiffe, die am knallroten Kussmund-Logo am Bug leicht zu erkennen sind, kreuzen auf meist einwöchigen Rundreisen im Mittelmeer, rund um die Kanaren, in der Nord- und Ostsee sowie in der Karibik. Typisch für eine AIDA-Kreuzfahrt ist die lockere, familiäre Atmosphäre an Bord. Auf Kleider- oder Tischordnung wird verzichtet, überall wuseln Kinder herum, die Show-Ensembles sind so professionell wie auf keinem anderen deutschsprachigen Schiff, die Spa-Bereiche toppen manches Wellnesshotel an Land. Das

© AIDA Cruises

Publikum ist jung oder hält sich wenigstens dafür und verlangt nach Sport und Spass. Überzeugte Individualreisende zucken jedoch beim Wort AIDA zusammen.

Infos: www.aida.de

In diesem Führer präsentierte Schiffe:

AIDAaura (Seite 138)

AIDAluna (Seite 131)

AIDAmar (Seite 163)

© Carnival Cruise Lines

Azamara Club Cruises

Azamara ist die im Jahr 2007 gegründete Nischenmarke von Celebrity Cruises, die wiederum eine Tochtergesellschaft von Royal Caribbean Cruises ist. Die beiden mittelgrossen Komfortschiffe »Azamara Journey« und »Azamara Quest« stehen in direkter Konkurrenz zu den Schiffen von Oceania Cruises und beeindrucken mit persönlichem Service, guter Küche und abwechslungsreichen Routen für jeweils maximal 700 Passagiere.

Infos: www.azamaraclubcruises.com

In diesem Führer präsentiertes Schiff:

Azamara Journey (Seite 112)

© Azamara Club Cruises

Carnival Cruise Lines

Die im Jahr 1972 von Ted Arison gegründete und heute von seinem Sohn Micky Arison geführte Carnival Corporation in Miami ist heute der Weltmarktführer der Kreuzfahrtindustrie. Sie besitzt ein Dutzend eigenständig operierende Reedereien (darunter Holland America Line, Princess Cruises, AIDA Kreuzfahrten, P&O Cruises, Cunard Line, Seabourn, Windstar Cruises) und unterhält daneben auch die Eigenmarke Carnival Cruise Lines. Die 24 Resort-Schiffe mit amerikanischem Fun-Angebot und visuellem Overkill verkehren meist ausschliesslich in der Karibik, mit gelegentlichen Abstechern nach Alaska, Kanada, Neuengland, an die mexikanische Küste und gelegentlich ins Mittelmeer.

Infos: www.carnival.com, www.carnivalcruiselines.de

In diesem Führer präsentierte Schiffe:

Carnival Magic (Seite 170)

Carnival Freedom (Seite 144)

Celebrity Cruises

Die 1989 gegründete Premium-Reederei verfügt derzeit über elf stilvoll moderne Komfortschiffe, deren Inneneinrichtung und Lebensgefühl auch den europäischen Geschmack treffen. Küche, Spa und

© Celebrity Cruises

Service sind besser als auf vergleichbaren amerikanischen Ozeanriesen, etwa denjenigen des Mutterunternehmens Royal Caribbean International. Das Preis-Leistungs-Verhältnis ist sensationell. Zu den Destinationen von Celebrity Cruises zählen Alaska, Bermuda, Kalifornien, Kanada/Neuengland, Europa, die Pazifikküste, der Panamakanal, Südamerika sowie ganzjährig die Karibik und die Galapagos-Inseln.
Infos: www.celebritycruises.com, www.celebritycruises.de
In diesem Führer präsentierte Schiffe:
Celebrity Equinox (Seite 53)
Celebrity Infinity (Seite 165)
Celebrity Xpedition (Seite 191)

Club Med Cruises

Achtzig Clubdörfer liegen an Land, eines auf hoher See: Das sportlich-elegante Segelschiff »Club Med 2« bietet viel Hightech und zahlreiche Wassersportmöglichkeiten direkt von der bordeigenen Marina-Plattform.
Infos: www.clubmed.com, www.clubmed.de
In diesem Führer präsentiertes Schiff:
Club Med 2 (Seite 172)

Compagnie du Ponant

Die in Marseille beheimatete Reederei, die zur staatlichen französischen Unternehmensgruppe CMA CGM gehört (Hauptgeschäft: Containerschiffe), betreibt die vier schicken Grossjachten »Le Diamant« (Baujahr 1986), »Le Levant« (1999), »Le Boreal« (2010) und »L'Austral« (2011) sowie das Segelkreuzfahrtschiff »Le Ponant« (1991). Die Passagiere stammen mehrheitlich aus Frankreich, doch setzt die Compagnie du Ponant vermehrt auch auf den englischsprachigen Markt – was sich nicht zuletzt in zweisprachigen Borddurchsagen (französisch und englisch) bemerkbar macht.
Infos: www.ponant.com
In diesem Führer präsentierte Schiffe:
Le Boreal (Seite 56)
Le Ponant (Seite 194)

© Compagnie du Ponant

© Crosta Crociere

Costa Crociere

Über zehn Jahre lang war Costa Crociere, das in Genua ansässige italienische Tochterunternehmen des amerikanischen Carnival-Konzerns, auf Expansionskurs. Auf zuletzt fünfzehn Vergnügungsdampfern – mit immer grösseren Schiffseinheiten – wurde ein heiter stimmendes Ambiente mit betont italienischem Flair geboten. Das tragische Unglück der »Costa Concordia« vor der toskanischen Insel Giglio im Januar 2012 unterbrach die Erfolgsgeschichte des bisherigen europäischen Marktführers schlagartig und stürzte die ganze Branche in eine Krise. Derzeit kann Costa – und die ganze Kreuzfahrtenindustrie – nur auf ein rasches kollektives Vergessen hoffen und mit einschlägigen Verbesserungen im Sicherheits-Management versuchen, das einst vorhandene Vertrauen der Seereisenden zurückzugewinnen. Bis 1997 war Costa Crociere eine italienische Familienfirma: Nach dem Zweiten Weltkrieg erwarb der Unternehmer Angelo Costa zwei amerikanische Marineschiffe, die er erfolgreich für Überfahrten italienischer Auswanderer lancierte. Als deren Andrang parallel zum wirtschaftlichen Aufschwung in Italien abnahm, inspirierte sich Costa am amerikanischen Trend zu Ferienkreuzfahrten und setzte seine Schiffe für Vergnügungsseereisen ein. Die damals neue Ferienformel wurde bei Italienern aller Altersschichten und Einkommensklassen rasch zu einer breit akzeptierten Urlaubsform – bis heute trifft man auf den italienischen Schiffen drei Generationen von fröhlichen Passagieren. Die Costa-Familie brachte die Schifffahrtslinie später an die Börse und verkaufte schliesslich ihre Anteile für 235 Millionen Euro an Carnival und einen weiteren Investor, der 2000 seine Beteiligung an Carnival weiterreichte.

Infos: www.costakreuzfahrten.ch, www.costakreuzfahrten.de

In diesem Führer präsentierte Schiffe:

Costa Classica (Seite 121)
Costa Favolosa (Seite 134)

Crystal Cruises

Die japanische, von Los Angeles gemanagte Reederei tourt mit den beiden fast baugleichen Luxuskreuzern »Crystal Serenity« und »Crystal Symphony« um die Welt. Die schwierige Positionierung zwischen aktivem Vergnügungsdampfer und elegantem Raffinement,

zwischen amerikanischem und asiatischem Lifestyle gelingt vorbildlich. Service, Küche und Routen sind top. Seit Frühjahr 2012 sind alle Getränke (auch Wein und Spirituosen) sowie Trinkgelder im Reisepreis inbegriffen. Ebenfalls neu: mehr Overnight-Aufenthalte in attraktiven Metropolen, damit mehr Zeit für Erkundungen und Sightseeing zur Verfügung steht. Die meisten Routen starten bereits mit einer Übernachtung im jeweiligen Anlaufhafen.
Infos: www.crystalcruises.com, www.vistatravel.de
In diesem Führer präsentiertes Schiff:
Crystal Serenity (Seite 96)

Cunard Line

Der Rolls-Royce der Reedereien, mit über hundertsiebzigjähriger britischer Tradition. 1998 kaufte Carnival (wer sonst?) das Unternehmen und setzte seitdem die drei königlichen Neubauten »Queen Mary 2«, »Queen Victoria« und die neue »Queen Elizabeth« in Dienst. Die legendäre »Queen Elizabeth 2« wurde 2008 nach 39 Dienstjahren ausgemustert und nach Dubai verkauft, wo sie zu einem fest im Hafen verankerten Hotelschiff umgebaut werden soll.
Infos: www.cunard.com
In diesem Führer präsentierte Schiffe:
Queen Elizabeth (Seite 69)
Queen Mary 2 (Seite 66)
Queen Victoria (Seite 72)

© Cunard Line

© Disney Cruise Line

Disney Cruise Line

Alles an Bord ist Disney – jedes Bild, jede Skulptur, jeder Film, jede Show –, selbst die Bettüberwürfe und Lampen in den Kabinen tragen kleine Micky-Maus-Embleme. Dabei lassen die vier schwimmenden Disneylands (»Disney Wonder« und »Disney Magic« von 1998/1999 sowie »Disney Dream« und »Disney Fantasy« von 2011/2012) nicht nur Kinderherzen höher schlagen. Hier kommen kleine und grosse Passagiere gleichermassen auf ihre Kosten, weil das bunte Animationsprogramm für Kinder und Jugendliche denselben Stellenwert geniesst wie Wellness, Sport, Kulinarik und Rückzugsmöglichkeiten für Erwachsene. Speziell: Die Reederei hat einen eigenen Kreuzfahrtenterminal in Port Canaveral (Florida), dessen Retro-Design an die Goldene Ära der Ozeanliner erinnert. Und: Jede Karibikreise schliesst einen Tagesstop auf Disneys Privatinsel Castaway Cay auf den Bahamas ein – das dortige Freizeit- und Wassersportangebot ist enorm.
Infos: www.disneycruise.disney.go.com
In diesem Führer präsentierte Schiffe:
Disney Wonder (Seite 129)
Disney Dream (Seite 126)

© Bastian Schweitzer

Hapag-Lloyd Kreuzfahrten

Entstanden ist die Hamburger Reederei 1970 aus dem Zusammenschluss der grossen deutschen Schifffahrtsgesellschaften Hapag und Norddeutscher Lloyd, die zuvor während über hundert Jahren rivalisiert hatten. Heute ist Hapag-Lloyd Kreuzfahrten eine hundertprozentige Tochter des deutschen Touristikunternehmens TUI. Das Unternehmen agiert operativ eigenständig und ist von der Containerreederei Hapag-Lloyd trotz gleichem Namen und Logo vollständig losgelöst. Es ist mit fünf sehr unterschiedlich positionierten Schiffen auf den Weltmeeren unterwegs: »Europa«, »Europa 2«, »Columbus 2«, »Hanseatic« und »Bremen«.

Infos: www.hlkf.de

In diesem Führer präsentierte Schiffe:

Bremen (Seite 187)
Columbus 2 (Seite 105)
Europa (Seite 91)
Europa 2 (Seite 46)
Hanseatic (Seite 178)

Holland America Line

Was im Jahr 1873 als Verbindung zwischen Rotterdam und New York entstand, ist heute eine der stilvollsten und bestgeführten Flotten auf den Weltmeeren. Die fünfzehn klassisch modernen Komfortschiffe der Holland America Line überzeugen mit vielfältigen Routen, kosmopolitischem Flair und zahlreichen liebevollen Details (etwa besonders schöner Blumenschmuck). Tagsüber geht es leger, am Abend konservativer, zum Gala-Dinner festlich zu.

Infos: www.hollandamerica.com

In diesem Führer präsentierte Schiffe:

Nieuw Amsterdam (Seite 77)
Prinsendam (Seite 110)
Rotterdam (Seite 80)

© Holland America Line

© Hurtigruten

© MSC Crociere

Hurtigruten

Die norwegische Reederei betreibt ein Dutzend Schiffe, die mehrheitlich im regelmässigen Liniendienst mit 34 Häfen zwischen Nord- und Südnorwegen pendeln. Sie sind Fähre, Frachter, Post- und Passagierschiffe zugleich. Einige Schiffe bieten Expeditionen in die Polarregionen an, allen voran »Fram«, »Midnatsol« und »Nordnorge«.
Infos: www.hurtigruten.de
In diesem Führer präsentiertes Schiff:
Fram (Seite 198)

MSC Crociere

Gianluigi Aponte, der neapolitanische Besitzer von MSC (Mediterranean Shipping Company), wacht nicht nur über 430 Frachtschiffe – und damit die zweitgrösste Containerreederei der Welt –, sondern hat zudem seine private Kreuzfahrtenreederei innerhalb von zwanzig Jahren in den Olymp der weltweiten Big Players katapultiert. Und seine Firma wächst kontinuierlich weiter. Zwölf Schiffe – alle mit kunstsinnigen Namen wie »MSC Sinfonia«, »MSC Opera« oder »MSC Lirica« – sind derzeit im Einsatz. Taufpatin der neuen Mittelklassschiffe ist stets die italienische Filmschauspielerin Sophia Loren. Immer grössere Tonnagen ermöglichen günstigere Preise – mitunter sind Tagesraten unter 100 Euro zu finden. Die Philosophie: eindeutige Positionierung als italienische Reederei, tiefe Preise und eine in Bezug auf Technik und Ausstattung kompetitive Flotte. An Bord der MSC-Kreuzer herrscht denn auch lockere Italianità und eine familienfreundliche Infrastruktur. Kinder unter achtzehn Jahren reisen bei Unterbringung in der Kabine der Eltern grundsätzlich gratis mit.
Infos: www.msc-kreuzfahrten.ch, www.msc-kreuzfahrten.de
In diesem Führer präsentierte Schiffe:
MSC Fantasia (Seite 167)
MSC Poesia (Seite 148)

NCL Norwegian Cruise Line

Die zwölf ausgesprochen innovativen »Freestyle«-Schiffe der 1966 in Norwegen gegründeten und heute in Miami beheimateten Reederei überzeugen mit un-

© Norwegian Cruise Line

gezwungenem Lebensgefühl, frei von geplanten Tagesabläufen, festen Essenszeiten, Kleiderzwängen und vorgeschriebenen Aktivitäten. Die Passagiere – darunter viele junge Paare und Familien mit Kindern – bestimmen selbst, worauf sie gerade Lust haben. Mit den extravaganten, 400 Quadratmeter grossen »Garden Villas« auf einigen ihrer Schiffe verfügt Norwegian Cruise Line zudem über die grössten Unterkünfte auf hoher See.

Infos: www.ncl.com

In diesem Führer präsentierte Schiffe:

Norwegian Breakaway (Seite 59)
Norwegian Epic (Seite 62)
Norwegian Gem (Seite 124)
Pride of America (Seite 146)

Oceania Cruises

Herausragender Service, exzellente Küche und verlockende Routen gehören zu den Markenzeichen dieser amerikanischen Reederei, die 2006 von der New Yorker Beteiligungsgesellschaft Apollo Management (der auch Regent Seven Seas Cruises und fünfzig Prozent von NCL Norwegian Cruise Lines gehört) gekauft wurde. Zu den beiden eher klassischen Komfortschiffen »Nautica« und »Regatta« gesellten sich 2010/2011 die etwas grösseren und moderneren Ozeankreuzer »Marina« und »Riviera«.

Infos: www.oceaniacruises.com, www.oceaniakreuzfahrten.com

In diesem Führer präsentierte Schiffe:

Marina (Seite 103)
Nautica (Seite 108)

Orion Expedition Cruises

Entdeckungsfreudigen Geniessern bietet die komfortable Jacht »Orion« eine ideale Möglichkeit,

© Oceania Cruises

© Paul Gauguin Cruises

touristisch wenig erschlossene Gebiete rund um Australien und in Asien zu erkunden, von denen die meisten Menschen noch nie gehört haben. Zu den geografischen Spezialitäten der 2004 gegründeten Reederei zählen die Inselwelt von Papua-Neuguinea, Borneo, Neuseeland, Tasmanien, die australische Kimberley-Region sowie Vietnam, Thailand und Kambodscha.

Infos: www.orionexpeditions.com

In diesem Führer präsentiertes Schiff:

Orion (Seite 189)

Paul Gauguin Cruises

Das Komfortschiff »Paul Gauguin«, bis 2009 von Regent Seven Seas Cruises betrieben und seitdem im Besitz des in Tahiti beheimateten Investors Richard Bailey (dem auch zahlreiche polynesische Resorthotels gehören), wurde speziell für den Einsatz in Tahiti und Französisch-Polynesien konzipiert. Ende 2012 kam ein zweites kleines Schiff, die »Tere Moana«, hinzu, die Warmwetter-Destinationen im Mittelmeer, in der Karibik und in Lateinamerika ansteuert.

Infos: www.pgcruises.com

In diesem Führer präsentiertes Schiff:

Paul Gauguin (Seite 181)

Phoenix Reisen

Der Reiseveranstalter mit Sitz in Bonn ist mit den drei langfristig gecharterten Hochseeschiffen »Albatros«, »Artania« und »Amadea« auf attraktiven Routen rund um den Globus unterwegs. Die durchwegs deutschsprachigen Passagiere schätzen das ausgezeichnete Preis-Leistungs-Verhältnis und die gut zusammengestellten Reiseprogramme vor und nach der Kreuzfahrt.

Infos: www.phoenixreisen.com

In diesem Führer präsentierte Schiffe:

Albatros (Seite 120)
Amadea (Seite 114)
Artania (Seite 118)

© Phoenix Reisen

© P&O Cruises

© Princess Cruises

P&O Cruises

Eine der vielen Reedereien der Carnival Corporation mit Sitz in Southampton und Hauptaugenmerk auf britische Seereisende und deren Vorlieben (z. B. indische Küche). P&O Cruises hat eine Flotte von sieben Kreuzfahrtschiffen, die mehrheitlich sehr familien tauglich sind, teilweise aber auch nur für Erwachsene zugänglich: »Oriana« (Baujahr 1995), »Aurora« (2000), »Oceana« (2000), »Adonia« (2001), »Arcadia« (2005), »Ventura« (2008) und »Azura« (2010). Die australische Schwestergesellschaft P&O Cruises Australia – ebenfalls zu Carnival gehörend – läuft mit der »Pacific Sun«, der »Pacific Dawn«, der »Pacific Jewel« und der »Pacific Pearl« vorwiegend Häfen in Australien und Neuseeland an.
Infos: www.pocruises.com

Princess Cruises

Auch wer mit der englisch-amerikanischen Grossreederei Princess Cruises nichts anzufangen weiss, erkennt vielleicht anhand des Firmenlogos – ein stilisierter Frauenkopf mit wehenden Haaren – eines ihrer Schiffe. Diese waren nämlich die Hauptdarsteller der amerikanischen Ur-Traumschiff-Serie »The Love Boat«, ausgestrahlt in über sechzig Ländern weltweit. Insgesamt sind die siebzehn populären Resort-Schiffe von Princess Cruises gut gemachte Massenprodukte mit amerikanischem Lebensgefühl und ausgezeichnetem Preis-Leistungs-Verhältnis. Aber: Tausende von Mitreisenden sind logistisch nicht immer einfach aneinander vorbei zu bringen.
Bei Landgängen und besonders beim Ein- und Ausschiffungsprozedere werden Geduld und Nerven strapaziert; für manche Dienstleistung muss man lange anstehen. Das moderne Management setzt auf eine gnadenlose Auslastung zu möglichst hundert Prozent, koste es, was es wolle.
Infos: www.princess.com, www.princesscruises.de
In diesem Führer präsentiertes Schiff:
Caribbean Princess (Seite 141)

Reederei Peter Deilmann

Der 2009 in massive Finanzprobleme geratene Familienbetrieb der Zwillingsschwestern Gisa und Hedda Deilmann wurde 2010 von einer deutschen Investorengesellschaft übernommen. Diese hat die »MS Deutschland« modernisiert und auf den angekündigten höchst umstrittenen Flaggenwechsel (nach Malta) verzichtet. Damit bleibt die »Deutschland« das letzte seegängige Kreuzfahrtschiff unter deutscher Flagge – ein Alleinstellungsmerkmal der Reederei. Unverändert ist auch der regelmässige Einsatz als Fernseh-»Traumschiff«: Während einigen Wochen im Jahr werden an Bord neue TV-Folgen ge-

© Reederei Peter Deilmann

dreht – bei ganz normalem Betrieb. Wer dann mitreist, findet sich möglicherweise in einer Nebenrolle wieder. Das nostalgisch gestaltete Schiff verströmt eine sehr persönliche Ambiance und überrascht immer wieder mit aussergewöhnlichen Routen.
Infos: www.msdeutschland.de
In diesem Führer präsentiertes Schiff:
Deutschland (Seite 75)

Regent Seven Seas Cruises

Perfekter Service in lockerer Atmosphäre: Die drei modernen Luxusschiffe von Regent Seven Seas Cruises schaffen den schwierigen Balanceakt mit souveräner Eleganz. Die Schiffspreise verstehen sich »all inclusive« – sämtliche Getränke (auch Spirituosen und Weine), Trinkgelder und selbst die Landausflüge sind inbegriffen. Extra berechnet werden nur Spa-

© Regent Seven Seas Cruises

Behandlungen, Wäscheservice und persönliche Einkäufe.
Infos: www.rssc.com, www.vistatravel.de
In diesem Führer präsentiertes Schiff:
Seven Seas Voyager (Seite 94)

Royal Caribbean International

Die 1969 begründete Schifffahrtslinie Royal Caribbean International betreibt die grössten Schiffe weltweit und ist nach Bettenzahl die grösste Reederei der Welt. Sie interpretiert Spass als Sport: So können sich die Passagiere auf Kletterwänden am Schornstein oder auf der bordeigenen Eisbahn, im Surfsimulator oder beim Inline-Skaten austoben. Auch für Kinder gibt es schier unendliche Möglichkeiten und eine ausgezeichnete Betreuung auf allen Routen. Royal

© Royal Caribbean International

Caribbean International ist mit einer Armada von 23 Resort-Schiffen unterwegs – in den Sommermonaten immer öfter auch auf europäischen Meeren. Wenn es dort kälter wird, begibt sich die Flotte wieder in wärmere Gewässer, vor allem in der Karibik. Zu den Flaggschiffen von Royal Caribbean International gehören »Allure of the Seas« (aus der sogenannten »Oasis«-Baureihe), »Liberty of the Seas« (»Freedom«-Serie), »Adventure of the Seas« (»Voyager«-Serie) und »Jewel of the Seas« (»Radiance«-Serie). Die Logistik auf all diesen schwimmenden Hochhausburgen mit je drei- bis fünftausend Betten ist ein Wunder an Effektivität. Ungezählte Überwachungskameras halten den Fluss der Menschenmenge in Gang: Droht irgendwo ein Stau, wird es an einer Stelle gefährlich eng, lenkt eine Einladung zur Happy Hour in Bild und Ton den Menschenstrom wie eine Ampelschaltung zu einer entfernten Bar um. Neue Wege geht die Reederei beim Reiseangebot: Auf zahlreichen Routen gibt es die Möglichkeit, unterwegs zuzusteigen oder auszuchecken.

Infos: www.royalcaribbean.com, www.royalcaribbean.de

In diesem Führer präsentierte Schiffe:

Allure of the Seas (Seite 157)

Liberty of the Seas (Seite 136)

Seabourn

Ende der Achtzigerjahre war die vom norwegischen Industriellen Atle Brynestad gegründete und seit 1999 zum Carnival-Konzern gehörende Reederei der Pionier im Bereich der Ulta-Luxus-Kreuzfahrten. Auf den drei schnittigen Jachten »Seabourn Pride« (Baujahr 1988), »Seabourn Spirit« (1989) und »Seabourn Legend« (1992) wurde Luxus auf See neu definiert, mit Verwöhnservice der Superlative, jederzeit zugänglichen Restaurants, All-inclusive-Drinks und grosser Liebe zum Detail. Zwischen 2009 und 2011 fand ein Quantensprung statt: Drei weitere Schiffe (»Seabourn Odyssey«, »Seabourn Sojourn« und »Seabourn

© Seabourn

Quest«) kamen hinzu, mit grösserem Restaurant-, Spa- und Wassersport-Angebot, grosszügigeren Rückzugsmöglichkeiten auf den Aussendecks, mehr Platz in den Kabinen und doppelt so vielen (maximal 450) Passagieren. Die Seabourn-Schiffe steuern Ziele auf der ganzen Welt an.

Infos: www.seabourn.com

In diesem Führer präsentierte Schiffe:

Seabourn Sojourn (Seite 43)

Seabourn Spirit (Seite 152)

Sea Cloud Cruises

Mit der inzwischen über achtzig Jahre alten Viermastbark »Sea Cloud« und der siebzig Jahre jüngeren, im maritimen Glamourlook gebauten »Sea Cloud II« setzt die Hamburger Reederei auf zahlungskräftige Traditionalisten, die es schätzen, dass noch alle Segel per Hand gesetzt werden. Im Mittelpunkt jeder Reise steht das authentische Segelerlebnis. Neureiches und pseudowichtiges Gehabe ist an Bord der beiden nostalgischen Grosssegler die Ausnahme. Edles Understatement zählt, und so braucht man kein effektheischendes Handy-Getue und keine lautstarken Protzgeschichten über den neuesten cleveren Börsenschachzug zu fürchten. Das Schiff ist kein Golfplatz. Man ist im Urlaub und nicht damit beschäftigt, nebenbei die nächste Million an Deck zu ziehen.

© Sea Cloud Cruises

Infos: www.seacloud.de
In diesem Führer präsentierte Schiffe:
Sea Cloud (Seite 82)
Sea Cloud II (Seite 185)

SeaDream Yacht Club

Der norwegische Industrielle Atle Brynestad (einstiger Begründer von Seabourn) betreibt seit 2002 diese kleine, feine Reederei mit den zwei baugleichen Grossjachten »SeaDream I« und »SeaDream II«. Die beiden hoch exklusiven und zugleich atmosphärisch entspannten Schiffe, die jeweils maximal 110 Passagieren Platz bieten, geniessen Kultstatus bei betuchten Bonvivants und touren im Sommer im Mittelmeer, im Winter in der Karibik. An Bord ist alles inklusive (auch Tischweine, Champagner und Spirituosen), Trinkgelder sind verpönt. Während die

© SeaDream Yacht Club

meisten anderen Schiffe zusätzliche Umsätze mit Konsumationen generieren müssen und deshalb den Hafen schon um siebzehn Uhr verlassen, bleiben die SeaDream-Jachten oftmals bis um Mitternacht. Wichtig zu wissen: Hin und wieder kommt es vor, dass eine SeaDream-Jacht von einem Unternehmen oder einer privaten Gesellschaft für eine Woche gechartert wird und langfristig getätigte Individualbuchungen von der Reederei annulliert oder auf das Schwesterschiff umgebucht werden.
Infos: www.seadream.com, www.seadream.de
In diesem Führer präsentiertes Schiff:
SeaDream I (Seite 154)

Silversea Cruises

Die 1994 gestartete, mehrheitlich im Privatbesitz der römischen Familie Lefebvre d'Ovidio befindliche italienische Nobelreederei ist mit fünf relativ kleinen Luxuskreuzern und den beiden Expeditionsschiffen »Silver Explorer« und »Silver Galapagos« (ab Herbst 2013) auf allen sieben Weltmeeren unterwegs. Ob erste Silversea-Generation (»Silver Cloud«) oder neustes Flaggschiff (»Silver Spirit«) – immer ist alles tadellos in Schuss und wird erstklassiger Service, sublime Küche und erstaunlich viel Platz für jeden Passagier geboten.

© Silversea Cruises

Infos: www.silversea.com
In diesem Führer präsentierte Schiffe:
Silver Explorer (Seite 183)
Silver Spirit (Seite 50)
Silver Shadow (Seite 99)

Star Clippers

Der schwedische Unternehmer und Reeder Mikael Krafft hat in den Neunzigerjahren drei spektakuläre Replika von alten Klippern, ein schneller, schnittiger Segelschiffstyp, bauen und mit modernem Komfort versehen lassen: An Bord des Fünfmasters »Royal Clipper« und der beiden viermastigen Schwesterschiffe »Star Clipper« und »Star Flyer« lässt sich in entspannt-gepflegter Atmosphäre Segelromantik pur erleben. Mit Anlaufhäfen abseits der Routen der Ozeanriesen touren die Grosssegler von Star Clippers in der Karibik, in Mittelamerika, im Mittelmeer sowie in der Ost- und Nordsee.

© Star Clippers

Infos: www.starclippers.com
In diesem Führer präsentierte Schiffe:
Royal Clipper (Seite 87)
Star Clipper (Seite 200)

Transocean Kreuzfahrten

Bremer Reiseveranstalter, der mit seinem langjährig gecharterten, 2010 umfassend modernisierten Traditionsschiff »Astor« auf attraktive Routen rund um den Globus und ein gutes Preis-Leistungs-Verhältnis setzt. Das Unetrnehmen ist vollständig auf deutsches Publikum ausgerichtet.
Infos: www.transocean.de
In diesem Führer präsentiertes Schiff:
Astor (Seite 85)

© Transocean Kreuzfahrten

TUI Cruises

Die jüngste Kreuzfahrtmarke auf dem deutschsprachigen Markt, ein Joint Venture des deutschen Touristikunternehmens TUI und der US-Kreuzfahrtgesellschaft Royal Caribbean International. Derzeit sind die beiden auf Familien und jüngere Genussmenschen ausgerichteten Lifestyle-Kreuzer »Mein

© TUI Cruises

Schiff 1« und »Mein Schiff 2« mehrheitlich im Mittelmeer, in Nordeuropa, rund um die Kanarischen Inseln und um die Arabische Halbinsel unterwegs. Insgesamt ist TUI Cruises etwas höher positioniert als Hauptkonkurrent AIDA Cruises. Im Mai 2014 wird die Flotte um die neu gebaute »Mein Schiff 3« erweitert, die punkto Umweltfreundlichkeit neue Standards setzen will.

Infos: www.tuicruises.com

In diesem Führer präsentiertes Schiff:

Mein Schiff 1 (Seite 160)

Windstar Cruises

Die drei sportlich-eleganten Segelschiffe der 1984 gegründeten Reederei entsprechen dem Credo »Segeln ja, aber bitte mit Komfort«. Es gibt gutes Essen, ein lässig-maritimes Ambiente und diverse Wassersportmöglichkeiten, aber keinerlei Animation und keine abendlichen Shows. Unter vollem Segel fahren die beiden identischen Schwesterschiffe »Wind Spirit« und »Wind Star« sowie die fast dreimal so grosse »Wind Surf« jedoch nur zu rund einem Drittel der Fahrtzeit – sofern es die Wetter- und Windverhältnisse zulassen.

© Windstar Cruises

Infos: www.windstarcruises.com

In diesem Führer präsentierte Schiffe:

Wind Star (Seite 203)

Wind Surf (Seite 196)

Don’ts
25 Dinge, die Schiffsreisende nie tun sollten

Auf Kreuzfahrtschiffen gibt es zahlreiche Dinge, die man besser lassen sollte. Dennoch tun sie viele Passagiere zwanghaft. Immer wieder. Und immer sind es die gleichen Patzer und »No-Gos«, die zu Stolperfallen für Fettnäpfchentreter auf hoher See werden. Hätten Sie dieses Buch bloss schon früher gelesen ...

1. Beschweren Sie sich nicht über die kleine Kabine, wenn Sie das günstigste Last-Minute-Angebot gebucht haben.

2. Schleichen Sie nicht um sechs Uhr morgens aufs Pooldeck, um ihre Lieblingsliege zu reservieren und den Platz dann erst gegen 15 Uhr in Anspruch zu nehmen.

3. Fallen Sie nicht wie ein Heuschreckenschwarm über das Frühstücks-/Mittags-/Abendbuffet her. Rempeln Sie nicht andere Gäste am Buffet. Oder auch irgendwo sonst an Bord.

4. Wenn das Schiff darauf hinweist, dass Frühstück von sieben bis elf Uhr angeboten wird, brauchen Sie nicht triumphierend um 10.58 Uhr im Restaurant zu erscheinen.

5. Setzen Sie sich im Hauptrestaurant nicht einfach irgendwo hin – die entsetzten Stammtischinhaber werden Sie förmlich umrennen (ausser in Restaurants mit freier Platzwahl).

6. Ersparen Sie sich den täglichen Kleinkrieg, im Fine-Dining-Restaurant einen Fensterplatz garantiert zu bekommen. Vor allem, wenn es sich beim Bordpersonal herumgesprochen hat, dass Sie stets nur eine Karaffe Wasser und keinen Wein bestellen.

7. Essen Sie nicht zu viel. Nicht jedes Buffet muss abgegrast werden, auch wenn täglich bis zu sieben Mahlzeiten im Kreuzfahrtpreis inbegriffen sind.

8. Schwänzen Sie nicht die Rettungsübung. Wer den obligatorischen »Safety Drill« verpasst, bekommt einen zweiten Termin – und wird dazu notfalls auch aus der Dusche geholt.

9. Wenn Sie die Penthouse-Suite gebucht haben, heisst das noch lange nicht, dass Sie die Puppen tanzen lassen können und die Crew-Mitglieder wie Leibeigene behandeln sollen.

10. Halten Sie sich beim Wettprahlen am Kapitänstisch zurück. Es gibt immer Passagiere, die noch mehr Oldtimer in der Garage und noch grössere Ferienhäuser sonstwo haben.

11. Versuchen Sie nicht, die blonde Kellnerin im Grill-Restaurant anzubaggern oder sich an den knackigen Barkeeper ranzumachen. Den heissen Flirt mit der Yoga-Lehrerin zu suchen, ist ebenfalls nicht »comme il faut«.

12. Versuchen Sie nicht, Beziehungskrisen auf einem Kreuzfahrtschiff zu kitten. Gehen Sie nur mit Menschen auf Kreuzfahrt, mit denen Sie sich gut verstehen.

13. Wenn Sie schon Ihre gesamte Feriengarderobe im Bad waschen, spannen Sie wenigstens keine Wäscheleine quer durch die Kabine. Auch den tropfnassen Pullover auf dem Sofa auszubreiten, kommt bei der Schiffsgouvernante nicht gut an.

14. Telefonieren Sie nicht mit dem Handy auf dem Sonnendeck oder in den Lounges an Bord. Es hören immer mindestens hundert Passagiere mit.

15. Trichtern Sie sich in der Panorama-Bar nicht den Jahresbedarf an Alkohol ein. Singen Sie dazu keine Nationalhymnen. Auch nicht, wenn Sie in einer fidelen Gruppe unterwegs sind.

16. Stellen Sie der Crew keine dummen Fragen, etwa ob man beim Schnorcheln nass wird oder ob die Crew auch an Bord des Schiffs schläft (welches Crew-Mitglied würde da nicht gerne antworten: »Nein, wir werden jeden Morgen mit dem Hubschrauber eingeflogen!«).

17. Lassen Sie keine schmutzige Unterwäsche, keine benutzten Kondome, keine abgewetzten Pornohefte, keine Koksreste, keine Sexspielzeuge mit Gebrauchsspuren in der Kabine herumliegen. Hinterlassen Sie Ihre Kabine auch nicht so, als hätte eine Bombe eingeschlagen.

18. Füllen Sie die leergetrunkenen Wodka-Fläschchen in der Minibar nicht mit Wasser auf. Auch nicht, wenn der Wodka masslos überteuert ist.

19. Die Maxime Ihrer Schifffahrtslinie, dass Sie sich wie zu Hause fühlen sollen, ist nicht als Aufforderung zu verstehen, nachts um drei die Live-Übertragung des australischen Formel-1-Rennens in 1:1-Lautstärke zu verfolgen.

20. Sparen Sie sich das Klopfen gegen Kabinenwand und Decke, wenn der Nachbar wieder einmal hüstelt. Auch die besten Schiffe sind hellhöriger als jedes Hotel.

21. Regen Sie sich nicht über die anderen Passagiere auf. Zu den Begleiterscheinungen einer Schiffsreise gehören die anderen: die Leute, die den Whirlpool besetzen, die überall herumfotografieren und die besten Plätze im Restaurant besetzen.

22. Beschweren Sie sich nicht lauthals bei der Kabinenfee über den panisch gefürchteten Staubsauger, der aus fernen Gängen unwiderruflich näher kommt. Sie kann nichts dafür.

23. Holen Sie Ihre Kinder nicht lange nach Schliessung des Kids-Club ab.

24. Denken Sie nicht, der Kapitän warte mit dem »Leinen los!«-Signal, bis der letzte verspätete Passagier von seinem Landgang zurück endlich an Bord ist – er wartet nicht.

25. Beschweren Sie sich nach der Abreise – zurück am heimischen Schreibtisch – nicht über die unglaublichen Mängel an Bord (»Nie wieder!«, »Werde alle warnen!«). Kein Schiff ist ohne Fehler. Und wenn ein Schiff und ein Passagier nicht zusammenpassen, kann es auch am Passagier liegen.

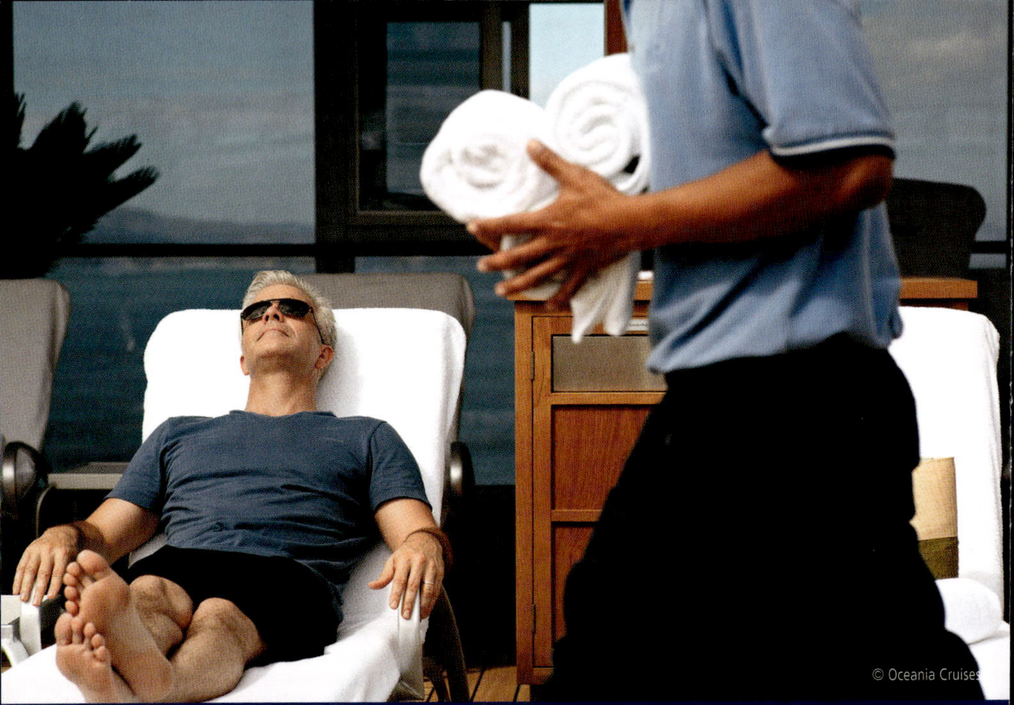

Das Kreuzfahrten-Einmaleins:
Praktische Kurzinfos und Begriffe von Backbord bis Zodiac

Achtern
Hinterer Teil des Schiffs (auch Heck genannt).

Backbord
Linke Schiffseite in Fahrtrichtung – mit roter Positionslampe.

Begrüssungscocktail
Wird am ersten Abend nach dem Einschiffen gereicht und ist kostenlos. Auf Ozeanriesen und Schnäppchenschiffen meist der einzige Gratis-Cocktail der Seereise. Einen Handschlag und ein Lächeln des Kapitäns gibt's dazu.

© Bastian Schweitzer

Beidrehen
Geschwindigkeit und Kurs so ändern, dass das Schiff bei schwerer See optimal zum Seegang und möglichst ruhig liegt.

Bordkarte (»Sea Pass«)
Sie dient als Passersatz bei Landgängen, als Eintrittskarte an der Gangway und oft auch als Kreditkarte an Bord sowie als Kabinenschlüssel.

Bordsprache
Wird im Prospekt von den Reedereien angegeben und ist auf den meisten Schiffen Englisch. Auf den Schiffen, die für deutsche Veranstalter und Reedereien unterwegs sind, ist die Bordsprache in der Regel Deutsch: Bordnachrichten, Menükarten, Fernsehprogramme, Service, Landausflüge sind in der jeweiligen Bordsprache gehalten. Auf manchen europäischen Megaschiffen, wie etwa denjenigen von MSC Cruises, werden mehrere Bordsprachen gleichzeitig kultiviert (typischerweise Englisch, Deutsch, Französisch, Spanisch), was zu nervtötend langen Lautsprecherdurchsagen führt.

Brücke
Von hier aus wird das Schiff geführt und gesteuert. Die Brücke ist nicht zwangsläufig auf dem obersten Deck, in jedem Fall aber weit oben, mit freiem Blick nach vorn und Balkonen an beiden Seiten. Kapitäne kleinerer Schiffe laden manchmal Passagiere zur Besichtigung ihres Reichs ein. Bei den Ozeanriesen ist der Kommandostand jedoch in der Regel für die Seereisenden tabu.

© Bastian Schweitzer

BRZ
Abkürzung für »Bruttoraumzahl«, die den Gesamtraum aller geschlossenen Räume des Schiffes angibt. In den letzten Jahren herrschte insbesondere bei amerikanischen Reedereien ein Wettlauf um immer grössere Tonnagen – die Gigantomanie auf See kennt kaum Grenzen. Denn ein Schiff für 4000 Passagiere ist ungleich profitabler als zwei Schiffe für 2000 Passagiere. Die Baukosten sind niedriger, und der Betrieb ist günstiger, da sich die Besatzung dadurch nicht verdoppelt. Den Titel »grösstes Schiff der Welt« kann man heute nicht lange halten – alle paar Monate kündigt eine der grossen Reedereien den Neubau eines Schiffes an, das alle bisherigen Ozeanriesen in den Schatten stellt.

Bug
Spitze des Schiffs vorne.

Captain's Dinner
Festlicher Abend mit formeller Garderobe. Nicht zu verwechseln mit dem »Captain's Table«: die Tafel des wichtigsten Mannes an Bord, an die er wechselnde Ehrengäste einlädt. So mancher Passagier versucht seinen ganzen Einfluss oder Charme walten zu lassen, um zu den Auserwählten zu gehören, die einmal am Tisch des Kapitäns dinieren dürfen. Manche Kapitäne würden aber lieber auf Grund laufen, als am Kapitänstisch mit Wildfremden während eines vielgängigen Menüs Small Talk betreiben zu müssen, und schicken dafür ihre Offiziere vor.

Casino
Der Lieblingssaal amerikanischer und asiatischer Reedereien, weil sie mit ihren schwimmenden Spielbanken die grössten Gewinne einfahren.

Chief
Leitender Ingenieur. Sein Reich sind Schiffsbauch und Maschinen.

Chief Purser
Der Offizier, der die Finanzen an Bord verwaltet: Er rechnet am Ende der Reise mit den Passagieren ab, kauft Fremdwährungen an und sorgt dafür, dass immer genügend Bargeld vorhanden ist.

Cruise Director
Der Mann mit der berufsbedingt besten Laune an Bord und manchmal eine ultraheitere Nervensäge. Der Kreuzfahrtdirektor ist für das Unterhaltungsprogramm verantwortlich und oft nebenbei auch Moderator der Abendshows.

Deck
Stockwerk auf einem Schiff.

Etmal
Die Strecke, die das Schiff von mittags 12 Uhr bis zum nächsten Mittag zurücklegt. Das Raten des »Etmals« ist unter den Passagieren sehr beliebt und verhilft manchmal zu ansehnlichen Gewinnen.

Gangway
Beweglicher Steg oder Treppe als Zugang zum Schiff.

Heck
Hinterer Schiffsteil.

Jungfernfahrt
Erste Reise mit Passagieren nach der Fertigstellung eines Schiffs.

Kapitän
Der Kapitän besitzt nahezu uneingeschränkte Autorität an Bord. Zwar kann er anderslautenden Gerüchten zum Trotz keine rechtswirksamen Ehen schliessen, wohl aber – in Seenot – einen letzten Willen beurkunden. Der Führungsstil auf einem Kreuzfahrtschiff ist – wie Uniformen und Rangabzeichen unterstreichen – ziemlich militärisch. Der Mann mit den vier goldenen Streifen steht als »Master next God« an der Spitze einer streng hierarchisch gegliederten Pyramide von Befehlsempfängern. Wer die Weisungen nicht befolgt, für den hört der Spass sehr schnell auf – dies gilt auch für die Passagiere, die sich beispielsweise nicht an die Sicherheitsregeln halten oder nach einem Landgang nicht rechtzeitig an Bord kommen und das ganze Schiff warten lassen. Im letzten Fall wartet das Schiff in der Regel eine halbe oder eine ganze Stunde; danach erhält der Hafenagent die Pässe der Verspäteten, und diese müssen dann selbst zusehen, wie sie in einem nächsten Hafen wieder an Bord kommen.

© Cunard Line

Klarieren
Das Schiff wird in jedem Hafen klariert. Darunter versteht man die Erledigung aller Formalitäten bei der Ankunft und Abfahrt eines Schiffes im Hafen.

Knoten
Geschwindigkeitsmass für Hochseeschiffe. Ein Knoten entspricht 1,852 km/h. Ozeankreuzer sind heute zwischen 18 und 25 Knoten schnell oder 33 bis 46 Stundenkilometer.

Kombüse
Schiffsküche.

© Bastian Schweitzer

Kurs
Geografische Fahrtrichtung des Schiffes (0 bis 360 Grad).

Ladung löschen
Schiff entladen.

Lee
Dem Wind abgekehrte Seite.

Logbuch
Schiffstagebuch, in dem alle wichtigen nautischen Daten wie Kurs, Position und Wetter sowie besondere Vorkommnisse eingetragen werden.

Lotse
Nautischer Kenner eines spezifischen Hafens oder Kanals, der kurz vor der Einfahrt mit einem kleinen Boot aufs Schiff gebracht wird. In fast allen Häfen gibt es eine Lotsenpflicht. Die englische Bezeichnung dafür lautet: Pilot.

Luv
Dem Wind zugewandte Seite des Schiffs.

© Royal Caribbean International

Mega-/Gigaliner
Schiff mit über 65 000 respektive 100 000 BRZ.

Mitternachtsbuffet
Ist für alle gedacht, die vom siebengängigen Abendessen noch immer nicht satt geworden sind oder allein deshalb schon wieder kräftig zugreifen, weil sie schliesslich dafür auch bezahlt haben.

MS
Alle Schiffe, die durch eine Dieselmaschine angetrieben werden, haben die offizielle Bezeichnung »MS« vor dem Namen, sie steht für den Begriff Motorschiff. Die Abkürzung »TS« steht für Turbinenschiff, »SY« für Segeljacht, »MY« für Motorjacht, »CS« für Clubschiff.

Pier
Ort, an dem das Schiff während seiner Liegezeit festmacht. Auch Kai oder Landungsbrücke genannt.

© Silversea Cruises

Reede
Ankerplatz im freien Wasser ausserhalb eines Hafens. Wenn das Schiff auf Reede liegt, wird der Transport von Bord an Land und zurück mit Tendern durchgeführt.

© Bastian Schweitzer

© Regent Seven Seas Cruises

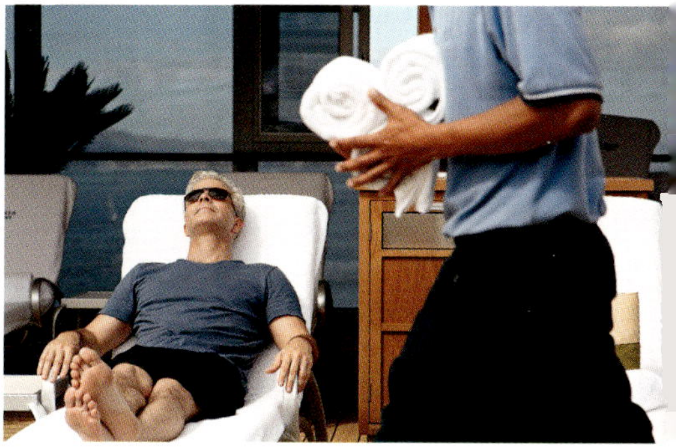

© Ocean Cruises

Reling
Umlaufendes Geländer an Deck.

Seatings
Die meisten Schiffe haben zwei Tischzeiten im Hauptrestaurant. Bei der Buchung kann man angeben, ob man lieber früh (Mittagessen 12 Uhr, Abendessen 18 Uhr) oder spät (13.30 Uhr und 20.30 Uhr) essen gehen will. Eine feste Zusage für die Tischzeit gibt es jedoch erst an Bord. Beim Frühstück gilt freie Platzwahl. Auch beim Mittagessen ist das immer häufiger der Fall. Der Wunsch nach einem Zweier-, Vierer-, Sechser- oder Achtertisch kann ebenfalls bei der Buchung angegeben werden, doch insbesondere Zweiertische sind auf vielen Schiffen rar und werden nur an Wiederholer und Passagiere der obersten Kabinenkategorien vergeben. Auf manchen modernen Kreuzern, etwa denjenigen von Norwegian Cruise Line oder den AIDA-Clubschiffen, gilt auch abends freie Platzwahl.

Seemeile
Nautische Masseinheit: 1 Seemeile entspricht 1,852 km.

Seetag
Tag ohne Landgang. Für viele das Schönste auf einer Kreuzfahrt, weil man kein schlechtes Gewissen haben muss, einen spannenden Landausflug zu verpassen. Statt im Bus über eine Insel zu schaukeln, kann man in Ruhe ausschlafen und das Schiff geniessen.

Service Charge
Internationale Reedereien schlagen auf die Getränke an Bord bis zu 15 Prozent »Servicegebühr«.

Show-Lounge
Das Theater an Bord, in dem abends Shows, Konzerte, Musicals, Comedy- oder Tanzvorstellungen stattfinden.

Shuffle-Board
Traditionelles Spiel mit auf die Decksplanken gepinselten weissen Feldern, auf denen Pucks hin und hergeschoben werden.

© Peter Deilmann Reederei

Sicherheitsmanöver (Safety Drill)
Alle Passagiere müssen am ersten Tag ein obligatorisches Sicherheitsmanöver absolvieren. Dabei wird den Passagieren die Handhabung der Schwimmwesten gezeigt sowie die Standorte der Rettungsboote und Sammelplätze. Die Rettungsübung ist auch für erfahrene Kreuzfahrer Pflicht und dauert rund 20 Minuten. Wer sie verpasst, muss zur Nachschulung.

Stabilisatoren
Ein Paar unter dem Wasser seitlich am Schiffsrumpf angeordneter »Flossen« von circa fünf Meter Länge. Bei Rollbewegungen des Schiffes wird der Anstellwinkel der Flossen elektrohydraulisch verändert, sodass auf der eintauchenden Seite des Schiffes zusätzlich Auftriebskräfte entstehen und die Rollbewegung mehr oder weniger wirksam gedämpft wird.

Staff Captain
Der zweite Mann an Bord, der sich um alles Nautische kümmert, wenn der Kapitän mal wieder in Gala-Uniform Hände schütteln muss.

Steife Brise
Wind ab Stärke 6 auf der Beaufort-Skala: Die Gischt fliegt von den Wellen.

Steuerbord
Rechte Seite des Schiffs in Fahrtrichtung – mit grüner Positionslampe.

Takelage
Segel des Schiffs (natürlich nur bei Segelkreuzfahrtschiffen).

© Star Clippers

Tender
Bordeigene Motorboote, mit denen Passagiere und Besatzung an Land transportiert werden, wenn das Schiff auf Reede liegt.

Tonnage
Die Bruttoraumzahl (BRZ), die den in Kubikmeter gemessenen Inhalt aller geschlossenen Räume des Schiffes angibt. Nach der Tonnage berechnen sich die Gebühren für Hafennutzung und Kanaldurchfahrten.

Verholen
Schleppen des Schiffs im Hafen von einem Liegeplatz zu einem anderen.

Zodiac
Wendiges motorisiertes Schlauchboot, das auch in seichtem Gewässer einsatzfähig ist.

Die Schiffe von A bis Z

Kreuzfahrtschiffe

Flussschiffe